동북아, 니체를 읽다

니콜라이 그롯부터《학지광》까지, 원전으로 읽는 동북아시아 니체 수용사

동북아, 니체를 읽다

니콜라이 그롯부터 《학지광》까지,
원전으로 읽는 동북아시아 니체 수용사

김정현 엮음
김정현·김현주·문준일·유지아·조성환 옮김

책세상

책을 펴내며

1

이 책은 러시아, 일본, 중국, 대한제국과 식민지 조선 등 동북아시아에 니체 사상이 처음 수용되는 과정을 살필 수 있는 주요 텍스트를 번역해서 엮은 것이다. 즉 동북아시아 각 지역 국가에서 20세기 초 전후 니체 사상을 소개하고 언급한 초기 텍스트들 가운데 중요하다고 생각되는 글들을 선별해 번역한 것이다. 동북아시아 각 지역 국가에서 니체가 처음으로 수용되는 지점에 있거나 다른 국가로 전이되고 영향을 주는 과정에서 중요한 역할을 한 글들에 초점을 맞추었다. 각 지역 국가에서 니체 사상이 논의되고 시대적 또는 사회적 문제와 연관해 학문적 담론으로 확장되거나 다양한 형태로 해석되는 과정은 매우 다지적多枝的이고 중층적인 모습을 보인다. 니체가 동북아시아에 수용되는 과정은 각 지역 국가의 역사적·사회적 상황에 따라 저마다 다르기에 해석의 양태 또한 무척 다양하다. 어떤 경우는 니체 사상을 오독하며 정반대로 읽기도 하고, 어떤 경우는 각 지역 국가의 역사적 상황에 맞추어 자의적으로 해석하며 니체 사상을 이용하기도 했다. 또 어떤 경우는 그 텍스트에 기반해 니체 사상을 해석한 것이 아니라 2차 서적에서 가져와 조야한 방식으로 이해하고자 한 것도 있고, 어느 경우는 각 지역 국가의 사회 혹은 지성사의 문제를 옹호하거나 비판 또는 저항하기 위한 수단으로 활용한 것도 있다. 즉 동북아시아의 초기 니체 수용은 오해와 오용, 조야한 해석과 자의적 해석, 각 지역 국가의 사회와 역사적 상황에 따른 옹호와 비판적 논의 사이에서 움직이고 있다.

20세기 동북아시아의 정신사는 서양 사상과의 만남이나 그 수용과 변용 속에서 움직이는데, 니체의 수용은 당시 유행하던 유럽 철학사상을 단편적으로 소개하는 단계를 넘어 동북아시아의 사회적·시대적 문제를 풀어내려는 정신사의 역동을 반영하고 있다. 이 책은 동북아시아에서 니체 사상이 수용되는 과정, 즉 니체가 동북아시아에서 왜 문제가 되었는지, 그리고 니체 사상이 각 지역 국가에서 어떻게 오용 또는 활용되었는지를 밝히는, 동북아시아 정신사를 읽는 영향사적 텍스트가 될 수 있다. 니체 사상은 사상의 수용과 텍스트 읽기에 대한 이해와 오해 속에서, 역사적 격변과 문명사적 전환 속에 있던 동북아시아의 국가·사회·정치·시대 문제들 속에서 여러 형태의 시대적·사회철학적 의상을 입고 등장한다. 따라서 이 책의 내용은 19세기 후반에서 20세기 초반 역사적 격변기를 겪던 동북아시아에서 수용한 니체에 대한 해석이며, 동시에 동북아시아의 정신사 자체라고 할 수 있다. 우리는 니체가 수용되는 과정에서 드러난 각 지역 국가의 사회·정치·문화·시대 문제 등을 해결하는데 중요한 역할을 하는 이러한 텍스트를 읽으며 동북아시아 정신사의 주요 이슈들에 접근할 수 있을 것이다. 이 책은 19세기 후반과 20세기 초 동북아시아에서 니체가 수용되는 첫 지점에 해당되는 텍스트를 중심으로, 이것이 시대적, 문명사적으로 동북아시아의 정신사에 끼친 영향을 파악하는 데 주안점을 두었다. 각 지역 국가마다 수용한 시기와 양상과 내용이 다르지만, 이 책에서 다루는 텍스트는 시기로 보면 20세기 초 전후, 더 구체적으로 말하면 1893년부터 1910년대 후반까지에 해당된다. 이 책은 동북아시아와 니체의 만남을 원전 텍스트로 읽는 것에 초점을 맞추어 기획되었다. 우리는 이러한 정제되지 않은 텍스트를 통해 서구 제국주의가 동북아시아로 침략하는 와중에 각 지역 국가들이 직면했던 역사적 생존과 대응방식, 즉 적자생존과 사회진화론, 전통에 대한 비판과 개혁 시도, 절박한 근대화 요구와 강력한 국가 건설, 개인주의와 공동체적 자아 확보 등 많은 시대적 혹은 정신사적 문제의식을 확인할 수 있을 것이다.

2

초기 니체 수용 과정에서 쓰인 주요 텍스트들 가운데 러시아에서는 톨스토이주의와 니체주의를 하나의 개념 쌍으로 묶어 소개함으로써 동북아시아에서 니체를 수용하는 데 첫 가교 역할을 한 니콜라이 그롯Nikolai Grot의 글 〈우리 시대의 도덕적 이상들: 프리드리히 니체와 레프 톨스토이〉(1893)를 선정했다. 니체가 러시아에서 처음 다루어진 것은 1892년 프레오브라젠스키V. P. Preobrazhensky에 의해서였지만, 동북아시아에 영향을 미친 것은 그다음 해인 1893년에 나온 톨스토이의 지인 그롯의 글이었기 때문이다. 니체와 톨스토이를 비교하며 함께 다룬 그롯의 글은 서양 사상과 슬라브주의, 서구의 근대화/산업주의와 러시아의 전통과 토양을 지키려는 토양주의(대지주의, 포츠벤니체스트

впóчвенничество)의 대립과 충돌을 반영하는 것이라고 볼 수 있다. 니체주의와 톨스토이주의를 하나의 대립적 개념 쌍으로 설정하는 그롯의 시각은 이후 일본으로 들어가고, 일본을 거쳐 1909년 대한제국으로 전해진다.

일본에서는 그롯의 글을 토대로 니체와 톨스토이의 도덕 사상을 비교하며 양극단의 사상을 조화하고자 한 고니시 마스타로小西増太郎를 주목했다. 1893년 12월과 1894년 1월에 잡지《신카이心海》에 작자미상으로 게재된 〈유럽에서 덕의 사상의 두 대표자인 프리드리히 니체 씨와 레오 톨스토이 백작의 견해 비교〉와 〈니체 씨와 톨스토이 백작의 덕의 사상을 평하다〉가 일본에서 최초로 니체를 소개한 두 편의 글인데, 이는 후일 러시아에서 유학하며 그롯과 톨스토이 지근에 있던 고니시 마스타로의 글로 밝혀졌다. 일본에서는 그 후 다카야마 린지로高山林次郎(필명 조규樗牛)와 아네자키 마사하루姉崎正治(필명 조후嘲風)의 개인주의를 옹호하는 그룹과 이노우에 테츠지로井上哲次郎, 쾨버Raphael von Köber, 모리 오가이森鷗外 등 극단적 개인주의를 거부하는 진영으로 나뉘면서, 천황제 국가주의로 팽창되는 시대적 분위기에서 개인의 자유를 우선시하는 니체 사상이 부각되며 일본 사상계를 뜨겁게 달구어놓았다. 니체 사상에 기반한 조규의 '미적 생활론'이 주목받는 것은 팽창하는 국가주의적 사고에 대한 저항 담론의 성격을 띤 것이었다. 조규의 글은 이미 국내에 번역 소개되어 있기에 이 책에서는 다루지 않았다.

이 시기에는 니체에게서 극단적 자아주의를 보는 하세가와 덴케이長谷川天溪(본명 하세가와 세이야長谷川誠也)와 국가주의와 제국주의

로 치닫는 일본에서 개인주의를 고취하는 니체를 조명해야 한다고 본 도바리 치쿠후登張竹風(본명 도바리 노부이치로登張信一郎)의 논의도 있었다. 또한 니체의 생애, 저서, 사상에 따른 시기 구분,《차라투스트라는 이렇게 말했다》의 내용 개관, 니체와 그의 사상에 대한 비판 등을 다루며 일본에서 처음으로 체계적으로 니체를 소개한 구와키 겐요쿠桑木嚴翼의 책(《ニーチェ氏倫理説一斑》, 育成會, 1902)도 있다. 다양한 논설, 논문, 책을 포함한 이러한 일련의 논의는 별도의 연구가 필요한 매우 방대한 작업이기에, 여기에서는 그 텍스트들을 별도로 선정하지 않았다.

　　이 책에서 주목한 것은 대한제국 시기에 간행된《서북학회월보西北學會月報》에 그 내용의 일부가 번역 소개된 우키타 가즈타미浮田和民의《윤리총화倫理叢話》(1909)다. 이는 작은 책자인데, 그 내용 전체를 번역했다. 우키타 가즈타미는 애기愛己와 애타愛他의 관점에서 개인과 사회의 문제를 제기하며 니체주의와 톨스토이주의의 양극단을 비판하고, 이 양극단에 치우치지 않는 중용의 도덕을 찾고자 했다. 그 후 몇 년 뒤에 와츠지 테츠로和辻哲郎(1889~1960)가 펴낸 니체에 관한 저서《니체 연구ニィチェ研究》(1913)도 주목할 가치가 있다. 니체의 전기를 다루고, 특히 유고에 주목해 니체에 대해 해석을 하는 이 책은 일본의 니체 해석 수준을 한층 끌어올렸고, '우주적 생명주의'라는 일본 철학 사상의 배경이 되었다. 또한 식민지 조선의 지성인들에게도 많은 영향을 끼쳐 한국 정신사의 흐름을 파악하기 위해서도 번역하고 연구할 필요가 있다. 500페이지가 넘는 방대한 분량의 책으로 한일 지성사의 교류와 영향을 연구하는 데 중요한 자료로서 가치가 있으며, 앞으로 별도의 연구 작업이 더 필요하다고 여겨진다.

중국에 니체가 알려지기 시작한 것은 량치차오梁啓超와 왕궈웨이
王國維, 루쉰魯迅 등 일본에 체류하던 개혁파 지성인들에 의해서였다.
이 책의 중국 편에서는 1902년 니체를 처음 소개하는 량치차오의 글
〈진화론 혁명론자 키드의 학설〉(1902. 10. 16.)을 선정했다. 이 글은 마
르크스와 니체, 키드Benjamin Kidd를 언급하며, 마르크스의 사회주의
와 니체의 개인주의가 아니라 종교적 요소가 인류의 미래와 사회 진화
에 중요한 역할을 한다는 키드의 입장을 옹호하고 있다. 이후 중국인으
로서 니체를 본격적으로 소개하는 사람은 왕궈웨이다. 그는 1904년에
네 편의 글을 통해 니체를 소개하는데, 〈니체 씨의 교육관〉(1904. 3.),
〈독일문화 대개혁가 니체전〉(1904. 6.), 〈니체 씨의 학설〉(1904. 7.), 〈쇼
펜하우어와 니체〉(1904. 11.)가 그것이다. 이 가운데 두 번째 글과 세 번
째 글은 구와키 겐요쿠의 저서 《니체씨 윤리설 일반ニーチェ氏倫理説一
斑》의 일부를 번역한 것이다. 이 네 편의 글은 모두 번역했다. 이 글들
을 통해 우리는 그가 니체에게서 주목했던 문화철학, 교육철학, 미학의
내용을 확인할 수 있을 것이다. 량치차오가 니체를 다룬 것은 진화론의
관점에서 중국의 부강을 모색하기 위한 것이었다면, 왕궈웨이는 인간
의 근원적인 문제, 즉 속박과 자유, 고통과 해방의 문제에 관심을 가지
며 새로운 인간 형성 및 문화 개혁의 가능성을 니체를 통해 모색했다.
이후 중국의 니체라 불리는 루쉰이 수많은 에세이와 소설을 썼는데, 이
중에는 이미 국내에 번역 출간된 글도 있어 이 책에서는 번역하지 않
았다.

대한제국에서 니체가 처음 소개된 것은 1909년 《서북학회월보》
라는 잡지에 의해서였다. 《서북학회월보》 제1권 11호(융희 3년, 1909년

4월 1일)에 실린 작자미상의 〈윤리총화倫理叢話〉라는 글에서는 애기愛己와 애타愛他, 사회의 의미, 사회적 동물로서의 인간의 삶 등이, 그다음 달에 나온《서북학회월보》제1권 12호(융희 3년, 1909년 5월 1일)에 실린 〈윤리총화 속續〉에서는 톨스토이주의와 니체주의가 소개되었다. 이 글은 잡지에 작자미상이라고 되어 있으나 1909년 일본에서 출간된 우키타 가즈타미의《윤리총화》16장 가운데 1장에서 4장까지를 번역한 것이었다. 이 글은 대한제국이 무너지고 일제에 강제 병합되기 1년 전, 실력 양성을 통한 국권 회복, 인권신장, 교육 구국 활동, 실업 진흥, 사회 관습 개혁 등 민중을 계몽하고 근대 문명국가를 건설하고자 하는 뜻을 가진 서북학회가 월간지에 소개하며 다루었던 것이다. 니체주의와 톨스토이주의의 문제점을 지적하며 애기愛己적 생존경쟁과 애타주의에 기반한 사회적 진화를 동시에 진행할 필요가 있다는 우키타 가즈타미의 입장은 국권을 상실할 위기 앞에서 사회진화론적 실력 양성과 사회 공동체적 자아 회복을 모색하는 서북학회에서 참조할 만한 주장이었던 것으로 보인다.

그러나 한국의 지성인 그룹에서 니체라는 이름을 언급하거나 니체의 사상적 개념을 활용하며 논의하기 시작한 것은 1910년대 중반 이후 재일본동경조선유학생학우회에서 간행한《학지광學之光》을 통해서였다. 니체는 주종건朱鍾建(1895~?), 최승구崔承九(1892~1917), 현상윤玄相允(1893~1950), 이광수李光洙(1892~1950), 전영택田榮澤(1894~1968) 등 당시 일본에서 유학하던 식민지 조선의 젊은 지성인들에 의해 언급되기 시작했다. 그들은 생존경쟁, 우승열패, 자연도태라는 사회진화론적 인식을 공통으로 가지고 있었고, 우리가 세계 문명의 흐름 속에서 살아남아야 하며 강해져야 하고, 젊은이들이 새로운 원기를 회복해야 한다는 생각을 품고 있었다. 이들은 1910년대에 공통적으로 니체를 언급하는데, 주종건은 조선이 멸망한 원인을 분석하며 세계 문명의 흐름을 인식할 필요가 있다고 강조하고, 최승구는 개인의 자아실현과 공공성의 회복을 주장했다. 현상윤은 강력주의를, 이광수는 영적 원기 회복을, 전영택은 신도덕 수립이 필요하다고 보고 노동의 가치 회복을 역설했다. 식민지 조선의 젊은이 가운데《학지광》에 최초로 발표한 것은 주종건의 글 〈신년을 맞이해 유학생 제군에게 드림〉(제4호, 1915. 2. 27.)이지만,《학지광》제6호(1915)에 게재된 최승구의 글 〈불만과 요구〉의 마지막 지면에 그 글이 1914년 4월 3일부터 6일까지 쓴 것으로 밝히고 있어, 작성 일자로 보면 최승구의 글이 앞선 것이었다. 이 글들은 당시 다이쇼 생명주의와 문화주의 등 일본 지성계의 니체 해석을 담고 있으며, 사회진화론과 생명주의, 신청년의 자각 등의 내용을 담고 있다. 이들은 일본 지성계의 영향을 받기는 했지만 분명 그와는 다른 문제의식을 가지고 있었다. 그들은 조선 멸망의 원인을 찾고자 했고, 세계 문명의 흐름을 이해하고자 했으며, 생활과 사회를 개량하기 위해 청년의 정신적 자각이 필요하다는 생각을 했던 것이다. 그들에게 니체는 개인의 능력과 자아실현의 길을 제시하는 자아혁명의 주창자였고, 유가적 구습을 비판하며 개인주의, 강력주의를 통해 삶과 사회를 새롭게 혁신하는 길을 제시하는 시대 혁명의 사상가였다. 1910년대 식민지 조선에서의 니체 수용에는 식민지 상태를 벗어나는 역사적 시대적 문제를 해결해야만 하는 고뇌가 묻어 있었고, 러시아, 일본, 중국 등에서 전이되고, 변용되며 재형성된 조선 청년들의 정신적 문제의식이 담겨 있었다. 이 책을 통해 우리는 동북아시아의 텍스트 안에 해석되지 않고 묻혀 있는 정신사적 지층을 확인하고 그 의미를 찾을 수 있을 것이다.

3

　이 책은 고고학적 고단함과 상상력, 인내와 협동 작업의 산물이다. 원광대학교 한중관계연구원 HK+동북아시아인문사회연구소의 연구 기획으로 준비한 것으로, 나를 비롯해 러시아 문학을 전공한 문준일 교수님, 일본 현대사를 전공한 유지아 교수님, 현대 중국정치사상사를 전공한 김현주 교수님, 한국 사상을 전공한 조성환 교수님, 중국과 러시아 경제사를 전공한 조정원 교수님, 신학과 현대철학을 전공한 박일준 교수님과 철학과 박사과정생이자 연구보조원 정준혁 선생 등 여덟 명이 2021년 3월부터 1년 넘게 세미나를 진행해서 얻은 결과물이다.

　이 책의 내용, 즉 각 지역 국가에서 니체를 언급한 철학자나 지성인들이 쓴 최초 또는 초기의 텍스트를 발굴해 학문적 담론을 형성하고, 학문의 흐름과 지식의 상호 연결성, 학계에 끼친 영향 등을 조명한 것은 15년이 넘는 시간 동안 니체를 중심으로 한국 정신사를 정리하고 연구해온 내가 기획한 것이다. 2007년에 1920년에 발간한 천도교 기관지 《개벽》에 소개된 천도교 사상가 김기전, 이돈화, 박달성 등의 글을 발굴하고, 그 후 1930년대에서, 50년대까지 한국에서 니체에 관해 쓴 글들을 하나씩 찾아내는 일은 고고학자가 유물을 발굴하기 위해 지층을 파 내려가는 작업과 비슷했다. 물론 그 가운데는 논의의 단서가 일부 학계에 보고되어 실마리가 보이는 자료도 있었지만, 내 입장에서는 어둠 속에서 손을 허우적거리고 한 걸음씩 내디디며 찾아낸 자료들이었다. 특히《서북학회월보》에 개재된 작자미상의 글들이 그랬다. 그 글들을 해석하면서 동북아시아 정신사 전체가 그 안에 담겨 있다는 생각을 했고, 이를 계기로 연구 범위를 일본과 중국 근현대 정신사로 확장해 나갔다.

그 뒤 2020년 12월 28일 한국철학사상연구회에서 연구 성과를 발표할 때, 김재현 교수님(현 영남대 명예교수)으로부터《서북학회월보》에 실린 글이 우키타 가즈타미의 저서《윤리총화》의 일부를 번역한 것이라는 연구(양일모 외,《성리와 윤리》, 아카넷, 2020)가 있다는 사실을 전해 들었다. 잃어버린 퍼즐 하나가 전체 틀에 맞춰졌고, 동북아시아 정신사에 수용되고 변이되어 재형성된 니체의 전체 모습이 드러나기 시작했다. 그동안 니체가 살아 있던 1890년대부터 니체 사상이 러시아로 건너가 해석되는 과정과 내용, 일본으로 건너간 과정과 일본에서 니체 신드롬이 일어나며 첨예한 학문적 담론이 형성되는 과정, 중국으로 건너가면서 중국의 역사적 상황에 맞추어 변이되고 해석되는 과정, 그리고 대한제국과 식민지 조선에서 다루어지는 과정 등 저마다의 퍼즐이 맞춰지면서 마치 모자이크 작품처럼 니체를 중심으로 한 동북아시아 정신사 전체의 흐름이 생겨난 것이다. 이 와중에 조성환 교수님이《학지광》에 게재된 자료의 일부를 찾아주었고, 이를 토대로 다시 1910년대에 발간된《학지광》에 실린 자료들을 뒤지며 식민지 조선 젊은 지성의 고뇌가 담긴 자료 전체를 찾아냈다.

니체를 실마리로 한국 정신사를 연구하고자 하는 내 작업은 이렇게 동북아시아 정신사로 확장되었고, 또 니체가 살아 있던 19세기 후반 유럽의 현장까지 연결할 수 있었다. 이와 같은 동북아시아 정신사 연구는 나 혼자의 작업이 아니라 연구소 집단 지성이 이루어낸 결실이다. 내가 러시아, 일본, 중국의 초기 사상가나 지성인들의 텍스트 제목과 내용을 확인하고 제시했지만, 그 원텍스트를 찾아낸 것은 세미나를 함께했던 동료 교수들의 노고 덕분이었다. 이렇게 원자료들이 하나씩 모이자 각 지역 국가의 언어를 비교적 자유롭게 구사하는 교수가 번역을 맡고, 그 텍스트를 함께 읽고 토론하면서 세미나 진행에 속도가 붙었다. 이 논의는 러시아, 일본, 중국, 한국의 네 지역 국가뿐만 아니라 철학, 문학, 역사, 정치사상 등 다양한 분야를 전공한 연구자들이 통섭적인 지식을 나눈 결과로 이루어졌다. 그 연구 성과가 HK+동북아시아인문사회연구소와 한국니체학회의 공동학술대회로 이어졌고, 학문적 결과물이 공동 저서인 《동북아, 니체를 만나다》(김정현 외 지음, 책세상, 2022)로 출간되었다. 이 책은 국내외 연구자들이 동북아시아에서 니체가 수용된 현황을 각자의 연구 분야에서 조망한 것이다. 이와 병행해 독자들이 동북아시아 니체 수용사의 초기 궤도 위에 있는 원텍스트를 확인하는 작업은 이 번역서를 통해 할 수 있을 것이다. 여러 연구자가 마음을 나누며 열정을 담아 공동으로 만든 저서와 번역서, 이 두 책은 실은 한 쌍의 학문 작업이라고 볼 수 있다. 물론 두 책은 나름대로 각자의 역할을 가지고 있다. 저서가 필자들이 자신의 연구 영역에서 바라본 니체 수용의 과정과 내용을 정리한 것이라면, 번역서는 당시의 원텍스트들을 담아내 독자들이 자신의 시각으로 동북아시아 정신사의 다양한 역동과 내용을 살펴볼 수 있을 것이다. 이 책을 실마리로 앞으로 동북아시아 정신사의 지평을 밝히기 위해 더 많은 발굴 작업을 해야 한다는 사실을 알리고 싶다. 이 작업을 하며 광야처럼 펼쳐진 동북아시아의 밝혀지지 않은 광대한 정신 지평이 있다는 것을 알게 되었다. 앞으로 이 분야에 관심을 가진 연구자들이 후속 작업을 해주었으면 좋겠다는 소망을 가져본다.

　이 책을 번역하면서 많은 어려움을 겪었다. 일본이나 중국의 자료 대부분이 인명이나 지명을 원어로 표기하지 않고 발음 나는 대로 적어놓아 누구를 가리키는지, 현재 어디에 해당하는 지명인지를 확인하기가 어려웠다. 유지아 교수님, 김현주 교수님과 함께 일본어와 중국어 표기 인명들을 하나씩 소리내어 읽어가며 다시 확인하고, 또 니체의 지인 사전을 찾아보거나 지금까지 니체에 관해서 쓴 논문이나 책목록 등을 하나하나 확인해가며 찾아내는 작업을 했다. 확인되지 않은 중국어 표기 인명 하나만 빼고는 거의 모든 인명을 확인해 원어를 적어놓았다. 또한 원텍스트의 내용이나 서술의 흐름을 이해할 수 있도록 역자들이 각주를 달아 설명했다. 니체의 지인이나 니체 연구자들, 그들의 저서나 책 내용 등에 관해서는 하나하나 고증하며 각주 일부를 내가 덧붙이기도 했다. 모두 100여 년이 지난 자료다 보니 표기들이 뭉겨져 글자를 읽을 수 없는 것도 있어, 그러한 경우는 그대로 각주로 표기했다.

　이 책은 연구소에서 연구 기획을 하고 세미나를 진행하며 나온 것으로, 연구소 교수님들의 열정과 함께하는 마음이 없었다면 나오기 어려운 학술 결과물이다. 역자들의 학문 영역이 러시아, 일본, 중국, 한국 등 여러 지역 국가에 걸쳐 있고, 학문적 관심사도 철학, 역사, 문학, 정치사상 등 다양했기에 가능한 작업이었다. 서로 다른 학문적 관심사를 관통하며 융합하고 통섭하는 학문 정신을 보여주신 교수님들과 감사를 나누고 싶다. 찾지 못한 학문적 퍼즐을 맞출 수 있도록 정보를 전해주신 김재현 교수님께도 감사의 인사를 전하고 싶다. 또한 세계표준판 니체전집을 출간하고 좋은 학술적 내용을 지닌 니체 연구서들을 내는 데 주도적인 역할을 하는 출판사 책세상과 김현태 대표님, 그리고 양질의 책을 만들기 위해 애쓰는 최양순 주간님과 김지산 팀장님께도 고마움을 전한다.

2023년 10월
번역자들을 대표해 김정현 씀

차례

제1부

러시아의 초기 니체 수용

우리 시대의 도덕적 이상들: 프리드리히 니체와 레프 톨스토이

Николай Грот, 〈Нравственные идеалы нашего времени (Фридрих Ницше и Лев Толстой)〉, 《Вопросы философии и психологии》, 1893, Кн. 1(16), С. 129~154.

니콜라이 그롯[1]

삶을 관찰하는 사람에게 우리 시대는 중요한 의미가 있다. 우리는 개별적 개인이나 민족의 단위가 아니라 교양을 가진 모든 인류가 겪고 있는 거대한 영적 드라마 속에 존재하고 있다. 이것은 세계관의 근원적인 변화와 이상들에 대한 완전한 수정에 관한 것으로 보인다.

이러한 사건들은 예전에도 있었다. 예를 들어 고대 세계의 폐허에서 새로운 이상으로서 기독교가 솟아 일어서는 시기, 그리고 3세기 전 중세 문화가 최종적으로 붕괴되고 기독교적 세계관과 이교적 세계관 사이에 타협이 만들어진 그 시기에 그러한 사건들이 있었다. 그때 만들어진 그 타협은 오늘날까지 지속되고 있다.

---

1 니콜라이 그롯Николай Грот(Nikolai Grot, 1852~1899)은 철학자이자 심리학자이며 모스크바대학 교수를 지냈다. 모스크바 심리학회를 조직한 사람 가운데 한 명이며, 이 단체가 발간한 학술지 《철학과 심리학의 문제들》의 첫 번째 편집자였다. 이후 1888년부터 1899년까지 모스크바 심리학회의 회장을 역임했다. 그는 초기에는 실증주의에 경도되어 있었으나, 이후 자연과학에 기반해 형이상학을 연구

하지만 그 위대한 시기들에 벌어진 일들과 지금 우리 시대에 일어나고 있는 일들 사이에는 아주 큰 차이가 있다. 과거의 인류는 오늘날 존재하는 상호 교류의 수단들을 마음대로 사용할 수 없었기 때문에 변혁들이 천천히 진행되었다. 낡은 세계관이 무너지고 새로운 세계관과 삶의 질서가 정착되고 확립되기까지 몇 세기가 소요되었다. 그렇게 기독교의 최종적인 승리, 이교적 철학에 대한 기독교의 완전한 승리를 위해 약 5세기가 필요했다.

이른바 예술과 학문의 르네상스 시기는 약 2세기 이상 지속되었고, 그 결과 중세적 삶의 체계가 무너졌다. 물론 인쇄술의 발명이 그 당시 새로운 가르침과 개념, 그리고 이상을 전파시킨 가장 주요하고도 본질적인 조건이었다. 하지만 우리 세기에 이 인쇄술의 발명은, 특히 최

했고, 윤리학과 가치론의 자연과학적 근거를 찾으려 노력했다. 니체 사상에 대한 그롯의 입장은 매우 부정적이다. 이 시기 러시아 지식인 대부분의 입장은 니체가 비도덕주의 사도, 악마, 적그리스도의 형상이라는 것이었다. 이러한 분위기 속에 1892년 출판된 러시아에서의 니체에 대한 첫 번째 논문인 프레오브라젠스키(B. Προбраженский, V. Preovrazhensky)의 〈프리드리히 니체: 이타주의 도덕 비판 Фридрих Ницше: Критика морали альтруизма〉은 당시 분위기와는 정반대로 니체 사상에 대한 공감과 연대감이 기조를 이루고 있었다. 이 논문이 실린《철학과 심리학의 문제들Вопросы философии и психологии》의 편집자들은 니체의 충격적인 사상과 그것에 공감하는 프레오브라젠스키의 논문 기조에 적잖이 당황했고, 바로 이어지는 후속 호에 프레오브라젠스키의 논조에 반대하는 논문들을 게재함으로서 열띤 논의를 촉발시켰다. 그롯의 이 논문은 후속 호의 반박 논문들 가운데 하나이다. 그롯은 이 논문에서 니체와 톨스토이를 비교하며, 양자를 서로 적대적인 정신적 가치의 대변자로 보고 있다. 니체가 서구적 퇴폐와 적그리스도와 연결된다면, 톨스토이는 기독교적 도덕의 대변자로 자리매김되고 있다. 이것은 일정 부분 그롯과 톨스토이의 관계에서 비롯된 것도 있을 것이다. 그롯은 1885년 톨스토이를 만났는데, 이후 두 사람은 우정과 협업을 지속했다. 그래서 동시대인들은 이 논문을 그롯이 신성종무원의 톨스토이 파문을 막으려는 의도로 썼다고 받아들이기도 했다.

초의 인쇄술을 생각한다면, 19세기의 경이로운 발견과 기술의 발명과 견줄 때 얼마나 희미해 보이는가. 철도, 증기선, 전신과 전화, 그리고 잡지와 신문 덕분에 인류라는 유기체의 새롭고 복잡한 신경 체계가 우리 눈앞에 나타났다. 인류는 바로 그 신경 체계 덕분에 단일하고 전체적인 유기체가 되었다. 그리고 그 신경체계의 모든 부분들은 서로 간에 상응해서 기능할 수밖에 없게 되었다. 그리고 이러한 상응은 공통의 신경 체계가 발전함에 따라 필연적으로 증가할 것이다.

공통의 신경 체계 형성의 첫 번째 결과는 인류의 생활이 무시무시하게 빨라진 것과 시공간 환경이 완전히 바뀐 것이다. 예전이라면 100년 동안, 아니 그보다 더 예전이라면 200년이나 300년에 걸쳐 벌어질 수 있었던 많은 사건들이 지금은 20여 년만에 일어나고 있다.

어떤 사실과 그 인상의 변화가 너무 빨리 전개되어서 현재의 세계 시민들은 10년이나 15년만에 완전한 하나의 역사적 시기를 경험한다. 예를 들어 프랑스-프로이센 전쟁이 끝났을 때부터 비스마르크가 사임할 때까지 독일의 유럽 지배와 같은 완전한 하나의 역사적 시기를 그 짧은 기간에 경험하고 있다. 그리고 바로 지난 세기에 역사학이 최종적으로 형성되고 뿌리를 굳게 내렸다는 사실에서 세계적인 합리성의 발현들 중 하나를 보지 않을 수 없다. 역사학의 형성이 없었더라면 지금 우리는 훨씬 힘들게 살고 있을 것이다. 인류라는 유기체의 새로운 신경 체계는 새로운 종류의 기억, 즉 "인류의 조직화된 기억"을 반드시 필요로 했다.

그리고 바로 이러한 시기에, 즉 전체적이고 단일한 인류로서의 새로운 삶의 모든 요소들이 창조된 이 시기에 우리는 유럽이 세 번째로 경험하는 새로운 거대한 도덕적 위기를 목격하고 있다. 서구에서 이 위기는 예전에 시작되었고, 오귀스트 콩트의 《실증철학 강의》[2]에 이미 언급되었다. 우리 러시아에서는 농노제가 무너진 후인 최근 30년 동안에 이 같은 현상이 뚜렷하게 나타났다.

만일 내가 현대의 도덕적 이상들에 대한 평가라는 어렵고 어쩌면 불가능할 수도 있는, 또한 그럼에도 애쓴 보람도 없을 이 과제를 감히 스스로에게 부과하는 용기를 내는 것은 이 문제에 대답할 차례가 우리에게도 다가왔기 때문이다. 우리 모두는 새로운 이상들을 찾고 갈망하고 있다. 우리는 모두 어느 정도 회의론에 시달리고 있으며, 기존의 도덕 질서에 대한 혐오감으로 가득 차 있다. 우리 모두는 세상에서 무언가 잘못되고 이상하고 고통스러우며 더 이상 참을 수 없는 일들이 일어나고 있는 것을 느끼고 있다. 우리 각자는 어떤 식으로든 의심의 고리에서 벗어나려고 하며, 시대정신의 질병을 이겨내려고 노력하고, 삶에 대한 자신의 불신과 비관주의를 극복하려 하며, 자신에게 새롭고도 훌륭하며 견고한 존재의 이상을 찾거나 창조하려고 노력한다.

그래서 삶에 대한 새로운 가르침들이 우리 시대에 매우 크고 빠른 성공을 거두게 되었다. 하지만 진정한 출구는 아직 보이지 않는다. 그리고 우리 시대에서 가장 강력한 지성들은 길을 잃고 모순에 빠지고 있다. 그리고 바로 그러한 때에 예전에 살았던 식으로 되돌아가자는 목소리나 개인의 "자율성"에 대한 권리를 악의적으로 부정하는 목소리가 높아진다. 그것은 본질적으로 인간 개인이 가지고 있는 영혼의 자유,

---

2 콩트August Comte(1798~1857)의 《실증철학 강의Cours de Philosophie Positive, Курс позитивной философии》(т. 1~6, 1830~1842)는 러시아에서 《실천철학 강의 Курс положительной философии》(т. 1~2, 1899~1900)라는 제목으로 번역되었으며 당시 엄청난 인기를 누렸다.

사유의 자유, 그리고 의지의 자유를 부정하는 목소리이며, 인간이 가지는 가장 고귀하고 최상의 영역, 즉 인간을 짐승과 구별해주는 이성의 생명의 영역에 군대의 규율을 수립하는 것을 꿈꾸는 목소리이다.

다행스럽게도 이런 목소리들은 광야에서의 외침과 같다. 왜냐하면 앞에서 이야기한 사람들 사이의 새로운 교류의 환경들이 인류의 도덕적 삶을 위한 완전히 새로운 토대를 만들어내었기 때문이다. 그리고 이 토대는 개인이 임의로 제거할 수 없는 것이다.

예전에 군중의 눈에서 숨겨졌던 것이 전신과 언론 덕분에 공개되고 명백해졌다. 사소한 사건이 있었다고 치자. 그 사건을 유명한 사람이 저질렀을 때만이 아니라, 어느 이름 없는 사람이 저질렀다고 하더라도 그 사건이 오늘 일어났다면 내일은 전 세계에 알려지게 된다. 예전에는 소문과 풍문에 의해서 3, 4주가 지나서, 아니면 몇 달이나 심지어는 몇 년이 지나서야 분명치 않게 알게 되었을 일들과 사건들, 목적이나 의도들이 이제는 몇 시간이나 며칠이 지나면 확실하게 알려진다. 죄, 잘못, 범죄, 심지어 개인의 위법행위까지 빠르건 늦건 간에 모두가 알고 공유하게 된다. 개인의 삶은 점점 더 속속들이 투명해지고 있다. 특히 한 개인이 어떤 이익을 대변하는 경우에는 더욱 그렇게 된다. 그렇게 투명해지는 것과 동시에 헐뜯음, 충격적인 거짓들, 남을 속이는 중상모략들도 함께 나타나고 다양해져가는 것이 사실이다. 하지만 이것은 인류의 도덕적 삶을 위한 새로운 토대가 생겨났다는 명제를 입증해주는 또 다른 증거일 뿐이다.

개인의 도덕적 책임이 현저하게 증가하고, 또 커져감에 따라 도덕적 관념들과 이상들의 개혁이 더욱 더 시급해졌다. 예전에 행해졌던 삶의 거짓과 위선적 위조는 하기가 점점 더 어려워진다. 비밀은 너무 쉽게 드러나고, 속임수는 숨기기가 너무 어려워진다. 그래서 행동을 하는 모든 사람은 언제라도 모든 사람들에게 그 행동을 설명할 준비를 해야만 한다.

우리는 최근에 프랑스에서 벌어진 거대한 약탈 앞에서 공포를 느낀다.[3] 하지만 반대로 교묘히 준비된 도적질이 그렇게 성공적으로 밝혀지고, 그 사건의 주인공들인 백만장자들이 피고석에 앉게 된 것에 환호를 해야만 하는 것이 아닐까? 시간이 지남에 따라 그러한 사건들은 더욱 빠르고 완전하게 밝혀지게 될 것이다.

이와 같이 지식과 기술 분야에서 일어난 19세기의 발견과 발명이 사회의 도덕적 관념들과 이상들을 형성해 온 토대를 크게 변화시켰다는 데는 의심의 여지가 없다. 그리고 그 발견과 발명으로 오늘날 이루게 된 가장 중요한 결과는 그것들이 고전문화의 부흥 시기[4]부터 지난 3세기를 지배해 온 이교적 이상들과 기독교적 이상들 사이의 그 경박한 타협이 가지는 완전한 불합리성과 불일치를 보여 주었다는 것이다.

뛰어난 개인들의 의식에서든, 대중의 의식에서든 점점 더 다음과 같은 확신이 퍼지고 있다. 그것은 서로 상반되고 공존할 수 없는 두 개의 삶의 원칙들 사이에서 괴로워하는 것은 더 이상 가능하지 않다는 확신이다. 그리고 적어도 도덕의 영역에서는 전적으로 이교도가 되거나 아니면 전적으로 기독교도가 되는 수밖에 없다는 확신이다. 하지만 여기엔 문제가 있다. 최종적으로 무엇을 선택할 것인가 하는 것이다. 개

---

3 프랑스-프로이센 전쟁의 결과로 프랑스에서 제3공화국(1870~1940)이 세워지고, 파리 코뮌(1871) 사태에서 유발된 상황들을 말하고 있다.
4 여기에서 고전문화 부흥의 시기란 르네상스 시기를 말한다.

인의 선호나 취향에 따라 그렇게 단순하게 결정할 수 없는 문제다. 사람들 사이의 연결과 상호 의존성이 커지면 커질수록 그들을 위한 세계관의 통일이 더욱 더 필수적이게 된다. 하지만 전체로서의 인류에게 기독교적 세계관과 이교적 세계관 사이의 선택은 매우 어려운 과제이다. 과학의 성과들은—여기서 과학은 고대 교양의 원천이었고 이교의 가장 주요한 기반이 되는 토대에서 발생한 바로 그 과학을 말한다—인류의 도덕적 진보를 위해 너무나 크고 명료하며 이상적이고 진실하며 중요하기 때문에 우리는 현대 문화의 이 토대를 내팽개칠 권리가 없고 그럴 능력도 되지 않는다. 그에 따른 희생은 너무나도 클 것이다. 그리고 점점 더 넓게 발전하는 자의식이라는 동력의 힘과 중요성을 유지하기 위해서 전통적인 도덕까지 희생할 필요가 있을까? 그러나 다른 한편으로 기독교의 도덕적 세계관은 너무나 명백히 고대의 이교적 세계관을 능가하고 현대 인류의 삶의 몇몇 측면에 깊이 침투했으며 인간관계의 일반 원칙들의 개혁에 본질적인 결실을 가져다주었다. 그래서 기독교 세계관을 거부하는 것 또한 자살행위와 같을 것이다. 아니면 반대로 기독교 세계관의 완전하고도 일관된 구현을 위해서 문명의 모든 결실을 포기하는 것이 더 나을 것인가?

이것이 현대 지성들을 깊이 격동시키는 딜레마다. 이론의 영역에서 그 딜레마는 현대 회의론과 비관주의의 토양에서 풍부하게 자라난 일련의 새로운 학설들로 표현되며 전체적으로 세 가지 과제를 추구한다. (1) 실증적, 진보적, 과학적, 이교적 세계관의 최종적 승리를 위한 기독교의 종교적, 도덕적 세계관의 파괴, (2) 삶의 기독교적 원칙들의 최종적 승리를 위한 진보적, 과학적 세계관과 이교적 세계관의 파괴, (3) 새로운 방식에 의한 새로운 토양에서의 두 세계관의 화해. 최근에 이루어진 화해의 시도는 아직 매우 약하고 설득력이 없는 결과만을 낳았다. 그렇지만 어느 한쪽의 이상들의 최종적인 승리를 위해 대립되는 다른 쪽의 이상들을 일방적으로 부정하는 영역에서의 창조적 작업은 최근 수십 년 동안 몇 가지 중요하고 굉장히 독창적인 현상들을 낳았다. 나는 가장 전형적인 두 명의 뛰어난 현대 사상가에 집중해 양극단에 있는 그 둘의 세계관을 비교하고자 한다. 그들 중 한 사람은 자신을 순수한 이교도 세계관의 수호자로 묘사하고, 그의 펜으로 기독교의 종교적, 도덕적 이상들에서 영원히 해방되기를 꿈꾼다. 그는 프리드리히 니체다. 다른 한 사람은 인류의 삶에서 기독교의 지고한 도덕적 이상들의 최종적 승리를 위해 실증적, 과학적 그리고 이교적 세계관과 정력적으로 투쟁을 벌이고 있다. 이 사람은 레프 톨스토이다.

나의 과제는 나의 능력과 힘에 따라 이 두 독창적인 가르침의 가장 주요한 특징들을 하나로 모아서 그 특징들의 기원을 알아내고 그것들의 장점과 단점들을 규정하는 것이 될 것이다. 그리고 이 작업을 진행하면서, 그 두 가르침이 비록 아주 다른 도덕적 의미를 가지고 있지만 함께 가진 일면성 또한 있음을 보여줄 것이다.

나는 니체와 톨스토이의 학설에 대한 상세한 서술은 불필요하다고 생각한다. 니체의 도덕적 가르침에 대한 재능 있고 매우 충실한 서술은 얼마 전 출간된 프레오브라젠스키[5]가 러시아어로 쓴 유명한 논문에서 볼 수 있다. 그리고 톨스토이 백작의 도덕적 가르침은 우리 모두에게 충분히 잘 알려져 있다. 비록 내 생각에는 많은 이들이 그것을 정확히 이해하는 것 같지는 않지만 말이다.[6] 어쨌든 내 임무는 단지 그들

---

5 (원주) 참조.《철학과 심리학의 문제들》. 15권(1892년 11월). [각주 1을 참조하라.]

의 전반적인 특징을 서술하는 것이 될 것이다.

무엇보다도 나는 두 사상가의 견해 간에 첨예한 반대만 있는 것이 아니라, 공통되고 유사한 특징들이 많이 있다는 것을 언급하고 싶다: "양극은 만나게 된다(les extremites se touchent)."

두 사상가의 공통점을 살펴보며 시작하겠다.

첫 번째 공통점은 사회의 현대적인 도덕적 세계관과 현대의 교양 있는 인류가 가지고 있는 **내면의** 정신과 삶의 체계 전체에 대해 두 사람 모두 단호하고도 진심으로 반대한다는 것이다. 그리고 그 반대는 매우 솜씨 좋게 표현된다. "더 이상 이렇게 살 수는 없다. 모든 현존하면서도 명료해진 삶의 모순들을 더 이상 참을 수 없다. 삶 전체를 바꾸어야만 한다. 그러기 위해서는 맨 먼저 현재 통용되는 삶에 대한 지배적인 개념들, 삶의 의미와 목적을 재검토해야만 한다."

두 번째 공통점은 악덕과 부패의 온갖 상처들이 기만적인 미덕과 합법성의 가면을 쓰고 위선적으로 숨겨져 있는 기독교의 오래된 전통적 **내부** 조직에 대해 두 사람이 똑같이 강력하게 뛰어난 표현으로 항거하고 있다는 것이다. 이것으로부터 앞서 지적한 거짓의 장본인으로 추측되는 교회와 국가에 대한 두 사람의 투쟁이 시작된다.

세 번째 의심할 여지없는 공통점으로 볼 수 있는 것은 두 사상가의 몇 가지 긍정적인 지향들이다. 그 지향들은 다음과 같다. 인간의 삶에서 이성과 냉정한 분석에 승리를 주는 것, 도덕과 개념의 이름으로 다양하게 조건 지어진 억압에서 개인을 해방시키는 것, 개인의 기분과

---

6 (원주) 톨스토이에 대한 올바른 이해를 나는 N.N. 스트라호프의 논문들에서만 보았다. (참조.《철학과 심리학의 문제들》. 9권, 11권).

자의식을 고양시키는 것, 개인의 도덕적 삶을 바꾸고 새로운 방식으로 도덕적 삶을 정당화시키는 것—이것을 다시 말하면 좀 더 자유롭고 새로운 자족적인 개인을 창조하고, 이 바탕에서 새로운 사회와 인류를 창조하는 것이다.

총체적으로 두 사상가의 특징은 단호한 개인주의 그리고 개인의 영적인 발전을 제한하는 속박과 사슬에서 개인을 해방시키려는 갈망이다. 하지만 여기에서 두 사람의 유사성은 끝이 난다.

제기된 문제를 세부적으로 해결하는 방식에서 두 도덕주의자의 길은 급격히 갈라진다.

니체는 모든 죄를 개인이 도덕적 족쇄에 종속되어 있는 데에서 비롯한다고 보았다. 그 도덕적 족쇄는 기독교의 종교적, 도덕적 세계관으로 개인에게 씌워놓은 것이다. 지난 수 세기와 마찬가지로(니체는 물론 서유럽에서 일어난 사건들을 염두에 두고 있다), 기독교는 자신의 도덕 때문에 점차 "도그마화된" 가르침으로 타락하였다. 그래서 지금 기독교는 도덕으로서 최후를 마쳐야만 한다. 그리고 "우리는 이미 이 사건의 문턱에 서 있다".[7] 악은 개인을 얽어매는 내적 속박에 있다. 악은 개인의 **양심**을 원죄, 연민, 사랑의 가르침으로 구속하는 것에 있다. 이른바 악, 범죄, 이기심은 개인의 힘과 위력의 합법적이고 필수적인 발현이다. 개인이 자신의 모든 힘을 담대하고 완전하게 발현하려면, 개인의 모든 이기주의적 행동들을 그 행동들과 연결된 "양심의 가책"에서 해방시켜야만 한다. 인간은 스스로 악한 사람이라는 생각을 그만둘 때, 악한 사람이 되지 않는 것이다. 개인이 가진 힘의 모든 원천은 열정에 있다. 열정

---

7 (원주) *Genealogie der Moral*, Leipzig, 1892, S. 180.

이 삶을 지배하는 권리를 인정해야만 한다. 그럴 때에야 개인은 자신의 숨겨진 모든 에너지를 발현할 수 있다. 다른 말로 하면 개인을 기독교적 의미의 "도덕적 책임"에서 해방시켜야만 한다. 그렇게 해야만 하는 이유는 인류의 삶의 유일한 의미는 가능한 완전한 개인의 개화와 인간의 한 유형인 인간-동물 종이 새롭게 완성되는 새로운 종—"초인"에 도달할 때까지 개선되는 데 있기 때문이다. 그렇지만 조직의 모든 인간이 그러한 완성에 도달할 수 있는 것은 아니기 때문에 최고와 최상의 개인들만을 위한 극도의 자유를 인정해야만 하고 대중은 이러한 사람들의 승격을 위한 피동적 도구와 받침대가 되는 것이 필요하다. 니체는 정치적, 사회적 권리의 평등과 사회의 사회주의적 균등화에 대해 단호히 적대적이다. 왜냐하면 현대의 삶의 **이러한** 모든 조건들이(다시 언급하자면 서구에서의 삶의 조건들이) 인류의 전형을 겁 많고 두려워하며 개별성 없는 동물 무리 같은 수준으로 격하시키기 때문이다.

니체 가르침의 이러한 주요 특성들에서 분명한 것은 그가 이교 문화의 원리와 원칙들로 돌아가기를 꿈꾼다는 점이다. 그리고 실제로 그의 모든 정신적인 이상들은 고대의 세계에, 기독교의 순종, 인내, 연민, 사랑에 대해 전혀 모르는 이교 철학자들의 세계관에 있다. 그렇기 때문에 그는 개별적 개인이 외적인 힘, 권력, 그리고 개인의 능력을 활짝 꽃 피우고 최고조로 발현시켰던 시대였던 인류의 삶의 후기 시대만을 숭배한다. 그래서 그는 중세 문화와 새로운 문화의 경계에서 고전적 세계의 이상들과 고전적 교양이 부흥하던 그 시대에 대해 열정적으로 이야기한다. 그때는 기독교 도덕에 대한 반발이 매우 강력했으며, 잠시나마 방탕과 모든 종류의 폭력이 너무나 자유롭게 되었고, 온갖 죄악과 범죄의 대향연orgy이 화려하게 꽃을 피웠었다. 물론 니체가 죄악과 범죄를,

방탕과 폭력을 숭배한 것은 아니다. 그는 그것들과 함께 수반되는 어떠한 도덕적 편견이나 규범에 규제받지 않는 개인의 행동이 가지는 독창성과 창조성의 개화를 숭배하는 것이다. 하지만 그는 위에 지적한 모든 부정적 현상들을 동전의 양면처럼 필연적이며 피할 수 없는 것으로 생각했다. 니체의 가르침은 철학적으로 다음의 명제로 공식화할 수 있다. "악이 많을수록, 선도 많아진다." 왜냐하면 악은 개인이 모든 도덕적 구속으로부터 해방되는 완전한 지적 승리의 그림에 필수적인 어두운 배경이기 때문이다.

톨스토이 백작은 악의 원인과 당면한 개혁의 의미를 완전히 다르게 바라본다. 악은 개인 행동의 내적인, 도덕적인 규범 속에 있는 것이 아니라, 도덕적 법칙을 위반하는 것, 도덕적 법칙을 이해하지 못하거나 무시하는 것에 있다. 따라서 도덕에 반대되는 모든 것, 즉 사회 조직의 외적인 족쇄 속에 악이 있다. 이 족쇄들은 기독교의 도덕적 세계관과 연결되어 있지 않을 뿐 만 아니라, 톨스토이가 생각하기로는 오히려 반대로 기독교의 도덕적 세계관과 매우 대치되며 인류가 삶의 이교적 방식에서 충분히 벗어나지 못했음을 나타내는 모든 징표들이다. 기독교의 도덕적 세계관의 파괴를 원하지 않아야 할 뿐만 아니라, 오직 그 세계관에서만이 개인과 사회의 진정한 정신적 발전에 대한 보장이 있다. 톨스토이는 니체와 마찬가지로 삶의 목적과 의미를 죄로부터 영혼을 속죄한다는 초월적 과제에서 찾지 말고, 이곳 지상에서 인류의 정신적 발전을 이루기 위한 최선의 체계를 마련하는 것이 우선이라고 생각한다. 하지만 정신적 발전에 이르는 길은 개인의 양심을 온갖 도덕적 족쇄에서 해방시키는 것에 있지 않고, 반대로 기독교적 양심의 가능한 완전하고 깊은 발전 속에 있다. 에고이즘의 개화에 있지 않고, 반대로 에

고이즘을 완전하고 최종적으로 억제하는 것 있다. 자기부정, 사랑, 가까운 이들에게 대한 연민의 능력을 발현하는 것에 있다. 개인적 순종, 인내 그리고 악에 대한 무저항을 키워가는 것에 있다. 인간-동물 종의 완성에 대한 이야기가 아니라, 인간의 모든 고귀한 성질과 숨은 힘들을 인간에 의해 발전시키는 것에 대한 이야기이다. 인간은 창조성과 천재성, 능력과 거만한 무한 권력의 눈부신 발현에 대해 꿈꾸면 안 된다. 인간은 도덕적 자기완성과 그 회복에 대해서만 꿈꾸어야 한다. 그렇기 때문에 자신과 비슷한 겸손하고 참을성 있고 강인한 민중의 품속에 진실한 선과 위대한 감정 그리고 열망들이 간직되어 있다. 니체와 반대로 톨스토이는 자발적인 평등과 개인의 완전한 사회적 균등화를 말하는 열정적인 전도자이다. 그의 이상은 평화롭고 가정적인 존재로서의 인간, 하지만 "무리지은 동물" 같은 존재가 아니라 정신적인 존재로의 인간의 이상이다. 겁 많고 두려워하는 존재가 아니라 도덕적으로 흔들리지 않고 내적으로 강인한 정신적인 존재로서의 이상이다. 그래서 톨스토이의 애착은 인류의 다음과 같은 시대와 현상에 집중되어 있는데, 그 시대에는 삶의 외적 역경 앞에 순종과 인내가 발현되고, 도덕적 법칙에 대한 자발적 종속이 나타나며, 진리와 자신을 버리는 숨은 영웅주의를 위해 기꺼이 수난을 마다하지 않는다. 하지만 이러한 현상들은 한 가지 조건 아래 펼쳐져야 하는데, 그것은 개인이 종사하는 이러한 일이 그리스도의 일인 사랑과 선을 수행하기 위해서 완전히 기독교적인 것이어야 한다는 것이다. 톨스토이의 공식은 다음과 같다. "악이 적을수록, 선이 많아진다."

이러한 니체와 톨스토이 백작의 도덕적 이상에 대한 극단적인 대립으로 인해 그들은 자연스럽게 개인의 죄와 선을 완전히 다른 방식으로 바라본다. 그 차이는 기독교 **금욕주의**에 대한 견해에서 특히 두드러지게 나타난다.

니체는 자신의 후기 저작 중 하나인《도덕의 계보Genealogie der Moral》의 방대하고 명민하게 쓰인 한 장인 〈금욕주의적 이상이란 무엇을 의미하는가?Was bedeuten asketische Ideale〉에서 금욕주의의 도덕적 의미를 편파적으로 감소시키기 위해서, 그리고 그의 견해에 따르면 억제의 이론들 가운데서 찾을 수 있는 몇 안 되는 건강함을 단순히 유기체의 **위생**과 **영양학**으로 축소시키기 위해서 자신의 논거가 가지는 모든 빛남과 자신의 독설이 가지는 모든 힘을 사용한다. 니체는 순결과 억제의 이름으로 관능에 대항하는 기독교 교회의 투쟁을 비웃는다. 그는 루터가 자신의 관능을 공개적으로 고백할 용기를 가지고 있었던 것을 그의 가장 큰 공적이라고 생각한다(S. 99)[8]. 순결에 대한 설교는 니체의 냉소적 언급에 의하면 "실패한 돼지verunglückten Schweine"[9]로부터 나온 것이다. "건강한 관능"이라는 포이어바흐의 말을 니체는 기독교 도덕의 병적인 몽매주의로부터 속죄하는 말로 여긴다. 바그너의 〈파르지팔Parsifal〉은 그에게 위대한 작곡가의 재능이 쇠퇴했고 쇼

---

[8] 그룻은 이 논문에서《도덕의 계보》를 자주 인용하고 있는데, 페이지만을 언급하거나(예, S. 99), 약칭한 책 이름과 페이지로 인용하고 있다(예, Geneal., S. 136). 본문에 인용되는《도덕의 계보》의 판본은 앞서 원주에서 밝힌 바와 같이 *Genealogie der Moral*(Leipzig, 1892)이다.

[9] '실패한 돼지'는 순결과 관능, 천사와 동물 사이에 놓인 인간의 불안정한 균형을 있는 그대로 인정하지 않고 모순으로 보며 관능을 부정하는 인간을 말한다. 니체는《도덕의 계보》에서 루터가 관능을 비방하지 않고 순결과 관능의 대립을 넘어서는 노력을 했으며, 괴테나 하페즈 역시 인간이 가지고 있는 본래의 모순이나 불균형 속에서 더 많은 삶의 자극을 보았다고 말한다.

펜하우어에게 과도하게 종속되어 있음을 나타내는 표시이다. 사실 모든 동물은, 그리고 철학자라는 동물la bête philosophe도 자신의 힘을 완전히 방출할 수 있는 최선의 좋은 조건들을 본능적으로 추구한다. 그리고 이 조건들에는 더 큰 자유와 독립을 얻기 위한 관능의 억제가 포함된다. 결혼한 철학자는 "희극에 속한다". 그리고 "소크라테스가 결혼한 것은(그리고 아이도 가졌었나?) 아마도 단지 아이러니를 위해서였을 것이다". 하지만 금욕주의는 개인적인 독립의 수단 중 하나가 되는 것 외에 다른 어떤 의미도 없다. 그리고 니체에게는 풍속의 자유가 어쨌든 바로 그 독립의 필수적인 조건이다. 그리고 이 독립은 힘, 즉 최고의 천재성의 완전무결한 개화를 이루는 과정에서 개인의 완전한 자기조절의 수단이다. 그래서 그는 삶에 침잠하기보다는 삶의 지평 위를 날아다니는 신적이고 깃털이 달린 동물의 "즐거운 금욕주의heiterer Asketismus"만을 허용한다. 하지만 영혼의 완성으로 가는 방법으로서의 금욕주의, 죄, 잘못 그리고 괴로움에서 벗어나기 위한 수단으로서의 금욕주의를 니체는 멸시한다. 기독교의 금욕주의는 일시적이고 우연한 이상이며, "무엇 때문에 고통받는가"라는 문제 해결의 우연한 방법이다. 이것은 "어쩔 수 없는 것aute de mieux" 이상이다. "삶의 의지"는 문제를 이렇게 해결함으로써 일시적으로 구제되었다. 왜냐하면 인간은 아무것도 의욕하지 않는 것보다는 오히려 허무라도 의욕하고자 하기 때문이다(S.181~182). 하지만 지금은 어리석은 멍에를 떨쳐버릴 때다.

　　톨스토이는 억제, 자기규제 그리고 자기부정을 다른 방식으로 본다. 사실 중세의 수도원적 이상, 광야에서 스스로 삶에서 멀어지는 것 그리고 고독은 그에게도 낯선 것이다. 하지만 동시에 톨스토이는 관능의 억제, 모든 쾌감과 동물적인 것의 억제를 영혼을 가진 인간 개인의 첫 번째 과제라고 본다. 우리는 톨스토이가 《안나 카레니나Анна Каренина》에서 시작하여 《크로이처 소나타Крейцерова соната》, 크로이처 소나타의 〈후기Послесдовие〉에 이르기까지 자신의 모든 저작들을 통해 얼마나 정력적으로 순결을 설교했는지 알고 있다. 또 《첫 걸음 Первая ступень》에서 그가 얼마나 웅변적으로 육식에 반대하고, 《계몽의 열매Плоды просвещения》에서 폭식에 반대한 것도 알고 있다. 그가 술, 담배 그리고 온갖 마약 종류에 어떻게 적대적인지, 그리고 삶의 단순화에 대한 필요성과 모든 사치, 남용 그리고 그릇된 욕망을 포기해야만 한다는 생각이 그의 영혼에 얼마나 깊이 새겨져 있는지도 알고 있다.

두 세계관의 비판으로 넘어가기에 앞서 말하자면, 어쨌든 그 두 세계관은 일면적이고, 인간 영혼의 모든 요구를 충족시키지는 못한다. 나는 그들을 최종적으로 비교해보려고 한다.

니체는 서유럽적 훼손의 대표자이고, 톨스토이는 동유럽적 솔직성이라는 이상의 담지자다. 니체는 모든 권리에서 기독교와 완전히 그리고 의식적으로 절연된 이교 문화 이상의 복원을 꿈꾼다. 이와는 반대로 톨스토이는 모든 이교적 불순물을 씻어낸 삶의 기독교적 이상을 찾는다. 그리고 이교에 대한 증오에서 과학과 예술 그리고 국가 형태를 부정한다. 국가도 기독교 이전의 고대 문화가 만들어낸 것이기 때문이다. 니체와 톨스토이는 이성에서 진리의 마지막 기준을 찾는 이성주의자들이다. 하지만 니체는 이성주의의 **미학자**이고, 톨스토이는 이성주의 토대를 가진 **도덕주의자**다. 두 사람 다 기적과 비밀을 조소하지만, 한 사람은 미가 가진 매력의 비밀의 이름으로, 형태의 외적 완전성의 이름으로 기적과 비밀을 조소하는 것이고, 또 다른 한 사람은 사랑과 선의 절대적인 승리를 위해서 그러는 것이다. 두 사상가는 자신의 구호로 절대적인 자유와 개인의 자주성을 선언한다. 하지만 니체는 대중의 노예화와 조직적 착취에 기반해 개별적이고 특별한 개인의 승리를 꿈꾼다. 톨스토이는 모든 상호적인 집단적 착취의 제거를 통해 모든 개인의 자주성과 최고의 존엄을 꿈꾼다. 니체는 대중에 대한 교묘한 폭력을 통해 실현되는 "초인" 이상에서 인간-동물의 승리를 꿈꾼다. 톨스토이는 인간이 타인에 대한 모든 폭력에서 스스로 자유롭게 벗어나는 것을 통해 좀 더 소박하게 "인간" 이상의 완전한 실현에 대해서만 생각한다. 니체는 아나키스트-혁명가다. 그리고 모든 혁명가들처럼 폭정의 교조주의자다. 톨스토이는 무정부 상태, 혁명, 그리고 폭정의 가장 단호한 적이다. 왜냐하면 개인의 완전한 도덕적 자유와 책임이 보장만 된다면 그것들이 실현될 가능성이 없다고 믿었기 때문이다. 니체는 비록 현대 문화의 적이지만, 그것은 현대 문화가 그에게는 충분히 급진적이지 않기 때문이다: 존재를 위한 투쟁은 충분히 노골적이지 않고, 자의성은 박해로부터 충분히 확보되지 않았다. 사랑, 자비, 동정, 연민은 진보의 장애물들이다. 톨스토이도 개인이 자신의 자연적 힘을 완전히 발전시킬 수 있도록 도덕의 법칙과 모든 책임을 제거하라고, 법칙을 파괴하라고(물론 이것은 파괴할 수 없는 내적인, 도덕적인 법칙이 아니라 외적인, 사회적 법칙을 말한다) 말한다. 하지만 이렇게 말하는 이유는 이 법칙들이 그가 보기엔 인간을 정말 쓸데없이 억제하고 있으며, 인간의 지고의 정신적 발전과 사람들 사이에 사랑, 자비, 연민이 개화하는 것을 가로막고 있기 때문이다. 그리고 톨스토이는 현대 문화의 적이다. 하지만 그것은 그에게는 현대 문화가 근본적으로 잘못되었기 때문이다. 즉 기독교적이 아니기 때문이다: 개인은 충분히 자유롭지 않다. 존재를 위한 투쟁은 만약 개인이 완전히 자유롭게 되고 "그를 세상에 보낸 분의 의지"를 이해하게 된다면 사라질 것이다. 개인의 모든 지고의 힘들은 그가 모든 힘과 위력을, 모든 법칙의 억압을 스스로 버릴 때에만이 발현될 것이다.

두 사상가의 근본적인 차이가 완전히 한 곳으로 귀착되는 것은 분명하지 않은가. 그것은 인간의 본성에 대한 그들의 정반대되는 견해다. 니체는 인간을 동물로 여긴다. 그것도 사악한, 동물들 중에서 가장 사악한 동물로 여긴다. 자신에게 가까운 이들을 먹어치우고 자신과 비슷한 수십 명, 수백 명의 체액을 빨아들이면서, 무엇으로도 제지할 수 없는 풍부한 영양 상태에 있는 좀 더 강한 인간-동물이 자신을 초월해서 더 완전해진 동물의 새로운 종이 된다. 그 새로운 종이 니체에 의해 "초인" 개념으로 나타난다. 톨스토이는 다르게 생각한다. 겸손과 인내, 자기부정과 사랑은 사람이 사람답기 위한 근본적인 속성이다. 사람은 바로 이러한 속성들 때문에 동물과 다르게 되는 것이다. 사람의 본성은 선하고 좋다. 사람을 악하게만 만들지 않으면, 그는 완전히 선하게 있을 것이다. 그가 그 자체로 있게만 해준다면 아무도 건드리지 않고 누구도 먹어치우지 않을 것이다. 삶의 자연스러운 조건들에서 그는 "진정한 사람", 신의 감각과 생각을 가진 자가 될 것이다. 초인은 필요 없다. 왜냐하면 사람이 이미 초동물, 즉 동물을 초월한 존재이고, 신의 모습과 형상이기 때문이다.

두 도덕주의자의 도덕적 세계관의 대립은, 그들은 의식하지 못하겠지만, 세계와 인간의 본성에 대한 그들의 이론적 견해 대립의 기반이 되는 것은 명백하다.

니체는 유물론자, 무신론자 그리고 다분히 환상적 성격의 진화론자다. 그는 인간이 동물의 새로운 모습인 "인간-동물"로 변화하는 것을 꿈꾼다. 도덕적, 정신적 자기완성의 이념을 이 변화의 전망으로 바꾸면

서 말이다. 특별한 사랑과 심지어 이상한 즐거움으로 니체는 동물Thier
과 인간Mensch이라는 용어를 결합시키기 위해 모든 기회를 이용한다.
"이 영국 심리학자들"은 니체의 의해 "용감하고 도량이 넓고 긍지를 지
닌 동물(tapfere, grossmuthige und stolze Thiere)"(Geneal., S. 2)로 인식
된다. "성직자는 좀 더 섬세한 동물의 최초의 형태다(Der Priester ist die
erste Form des delicateren Thiers)"(Geneal., S. 136)라고 니체는 다른 곳에
서 말한다. 현대인에 대해서 그는 "병든 동물(ein krankhaftes Thier)"이
라고 표현하고, 인간 자체에 대해서는 "가장 용감하고 고통에 익숙한
동물(das tapferste und leidgewohnteste Thier)"이라고 표현한다. 니체가
동물과 인간, 이 두 개념을 사용한 모든 조합을 일일이 다 열거하기는
힘들다. 인간의 주체에 대해서 이야기하면서, 니체는 주체가 사람들이
번개를 섬광에서 분리해 섬광을 번개라 불리는 어떤 주체의 활동이며
작용이라고 하는 것, 그리고 민중의 도덕이 마치 강자의 배후에 강한
것을 나타내거나 나타내지 않는 것을 자유롭게 할 수 있는 일종의 중립
적인 기체substrate가 있는 것처럼 강한 것을 강함을 표현하는 일과 분
리하는 것과 완전히 똑같은 것이라고 이야기한다. "그러나 그러한 기체
는 존재하지 않는다. 활동, 작용, 생성 뒤에는 어떤 존재도 없다: 활동하
는 자는 활동과 연결된다. 활동이 모든 것이다."(Geneal., S. 27) 니체는
기체로서의 주체의 존재, 즉 실체적substantial 영혼으로서의 주체를 믿
지 않는다. "주체—그는 말한다,—아니면 더욱 통속적으로 말하자면 영
혼은 아마도 지금까지는 지상에서 최상의 믿음의 대상이었을 것이다.
왜냐하면 그것은 죽어야 하는 수많은 인간 존재, 모든 종류의 약자, 억
압받는 자로 하여금 약함 자체를 자유로 해석하고, 그들이 그저 그렇게
존재하는 모습을 공적으로 해석하는 저 숭고한 자기기만을 가능하도

록 했기 때문이다(Geneal., S. 28). "적에 대한 사랑에 대해서도 이야기합니다.—땀을 뻘뻘 흘리면서 말입니다." 이런 식으로 니체는 영혼의 존재를 인정하지 않는다. 똑같이 그런 식으로 그는 신도 믿지 않는다.

"오늘날 정신이 엄격하게, 힘 있게, 화폐의 위조 없이 활동하는 다른 모든 곳에서, 이제 정신은 그 진리를 향한 의지를 제외하고는, 대체로 이상을 필요로 하지 않는다.—이러한 절제를 나타내는 통속적인 표현이 '무신론'이다(거기에 진리를 향한 의지는 포함되지 않는다)." "절대적으로 성실한 무신론,—그리고 이 공기만을 우리, 이 시대의 좀 더 정신적인 인간인 우리가 호흡하고 있다—그러나 이는 보이는 것처럼 모든 이상들과 대립하고 있지 않다; 그것은 반대로 이상의 발전의 마지막 양상들 중 하나다. 그 표현과 내적 결과의 마지막 형태들 중 하나다.—이것은 2000년에 걸친 진리를 향한 훈련의 최종적인 파국일 뿐이다. 그 파국은 마침내 신에 대한 허위의 믿음을 금지하게 하였다."(S. 179)

이 정도 인용으로도 니체가 어느 정도로 유물론자이고 무신론자인지 알기에 충분하다. 영혼과 신은 미신이다. 그리고 이것으로 인간이라는 단어가 가지는 진정한 의미로서의 "인간"의 단계를 건너뛰는 인간-동물에서 초인으로의 니체의 도약이 설명된다. 도덕에 기반한 이 철저한 유물론자, 무신론자 그리고 진화주의자가 어떠한 회의론이나 거짓된 수치심 없이 이반 카라마조프의 유명한 사상을 반복하고 있는 것은 놀라운 일이 아니다. 그 사상은 스메르쟈코프Смердяков[10]에 의해

---

10 도스토옙스키의 장편소설 《카라마조프 가의 형제들》에 나오는 주인공이다. 카라마조프 가의 사생아인 그는 신과 종교를 부정하는 둘째 아들 이반 카라마조프에게서 신이 없으면 모든 것이 허용된다는 사상을 받아들이고 이것은 친부살해로 이어진다.

훌륭하게 정당화되었는데, 신과 영혼의 불멸을 믿지 않는 사람이 있다면 그에겐 "모든 것이 허용된다"는 것이다.

레프 톨스토이는 전혀 다른 이론적 세계관을 믿고 있다. 톨스토이의 《인생에 대하여O жизни》(전집의 XIII권을 보라)를 읽은 사람은 동물적인 의식과 이성적 의식 사이에, 동물과 사람 사이에 얼마나 깊은 심연이 톨스토이에게 존재하고 있는지 알 수 있다. 또 그가 영혼의 불멸과 영원한 삶의 이상을 정당화하기 위해 어떤 정열적인 노력을 하였는지, 가끔은 '영혼dusha'의 개인적인 불멸사상에서 비개인적인 '정신dukh'의 불멸사상으로 기울어지긴 했지만, 어쨌든 톨스토이는 정신적 삶의 영원성, 완전한 죽음의 불가능성에 대한 사상을 굳건히 고수하였다. 톨스토이가 살아있는 신을 믿었을까? 그렇다. 믿었다. 깊게 믿었다. 그는 심지어 기도와 살아 있는 사람들의 영혼 간의 영원한 존재의 비밀스런 중재도 믿었다. 톨스토이는 우리를 세상에 보낸 자의 의지도 믿었다. 그리고 영원한 진리와 절대 선의 세계도 믿었다. 하지만 그렇기 때문에 톨스토이는 외적인, 물질적인, 기술적인 진보는 믿지 않았다. 그는 '인간'으로의 복귀를 설교하였고, 날개와 깃털이 있는 '초인'의 발명을 설교하지 않았다. "하느님의 나라는 너희 안에 있느니라."[11] 이것은 이미 인간 영혼의 위대한 잠재력 속에 완전히 주어졌고, 이미 여러 번 나타났으며, 모든 죽은 자들에게 주는 교훈을 밝게 비추었다. 모든 발전과 진화는 사람의 정신적, 도덕적 개성의 성장으로 귀착된다. 이것을 위해 복음서의 순수한 가르침으로 돌아가야만 한다. "당신의 적들을 사랑하고, 당신을 미워하는 사람들에게 선을 베풀어라."[12] 정신의 세계,

---

11 《누가복음》17장 21절.

모든 허망한 것의 포기 그리고 개인과 사회 조직의 외적 진보가 아닌 것,—이것이 인간의 진정한 목표, 그의 행복, 그의 도덕적 만족의 원천이다.

현대 산업 문명, 부르주아 문명에 대한 니체의 모든 증오와 혐오에도 불구하고, 그의 가르침에는 어쨌든 거대한 서유럽과 아메리카의 공장 기계들의 끊임없이 두드리는 소리와 굉음의 메아리, 인간이 고안하였으나 이제는 인간을 정복하고 위압하는 수없이 많은 피스톤과 망치들의 메아리가 느껴진다. 이 모든 기계들, 이 모든 생산품들은 새로운 동물 존재—날아다니고 날개가 있는 초인—의 기계적-화학적-물리적-해부생리학적 제작을 최종적 이상으로 설정했다. 그 초인은 대뇌 반구와 뇌회腦回(gyrus)의 개선을 통해 새로운 거대한 이념들을 유기적으로 생산해낸다. 톨스토이의 가르침에서는 반대로 우리 조국의 고요하고 광활하며 잘 가공되지 않은 대초원 공간의 반향이 들린다. 우울하고 끝없는 흑토 평야와 농촌의 고요하고 깊은 외로움의 반향이 들린다. 그리고 그 농촌에는 '땅의 힘'과 '영혼의 외로움 속에 있는 건강하고 억센 자의 자유'가 생생하게 느껴진다. 그것을 그냥 내버려 두어라. 그러면 그것은 온갖 기계, 비행기구, 공장이 없어도, 화학, 의학, 그리고 조직학이 없어도 위대해질 것이다.

사람은 길들여진 동물이다. 그리고 사람은 지상에서의 신적인 이성의 완전한 구현이다. 두 사상가의 반대되는 원칙들과 이상들은 이렇다.

톨스토이와 니체의 도덕적 가르침이 그들이 믿는 이론적 세계관

---

12 《마태복음》 5장 44절.

의 모든 장점들과 단점들을 스스로에게서 반영하는 것은 물론이다.

두 사상가의 중요한 공적은 그들이 자신의 이론적 견해를 끝까지 끌고 갔다는 데에 있다.

만일 세상에 물질과 그 물질의 조합을 제외하고는 아무것도 없다면, 만일 인간이 기계라면, 만일 인간의 모든 행동이 복잡한 메커니즘의 결과라면, 그렇다면 이 행동들 중 어떤 행동도 그 자체로 칭찬이나 비난을 받을 가치가 없고, 선하지도 않고 악하지도 않다. 모든 행동은 상대적이고, 그 행동의 평가는 우리가 사람의 행동들에 부여한 최종 목적에 따라 달라진다. 그것의 달성을 도와주는 것은 선이 될 것이고, 방해하는 것은 악이 될 것이다. 그러나 모든 사람들에게 같은 목표는 있을 수 없기 때문에 동일한 선과 악은 없다. 초인 산출의 목표는 니체의 주관적인 꿈이다. 니체는 그 꿈을 누구에게도 강요하지 않았고 단지 생각해보라고 권유했을 뿐이다. 다른 말로 하자면 절대적이고 필수적인 도덕은 없다. 따라서 어떠한 도덕도 없다. 이것은 몇 사람의 공허한 생각이고 가르침이다. 사람은 동물이고, 그들 삶의 유일한 기반은 존재를 위한 투쟁, 권력과 힘을 위한 투쟁이다. 이 투쟁이 결사의 투쟁이 되도록 하라. 그러면 공개적으로 삶의 유일한 법칙으로 선언될 것이다.

마찬가지로 톨스토이 백작도 자신의 가르침에서 똑같이 일관적이다. 만일 인간이 오직 이성과 영혼이라면, 인간의 삶의 법칙은 내적인 법칙, 도덕적 법칙이다. 만일 인간이 동물이 아니라면, 그의 삶의 원칙은 존재를 위한 투쟁이 아니라 사랑이다. 사랑의 법칙이 인간 삶의 유일하게 가능한 법칙임을 진실로 그리고 정직하게 인정해야만 한다.

이러한 각 명제들의 극단적이고 일관된 발전에서 우리는 두 사상가들에게서 새롭고 독창적이며 깊이 있는 개괄을 볼 수 있지만, 동시에 매우 중요한 잘못된 판단들도 발견할 수 있다.

그러한 것의 예를 들면 니체가 훌륭하게 제기한 주장인데, 금욕주의는 쇼펜하우어가 생각했듯이 삶의 부정이 아니라, 삶에 대한 강한 확신들 중 하나이며, 생명력의 퇴화와 쇠약 그리고 몰락에 대항하는 가장 좋은 수단들 중의 하나라는 것이다(Geneal. d. Moral, 3 Abt., §8~10, 특히 13ff.). 단지 니체만이 이 수단이 모든 정신의 질병을 경고하기 위해서 퇴화가 나타나기 전에 쓰이지 못한다고 헛되이 생각한다. 만일 그가 이것을 알았더라면 기독교적 금욕주의 도덕—죄와 속죄의 도덕의 관점에 더 가까워질 수 있었을 것이다. 우리 시대의 나약하고 힘없는 이타주의와 연민에 대한 니체의 비판도 마찬가지로 탁월하다. 하지만 니체는 기독교적 연민을 완전히 정확하게 이해하지 못한 것 같다. 모든 사랑과 연민이 사람을 약하게 만들어서 기독교 사회에서는 모든 사람이 '병자'와 '간병인'으로 나뉜다고 주장을 펼치고 있는 것을 보면 그렇다. 용감한 기독교적 연민은 그것의 대상이 되는 사람에게 힘과 용기를 불러일으킨다. 만일 레프 톨스토이가 가까운 사람을 사랑해서 그가 담배를 피우고 술을 마시며 그것으로 인해 자신의 생각과 의지의 에너지를 약하게 만드는 것을 불쌍히 여긴다면, 그 가까운 사람은 톨스토이에게 그 연민의 정에 대해 무척 감사해야만 할 것이다. 그는 자신의 나약함을 부끄럽게 여기게 될 것이고, 담배와 술을 끊고 도덕적으로 더 강해질 것이다. 마찬가지로 니체의 생각도 똑같이 정확하다. 인간의 완성, 인간이 발전의 가장 높은 단계로 이동하는 것이 인류의 최고의 도덕적 과제이고 진보의 최종적 이상이다. 하지만 니체는 이렇게 완전해지는 것이 오직 동물에 의해서만 이루어지며, 그것의 필수 조건이 양심과 가까운 이들에 대한 사랑의 억제라고 헛되이 생각한다. 이렇게 완성되는 것은 오직 도덕적, 정신적인 것에 의해서만이 가능하고, 도덕적 힘의 향상만이 지적, 물리적 에너지의 향상을 이끈다. 그리고 도덕적 방탕은 천재성의 원천이 아니라 완전한 지능적, 물리적 퇴화의 원천이다.

이러한 세 가지 예를 통해서 니체의 가르침에는 많은 깊은 사상들이 있음이 분명히 보인다. 하지만 이상한 것은 이 작가는 자신의 이성에서 사물의 진실을 구부러진 거울처럼 반영한다. 현실의 모든 현상의 특징이 이 거울에서는 매우 비뚤어져 보인다. 왜냐하면 니체의 모든 공통된 명제는 진실의 몇몇 요소들을 자신 속에 가지고 있기는 하지만 결국에는 명민하나 완전히 부정확한 역설을 제시할 뿐이다. 니체야말로 그가 고안해낸 전 세계의 병원이나 정신병원[13]에서 모든 사람들 중에 "가장 병든" 사람이다. 그리고 그가 현대 사상가들에 대해 다음과 같이 말할 때, "이들 생리적으로 실패한 자들이자 벌레 먹은 자들, 이들 모두는 원한의 인간들이며, 지하의 복수에 완전히 몸을 떠는 토양이며, 행복한 자들에 대해 감정을 터뜨릴 때에도, 또한 복수의 가면무도회를 할 때에도, 복수의 구실을 만드는 데도, 지치지 않고 싫증을 모르는 자이다"(S. 133), 이렇게 외치고 싶다: 다른 모든 사람들보다 당신이 바로 "자존심을 모욕당한 자, 생리적으로 실패한 자, 증오와 복수의 인간"이라고 말이다. 니체를 통해서 인류에 의해 짓밟힌 기독교적 사랑과 순종의 진리가 인류에게 복수를 하고 있는 것이다. 게다가 니체는 (기독교

---

13 (원주) Geneal., S. 131: "냄새를 맡기 위한 코를 가지고 있을 뿐만 아니라, 눈과 귀를 가지고 있는 사람은 그가 오늘날에도 들어가는 곳이면 거의 어디서나 정신병원이나 병원의 공기 같은 것을 느끼게 된다.—내가 말하고 있는 것은 당연히 인간의 문화권이나 바로 지상에 존재하는 모든 종류의 '유럽'에 관한 것이다"(N.Ya. 다닐렙스키를 상기하자!)

식으로) 매우 애처로워한다. 그는 가장 힘든 비극들 중의 하나인 불신과 부정의 도덕적 비극을 겪었다. 그리고 그의 모든 사색의 결과와 고통 끝에 얻은 것을 인류 앞에서 진심으로 고백하는 용기를 가졌다.

레프 톨스토이의 가르침은 완전히 다른 인상을 준다. 그것은 왜곡된 문명의 병적인 산물이 아니라 현대 정신의 모든 질병에 대한 건강한 반응이다. 니체의 가르침이 도덕적 의미에서 의심할 바 없이 부정적인 의미인 데 반해 톨스토이의 도덕은 긍정적 이상들, 즉 미래의 이상들로 충만하다.

톨스토이의 실수는 도덕의 영역에 있지 않다. 그리스도의 가르침을 그렇게 숭고하고 이상적으로 이해하고 해석할 수 있는 사람은 (세속의 작가들 중에서) 많지 않다. 그리고 그 진리는 우리가 이미 충분히 밝혀낸 것 같다. 그래서 우리는 더 이상 톨스토이의 도덕적 가르침의 긍정적인 측면에 대해 이야기하지 않을 것이다. 진리와 정의의 이름으로 이 사상가의 의도하지 않은 잘못된 생각들 몇 가지를 지적할 필요는 있다.

니체의 모든 잘못된 생각들의 주된 근원이 대담하게 끝까지 전개한 유물론에 있는 것과 마찬가지로 톨스토이의 주된 실수는 지나친 그리고 협소한 관념론과 유심론에 있다. 톨스토이를 비판하는 사람들이 여러 번 정당하게 지적했듯이 톨스토이는 기독교의 도덕을 전적으로 받아들이면서 기독교의 모든 형이상학을 그릇되게 거부했다.[14]

---

14 (원주) 다음의 논문을 참조하라. A.볼린스키, "톨스토이 백작의 도덕 철학",《철학과 심리학의 문제들》, 5권, 1890년 11월; AA.코즐로프, "톨스토이 백작의 책과 삶에 대한 편지",《철학과 심리학의 문제들》, 5~8권.

우리의 생각에는 톨스토이 백작의 중요한 실수는 니체와 마찬가지로 모든 기독교 형이상학의 기초를 형성하는 인간 본성의 깊은 이원론을 부정하는 것이다. 사실 톨스토이는 자신의 저작《인생에 대하여》에서 동물적 의식과 이성적 의식의 대립을 인정했지만, 이 대립은 그에게 현상적 가치일 뿐이었고 본질적 가치는 아니었다. 인간 존재의 합리성과 영성을 인정하면서 톨스토이는 인간에게 그것과 다른 동물적 물질적 본성이 항상 존재한다는 것을 매우 빠르게 잊었다. 그렇기 때문에 우리 작가는 인간 본성의 절대적 선함을 믿고, 또 인간이 모든 외부적 규범이 없어도 완벽하고 선해질 수 있다고 믿었다. 타락과 속죄에 대한 교회의 가르침은 톨스토이에게 이질적이다. 그는 이 교리에서 종교적, 도그마적 의미 외에 깊은 철학적 의미를 발견할 수는 없는지 묻지도 않는다. 톨스토이는 낡은 편견이라고 그 교리를 직접적으로 거부한다. 아니 더 정확하게 이야기하자면 그 교리를 피해 간다. 그는 그 교리가 기독교 도덕의 근거를 만드는 데 정말 쓸모없다고 생각한다. 그래서 이론적 면에서 톨스토이의 기독교 도덕은 어쨌든 허공에 떠 있다. 그의 기독교 도덕은 개인적 삶의 경험에 근거한 지극히 경험적 가르침이며, 굳건한 형이상학적 기반이 없다. 실제로 그것을 확고하게(객관적으로) 입증하기 위해서는 사랑이 지고의 존재의 계명이고 인류의 영적 구원의 보증이라는 것을 증명해야만 한다. 하지만 무엇으로부터의 구원인가? 죄, 타락과 죽음에서의 구원이다. 무엇으로 구원을 이루는가? 고통과 속죄를 이루는 죄 없는 희생에 의해서다. 무엇을 위해서 구원이 필요한가? 부활과 영생을 위해서다. 교회의 교조주의적 가르침은 이런 식으로 사랑과 자기 부정의 기독교 도덕의 깊고도 필수적인 철학적 기반이다.

　　세계에서 영혼과 물질의 대립이나 모든 영성의 살아 있는 개별적 근원으로서의 신의 존재를 인정하기만 하면 된다. 이렇게 해야만 학문적 발견, 심지어 자연과학의 어떠한 발견들(심지어 진화론조차 배제하지 않으면서)도 거부하지 않으면서 기독교의 형이상학, 타락과 속죄에 대한 가르침에 대한 과학적, 철학적 입증의 가능성에 도달한다.

그러나 이 경우 한 가지 질문이 긴급하게 발생한다. 톨스토이같이 기독교의 도덕적 교리를 완전히 받아들이고 인류의 도덕의식 역사에서 그리스도의 권위에 어떤 최고의 신비적 의미를 부여하는 사람이 기독교의 모든 교리를 부정할 필요가 있을까 하는 것이다.

하지만 톨스토이는 기독교의 교리만 거부한 것이 아니라 세계의 운명과 본성에 대한 모든 과학적 철학적 사고들도 거부했다. 그리고 여기에서 인간은 완전히 실천 이성이며, 인간의 모든 지식은 자의식과 자기인식이라는 자신의 기본 전제를 논리적으로 제기한다. 소크라테스의 형상과 "소크라테스는 도덕적 개념들만을 연구하고 자연 전체에 대해서는 아무런 언급도 하지 않았다. 그런데 바로 이 도덕적 개념들에서 보편적인 것을 찾았다"라는 아리스토텔레스의 말이 무의식적으로 떠오른다.[15]

톨스토이 백작도 일정 정도 현대 회의주의와 심지어 염세주의의 산물이지만 순전히 이론적인 영역에서만 그러하다. 그는 존재의 진리, 세상의 법칙, 하느님의 본질의 인식 가능성을 믿지 않는다. 하지만 그 대신에 그는 삶의 진리를 알 수 있다고 깊이 믿는다. 삶의 진리가 내부에서, 즉 인간의 자의식에서 드러난다고 믿는다. 톨스토이는 외부 세계

---

15 (원주) *Aristotelis Metaphysica*, 987b 1~3. [국문 번역은 아리스토텔레스, 《형이상학》, 조대호 옮김, 도서출판 길, 2017을 참조했다.]

의 존재의 법칙을 이해할 가능성을 믿지 않았고, 인간의 완전한 자각과 도덕적 완성을 위해서는 인간의 정신을 자신 밖으로 향하게 하는 시도들을 쓸데없고 심지어는 해가 된다고 확신했기 때문에 모든 교리들, 즉 종교적 교리, 과학적 교리, 철학적 교리들을 거부하였다. 이 모든 것은 모든 삶의 외면적 완성, 삶의 세련, 외면적 인상의 발전, 미적이거나 지적인 창조물의 미묘함의 발전과 마찬가지로 불필요하고 인위적이며 허망한 것이다. 삶은 자신 내부에서나 외부에서나 매우 쉽게 이해할 수 있으며 삶을 위해서 다른 것은 필요치 않다.

모든 외부 문명, 모든 외부 진보, 과학과 예술의 모든 고안물들, 이 모든 것들은 이교, 타락, 중요한 과제인 선한 삶으로부터의 이탈이다. 그리고 톨스토이는 삶의 외부적 조직에 대한 타협할 수 없는 적대감에서 매우 섬세하게 현대 문명의 모든 재앙과 결점들—예술의 비도덕적 지향, 과학 분야의 실수와 낡은 버릇, 종교적 존재 영역에서의 결점들과 쓸데없는 아케이즘archaism—을 밝혀낼 수 있었다. 어떤 약점이나 모순도 그의 예리한 시선에서 새어나오지 않았으며, 정확한 예술적 형상들로 때로는 유쾌하고 상냥하게 비웃고, 그러나 이따금은 악의적이고 무자비하게 인간 존재의 가장 크고 굳건한 전통들을 웃음거리가 되게 한다.

하지만 톨스토이가 인간 사회의 삶의 외면적 조직—예술, 과학, 종교 그리고 국가 제도—을 파괴하기 위해 아무리 노력했다 하더라도 인간이 존재하는 한 그것들은 영원히 남아 있을 것이고 단지 형태만 바꿀 것이다. 형태는 이념(이상)의 외면적 실현이다. 하지만 이 형태들은 신적인 이념의 형태에서의 실현인 세계 자체, 자연 자체, 그리고 미네랄이나 식물, 동물, 인간과 마찬가지로 필수적이며 제거할 수 없는 것(불가피한 것)이다. 아름다움, 진리, 선은 동등한 이상들이다. 예술 작품은 과학적 개념이나 용어들만큼이나 아름다움의 감각과 삶의 진리의 중요한 실현이다. "과학적 볼라퓌크"[16]는 인류의 종교적 의식의 실현인 종교 의례나 종교적 형태들과 마찬가지로 진리의 필수적인 실현이다. 인류의 종교적 의식은 존경과 순종의 감정, 하느님에 대한 사랑이며, 그것은 인간에게 고유한 것이다. 그리고 국가 조직의 형태에서 외부적 사회 활동의 공고화도 똑같이 필수적이다.

　도덕주의자의 진정한 과업은 인류의 영적 존재의 모든 역사적 형태를 파괴하는 것이 아니라, 그것들에 새로운 내용을 주입하고 각각을 제자리에 놓고 필요한 경우 어떤 것의 부족함이나, 다른 것의 장점을 보여주려고 노력하는 것이다. 최초의 상태, 원시의 상태로 되돌아가는 것을 인류는 할 수 없다. 만들어진 것을 포기하는 것은 인류에게 자살 행위와 같다.

　니체는 자신의 "거리의 파토스Pathos der Distanz"―거리의 감각, 아니면 더 단순히 말하자면 인간 생활의 사회적, 정치적 조직에서 전망의 감각―을 전파할 때 명백한 과장에 빠진다. L.N. 톨스토이 백작의 사회 이론에 관해서는 바로 이 전망의 감각이 부족하다고 말할 수 있다. 가장 매력적인 도덕적 이상들을 전파하면서 그는 개인이 자라난 모든 토양에서, 그리고 그 개인의 종교적, 과학적, 철학적, 사회적 전통의 토양에서 그 개인을 떼어내려고 시도한다. 공연한 작업이다. 그리고 "뿌리에서 뽑아내는" 이런 시도에서 토양에게 어떤 위험이 있을 것이

---

16 볼라퓌크Volapük는 1880년에 독일인 목사 슐라이어Johann Martin Schleyer(1831~1912)가 국제적인 언어로 쓰기 위해 만든 인공언어를 말한다.

라고 생각하는 사람들은 매우 근시안적인 사람들이다. 식물, 즉 토양에서 떼어내진 각각의 개인은 고통을 겪을 수 있다. 다른 말로 하자면 그가 무엇을 해야만 하는지 그를 거부한 사회 조직에서 어떻게 살아야 하는지 명확한 인식을 잃을 수 있다. 하지만 토양은 의심할 여지없이 온전히 남아 있을 것이다. 왜냐하면 토양은 그것이 생산하는 모든 식물보다 당연히 더 강하기 때문이다.

우리는 우리 시대의 두 극단적인 도덕적 세계관의 장점과 단점 그리고 공통의 의미를 살펴보았다. 진정한 도덕적 이상은 도대체 어디에 있는 것인가? 우리는 그것을 외면적인 것과 내면적인 것, 물질적인 것과 정신적인 것, 더 용감하게 말하면 "이교적인 것"과 "기독교적인 것"의 화해에서 찾아야만 한다는 것이 명백해 보인다. 만일 300년 전에 만들어진 과학과 종교의 타협, 지식과 신앙의 타협이 충분하지 못하다면, 그것은 다른 더 나은 타협이 불가능하다는 것, 더 넓고 유기적이며 충분한 통합이 불가능하다는 것을 의미하는 것은 아닐까?

우리는 그 타협을 찾을 것이라고 굳게 믿는다. 하지만 누가 그것을 찾을 것이며, 그것을 찾는 것은 누구의 의무인가?

물론 현대의 모순에서 벗어날 길을 찾는 인간을 가르쳐주려는 것이 아니다. 인간은 전반적인 세계 힘(에너지)의 도구이자 발현이다. 문제는 어떤 방법으로, 어떤 영역에서 문제를 해결하는가이다. 이 방법과 영역을 철학자는 예전부터 알고 있었다. 우리 시대의 윤리적 세계관의 극단성은 모든 지식과 일반화, 통합의 토대를 다시 살펴보고 검토하는 중재의 "학문 중의 학문"으로서의 철학에게 새로운 과제를 부여한다.

우리 시대 철학의 과제는 가까운 시기의 모든 위대한 교훈들을 이해하고, 톨스토이와 니체 그리고 인류의 굳건하고 흔들리지 않는 도덕의식의 다른 많은 구현자들을 이해하는 것이다. 그리고 그들의 가르침에서 진리와 선을 받아들이고 그 모든 것을 새롭고 완전한 세계관으로, 이론적이고 실천적인 세계관으로 다시 만드는 것이다.

우리는 이미 100년을 칸트의 순수이성과 실천이성의 모순이 역학적으로 화해된 칸트 철학의 전통 속에서 살고 있다. 프리드리히 니체는 실천이성비판에 반대하는 순수이성비판의 무의식적 항의이고, 톨스토이는 순수이성비판에 반대하는 실천이성비판의 무의식적 항의이다. "영원의 관점에서sub specie aeternitatis" 이 사상가들의 의미는 다음과 같다. 이것은 오래되고, 영원히 오래되었으나 우리 시대에 다시 부활한 데모크리토스와 소크라테스의 싸움, 아리스토텔레스와 플라톤의 싸움, 실재론과 관념론의 싸움이다. "오래된 이야기지만 항상 새롭다"—왜냐하면 삶의 형태는 변하기 때문이다.

이 모든 오래된 것에 새로운 자리를 정해주고, 완성된 자기 인식을 변화한 사물의 법칙에 다시 조정시키는 사상가는 반드시 깊은 전망의 감각을 가지고 있어야 한다.

(번역: 문준일)

제2부

일본의 초기 니체 수용

유럽에서 덕의德義사상의 두 대표자인
프리드리히 니체 씨와 레오 톨스토이 백작의 견해 비교

〈歐洲に於ける德義思想の二代表者フリデリヒ, ニツシュ氏とレオ, ト
ウスイ伯との意見比較〉,《心海》4號(1893. 12.), pp. 56~61

필자 미상[1]

지금 유럽에서는 오늘날의 덕의德義[2]의 상태에 불만을 품고서, 근
본적으로 정신의 개량을 도모하고, 대대적으로 개인과 사회의 폐풍과
악습을 일소하지 않을 수 없음을 깨닫고, 그 고상한 사업을 위해 분투
하는 사람들을 늘리려 하지만, 도덕 개량의 방안에 이르러서는 학자마
다 설을 달리하여 때로는 정반대의 설을 주장하는 경우도 있다. 가령

---

1 이 글의 저자는 나와 있지 않다. 그러나 선행연구에 의하면 고니시 마스타로小西增
太郎(1862~1940)로 추정된다(Sho Konishi, *Anarchist Modernity: Cooperation and
Japanese-Russian Intellectual Relations in Modern Japan*, Cambridge and London:
Harvard University Asia Center, 2013, 126쪽). 고니시 마스타로는 메이지~쇼와 시
대의 러시아 연구자이자 신학자다. 그는 일본 최초의 러시아 유학생으로 일본에 '니
체'라는 이름을 처음으로 알렸다. 일본에 있는 니콜라이신학교에 다니다가, 1886년
(메이지 19년)에 러시아 키예프신학교에 유학하였다. 이후에 모스크바신학교에서
니콜라이 그롯의 제자가 되었고, 그롯의 소개로 톨스토이와 함께 노자의 《도덕경》
을 러시아어로 공동 번역했다. 1893년(메이지 26년)에 귀국해 모교인 니콜라이신학
교의 교수가 되었다. 같은 해《심해心海》에 이 글을 투고해 '니체'라는 이름을 일본에
처음 알렸다. 1898년에는 니콜라이신학교를 떠났는데, 아마도 신학적인 견해 차이

어떤 사람은 인류를 종교 덕의의 속박에서 벗어나서 자연에 방임하게 함으로써 인물을 양성해야 한다고 주장하는 반면에, 다른 사람은 종교의 힘을 빌려서 자연의 정욕情慾을 절제함으로써 덕의를 혁신해야 한다고 주창한다. 전자의 학설을 주장하는 자는 오늘날 유럽에서 저명한 윤리학자 프리드리히 니체 씨이고, 후자의 학설을 대표하는 자는 러시아의 저명한 작가 레오 톨스토이 백작이다. 여기에서는 서로 반대되는 두 설을 나열하여 독자에게 소개하기만 하고, 평론은 다음 호에서 하기로 한다.

이 두 사상가의 견해 차이는 천양지차라고 해도 과언이 아니지만, 서로 유사한 점도 종종 없지 않기 때문에 먼저 그 유사점을 들어 논하기로 한다.

첫째, 두 사람의 같은 점은 오늘날의 유럽의 덕의관德義觀에 반대하고, 사회의 풍속 습관을 근본적으로 변화시키지 않으면 안 된다고 보는 정신이다. 두 사람 모두 인류가 아프고 부패해서 단 하루도 이것을

때문이었던 것 같다. 이후에는 교토대학교에서 러시아어를 가르쳤다. 저서로《러시아 기행문実歷露国一班》(1896),《러시아 문법 대강露国文法大意》(1897),《톨스토이를 말하다トルストイを語る》(1936) 등이 있다. 이 글에서는 먼저 니체와 톨스토이에 대한 그릇의 글을 요약정리한 뒤에, 맨 마지막에 자신의 의견을 덧붙이고 있다.

2 '덕의'는 오늘날 용어로 말하면 '도덕'에 해당하는 말이다. 가령 일본 최초의 환경운동가로 알려진 다나카 쇼조田中正造(1841~1913)는 1896년에 쓴 〈조선잡기朝鮮雜記〉라는 일기에서 동학농민군에 대해 '덕의'라는 말을 쓴 적이 있다: "동학은 문명적이다. 12개조 군율은 덕의를 지키는 것에 엄격하다. 인민의 재물을 빼앗지 않고, 부녀자를 욕보이지 않으며, 병참 부대의 물자는 군수나 관아에 의지하고, 병력으로 권력을 빼앗아 재물을 취하되 그 땅을 다스리는 것이 공평하다. 만약에 군율을 어기는 자가 있으면 곧바로 총살한다."(https://brunch.co.kr/@sichunju/141)

바꾸는 데 주저해서는 안 되며, 따라서 인생의 의미와 목적을[3] 분명하게 밝히고, 사회의 도덕을 진작시키는 데 노력하지 않으면 안 된다고 말한다. 둘째, 기독교 교회에서 내려오는 전통을 배척하고, 형해화된 의식을 비난하고, 승려의 위선[4] 패덕敗德을 개탄한다. 셋째, 종래의 덕의 관념을 일변시켜 나아가서 인류의 덕의를 만들지 않으면 안 된다. 양자의 같은 점은 이 세 가지다.

하지만 덕의의 개량을 꾀하는 데 있어서는 그 의견을 매우 달리한다. 니체는 대체로 악한 것은 개인으로 하여금 종교의 속박을 짊어지게 하는 데에서 기인한다고 보았다. 그는 말한다. 종교는 덕의를 수괴收壞[5] 시키기 때문에 마땅히 그 패덕의 원인인 종교를 박멸시켜야 한다. 지금의 시운時運은 이쪽으로 향한다. 이른바 악이라고 일컫는 범죄 사욕私慾 등은 개인의 능력을 발달시키는 데 없어서는 안 되는 것으로, 자연의 도리에 부합하는 것이라고 본다. 개인으로 하여금 하늘이 부여한 능력을 충분히 발달시키려고 하면 도덕법으로 그 행위를 압제하는 일이 없어야 한다. 하지만 사람은 모두 자기의 악을 깨닫지 못하는 데 이르기 마련이다. 사람이 스스로 자신의 악을 깨달으면 그는 이미 악인이 아니다. 개인의 세력이 나오는 곳은 정욕이기 때문에, 정욕情慾은 반드시 압제하는 일 없이 자유롭게 발달시키지 않으면 안 된다. 그런데 사람은 하늘이 준 능력을 충분히 개발할 수 있어야 한다. 달리 말하면 개인으로 하여금 덕의의 책임을 지도록 하지 않아야 한다. 왜냐하면 인성人性

---

3 원문은 "人生の趣意目的"이다. 뒤에는 "人性の趣意目的"이라는 표현도 나온다.
4 여기에서 '승려僧侶'는 크리스트교 성직자를 말하는 것 같다.
5 직역하면 "회수시켜서 파괴한다"는 의미인데, 사전에도 안 나오는 말이다. 아마 니체 원문을 번역하는 과정에서 만들어진 조어인 듯하다.

의 일대 주안主眼은 개인의 특성을 가능하면 충분히 발달시키고, 금수 같은 인간을 개량하여 인간 이상의 고등동물로 변화시킬 수 있는가에 있기 때문이다. 하지만 사람 각자가 이에 완전하게 도달하는 것은 조직 상 허락하지 않기 때문에 그냥 한층 뛰어난 인물에게만 충분한 자유를 부여하여 다른 중생들이 피동적 기계가 되도록 해야 한다고 생각한다.

니체는 정치적으로나 사회적으로 평등론의 반대자인데, 그 이유는 인류의 평등은 사람들을 우유부단하고 비굴한 무리가 되게 한다고 보기 때문이다. 니체가 이러한 설을 주창하는 것은 본래 범죄, 악덕, 방탕, 무뢰無賴를 주장하는 것이 아니라, 단지 망언을 가지고 법칙을 가지고 천재를 억제하지 않기를 주창하는 것이다. 그의 설을 간단히 요약하면 다음과 같다.

악이 점점 커지면 선도 점점 커진다. 악은 선의 요소인데, 이것은 마치 그림에 음영陰影이 있는 것과 같다. 그림에 음영이 있어서 점점 그 아름다움을 드러내는 것처럼 악도 역시 마찬가지이다.

악의 기인起因 및 덕의 개량안改良案에 대한 톨스토이 백작의 의견은 이것과 완전히 다르다. 톨스토이의 설에 의하면 이는 나쁜 사람이 덕의법德義法을 깨닫지 못하고 멸시하고 지키지 않기 때문이다. 그래서 톨스토이는 기독교의 덕의관을 배척하지 않고 오히려 이것을 정신발달의 유일한 원천으로 본다. 다만 톨스토이도 니체와 마찬가지로 인성人性의 의미와 목적은 마법적 영혼의 속죄에 있지 않고, 현세에서 정신생활을 개량·정돈하는 데 있다고 본다. 그리고 여기에 도달하는 방법은 개인의 양심으로 하여금 덕의법의 속박에서 벗어나게 하는 것이 아니라 기독교적 양심을 발달시키는 데 있다고 한다. 즉 사리사욕을 제멋대로 놔두는 것이 아니라 완전히 억압하고, 헌신·박애·동정을 성대하게 하여, 스스로 겸손·인내를 가지고 악에 대적하는 데에 있다고 한다. 즉 니체와 같이 동물적 인간을 개량해서 동물 이상의 인간으로 만드는 것이 아니라, 인간에게 부여된 모든 고상한 능력 및 경향을 발달시키는 데에 있다는 것이다. 영웅호걸을 만드는 것을 주로 하는 데 있지 않고, 단지 덕의의 완전함을 도모하고 박애·겸손·인내를 풍부하게 하는 것에 말미암는다. 따라서 톨스토이는 니체와 달리 평등주의를 주장하고, 그가 지닌 이상은 온유하고 겸손하며 평화로운 인물이다. 그래서 톨스토이는 겸손하고 덕을 위해, 진리를 위해 자기를 희생시키는 것을 칭찬해 마지않는다. 그의 학설을 요약하면, 악이 점점 적어지면 선은 점점 많아진다.

니체와 톨스토이의 덕의의 이상은 이와 같이 정반대다. 따라서 개인의 선악에 대한 견해도 다르지 않을 수 없다. 특히 그 차이는 기독교의 엄행嚴行6에 대한 생각에서 나타난다. 니체는 그의 저작《도덕의 계보》7에서, 엄행은 단지 신체의 건강함을 유지하는 데 필요한 정도만 유익하다고 인정하고, 기독교 교회가 내적 욕망〔內慾〕의 억제를 권장하면서 때로는 재齋를 명령하거나 때로는 동정을 지키거나 해서 덕을 이룬다는 말 따위를 비웃는다. 그는 육체의 건장함을 구세救世의 바탕으

---

6 '엄행'은 엄격한 수행 혹은 금욕주의적 행동을 의미한다.
7 원문에는 "Denealogie der Moral"이라고 되어 있는데 원제는 "Zur Genealogie der Moral"이다. D는 G의 오기로 보인다.

로 여기고, 기독교 교회에서 정신의 완전함을 얻는 방법이라고 찬양하는 고행苦行을 백방으로 비난해 마지않는다. 그는 말한다: "고행은 미개와 야만의 결과로 하루빨리 사회에서 배척하지 않으면 안 되는 독극물이다." [반면에] 톨스토이가 절제·사기捨근[8]·헌신을 보는 것은 이것과 완전히 다르다. 원래 그는 수도사 생활을 주장하는 자가 아니다. 광야에 은둔하고 고독한 생활을 찬양하는 자도 아니다. 다만 육체의 정욕〔肉情〕을 제어하고 동물적 욕망을 억압하는 것이 정신발달에 필요하다고 볼 뿐이다. 그래서 그는 육식·폭음·폭식·흡연 등을 공격하고, 교만과 사치를 유해한 것으로 여긴다.

이제 두 설을 대조해보자. 대체로 니체는 서구 문명의 대표자이고, 톨스토이는 동구 문명의 이상을 나타내는 자다. 니체는 기독교를 배척하고 고대 그리스 로마의 덕의적 관념을 부흥시키고자 하는 자인데 반해, 톨스토이는 단지 기독교적 이상을 제창하고 고대 문명이 만들어낸 학술·문예·제도는 배척하고자 한다. 니체도 톨스토이도 도리를 진리의 표준으로 삼는 유리론자唯理論者이고, 두 사람 모두 개인의 절대적 자유를 주장한다. 다만 니체는 우승열패의 학설에 기초하여 강자가 약자를 이용할 수 있다고 보는데, 톨스토이는 우승열패의 이치를 배척하여 사람은 각자 동일한 가치를 지닌다고 본다. 니체는 자연적 욕망을 발달시켜 인간 이상의 인간을 만들고자 하는데, 톨스토이는 스스로 자신의 욕망에서 벗어나 완전함을 얻어야 한다고 본다. 니체는 무정부주의자이자 혁명주의자인 데 반해, 톨스토이는 무정부와 혁명의 적으로, 만약 인간의 덕의가 현저하게 발달하면 이러한 것은 도저히 행해질

---

8 '사기'는 '자기를 버린다'는 뜻이다.

수 없다고 생각한다. 니체는 박애·자애·동정을 진보를 방해하는 것이라고 보고, 모든 도덕법을 배척하고, 인류 원만의 발달은 도덕법의 속박에서 행해져야 한다고 본다.⁹ 톨스토이는 법률을 배척하지 않는 것은 아니지만 절대적으로 그것을 배척하는 것은 아니다. 단지 인간의 자유를 억압하고 정신의 발달을 멈추게 하며 박애·자애·동정에 배치되는 것만을 배척하려고 한다.

　지금까지의 논의로부터 두 사상가의 견해 차이는 인성관人性觀의 차이에서 기인한다는 사실이 분명해졌다. 니체는 인간은 악한 동물이고, 동물 중에서 가장 악하다고 본다. 그래서 약자가 강자의 먹이가 되는 것은 자연의 이치라고 생각한다. 톨스토이는 그와는 달리 겸손·인내·사기·박애는 사람의 사람다운 자연의 덕성으로, 사람이 동물과 다른 까닭은 여기에 있고, 인성은 악하지 않고 그것을 흥분시키지 않으면 항상 선하고, 사람으로 하여금 의義에 맡겨서 그것을 방해하지 않으면 타인을 해치지 않고 잡아먹지도 않으며, 사람은 태어나면서부터 선하고 신성한 감정과 사상을 가지고 있고, 사람은 인간 이상일 필요가 없고, 인간은 이미 동물 이상의 생물이며, 신의 모습을 닮았기 때문이라고 본다. 니체는 유물론자이자 무신론자로, 신과 영혼의 존재를 인정하지 않는다. 반대로 톨스토이는 살아 있는 신을 깊게 믿고 영혼이 있다고 인정한다. 니체는 인간을 훈련된 동물이라고 보는 데 반해 톨스토이는 인간을 신의 형상(神の象)이라고 본다. 덕의와 인간에 대한 두 사상가의 견해 차이는 이상과 같다.

(번역: 조성환)

---

9 앞뒤 문맥이 통하지 않는 문장이다. 의미상으로는 부정문이 맞는 것 같다.

니체 씨와 톨스토이 백작의 덕의 사상을 평하다

〈ニツシュ氏とトウスイ伯德義思想を評す〉,《心海》, 第5号(1894. 1.),
pp. 30~33.

필자 미상[1]

　　우리는 이전 호의 〈잡기雜記〉 코너에서 두 대가가 덕의에 대해서
어떻게 견해를 달리하는지를 소개했다. 그래서 그 견해를 반복하는 번
거로움을 피하고, 단지 두 사람의 견해의 성질을 개괄하면, 니체는 우
승열패는 천리天理라고 믿는데, 톨스토이 백작은 이것을 배척하고 사
람은 모두 동일한 가치를 지닌다고 본다. 니체는 유물론자이자 무신론
자이고, 톨스토이 백작은 살아 있는 신을 깊게 믿고 영혼의 존재를 인
정한다. 니체는 인간을 단지 동물로 보는데, 톨스토이 백작은 신의 형
상[神の像]으로 본다. 니체의 생각에 의하면 인간은 단지 물질이 결합
한 것이고, 기계적인 것에 지나지 않으며, 그 행위는 전혀 선도 악도 아
니다. 따라서 덕의라는 것 또한 있을 수 없다. 사람은 동물이고, 그 생활
의 유일한 기초는 생존경쟁과 권리경쟁이다. 만약에 이러한 경쟁들이
없다면 이미 생활이 아니고, 따라서 죽음이다. 하지만 만약에 톨스토이

1　저자는 앞의 글과 마찬가지로 고니시 마스타로小西增太郎로 추정된다.

백작의 견해처럼 인간이 단지 영성과 이성적 존재라고 한다면, 그 생활의 법은 덕의적 법칙이 되지 않을 수 없다. 사람은 금수가 아니기 때문에 그 생활의 원칙은 생존경쟁이 아니고 사랑이다. 피차의 견해는 대략 이와 같다. 이제 시험 삼아 이에 대해 비평을 해보자.

니체 씨의 설을 공평하게 관찰하면 그 안에 많은 심오한 진리가 존재함을 알 수 있다. 하지만 그가 자신의 지력智力은 울퉁불퉁한 거울 표면이 모든 현상을 올바로 비출 수 없는 것과 같다고 하면서, 물질의 진리를 믿지 않는 것은 처음부터 기묘하다. 이것으로 보면 니체 씨의 설은 일정 정도 맞는 부분도 있지만, 결국에는 단지 기민機敏한 설로서, 부정不正한 역설이라고 말해야 할 것이다. 생각하면 그만큼 가련한 사람도 없을 것이다. 그는 가장 슬픈 비극 중의 하나인 불신不信과 부정否定이라고 하는 덕의상德義上의 대비극을 연출해오다가, 점점 사람들이 이미 생각을 바꿨다는 사실을 믿지 않으려고 하니 가련하구나.

톨스토이 백작의 경우에는 이와는 다르다. 니체 씨의 설이 절대로 부정적이지만, 톨스토이 백작의 덕의는 적극적 이상을 가지고 관철되는 것이다. 톨스토이 백작의 오류는 덕의설德義說 안에 존재하는 것이 아니다. 그래서 우리는 톨스토이 백작의 '덕의의 가르침(德義敎)'의 적극적 방면에 대해서는 말하지 않고, 다만 톨스토이가 부지불식간에 빠진 오류(迷謬)만을 지적하기로 하자. 니체 씨의 오류의 근원이 유물론을 적극적으로 밀고 나간 데 있는 것처럼, 톨스토이 백작의 주된 오류는 유심론으로 극단적으로 달린 데 있다. 톨스토이 백작이 기독교의 덕의를 취해서 오히려 자기의 학설을 그르친 것은 세평世評이 인정하는 바다. 우리의 견해를 가지고 말하면 톨스토이 백작의 거듭된 오류는 기독교 학설의 기초를 이루는 인간의 이원二元(영靈과 육肉)을 배척하는

데 있다. 톨스토이는 인간의 이성과 영성을 인정함과 동시에 일찍이 인간에게는 동물적, 물질적 천성이 존재함을 망각했다. 그래서 톨스토이는 인간의 성선性善이라고 하면서, 인간은 [신앙] 행위에 상관없이[2] 완전한 존재, 지선至善한 존재가 될 수 있다고 믿었다. 이렇게 해서 톨스토이 백작은 완전히 편파적인 유심론자가 된 것이다.

만약 부류로 말한다면 톨스토이 백작의 이론 방면은 오늘날의 회의론 또는 염세론의 결과이다. 그는 존재, 세계의 법칙, 신의 본성 등은 알 수 없다고 믿었고, 단지 생활의 진리를 사람의 자각에 의해 알 수 있다고 확신했다. 외계의 존재의 법칙을 터득〔會得〕할 수 있다고 믿었지만, 이것을 무익하다고 보았다. 게다가 도덕상 완성에 이르기 위해서는 이것을 유해하다고 보고서, 모든 종교, 과학, 철학상의 정설定說을 배척했다. 실로 사람을 위해서는 생활의 진리를 터득하는 것이 가장 필요하고, 이 때문에 자기 이외의 어떤 사물도 알 필요가 없다는 것이 톨스토이의 지론이다.

하지만 톨스토이가 아무리 인간사회의 생활의 기관機關, 즉 학문, 기예, 종교, 국가 같은 것을 파괴하려고 해도 이것들은 인간이 존재하는 한 영원히 존재할 것이다. 무릇 학문은 진리의 화신〔籍身〕[3]이고, 기예는 미美의 화신〔籍身〕이고, 종교는 인성에 고유한 종교심의 화신〔籍身〕으로, 이것을 소멸시키려고 해도 불가능하다. 이와 같은 천성을 파

---

2 원문은 "行に関せずして"이므로 직역하면 "행위에 관계없이"인데, 문맥상 예배나 찬송과 같은 '신앙행위'를 말하는 것 같다(원광대학교 야규 마코토柳生眞 박사의 조언을 참조했다.)

3 원문은 '籍身'인데 일본어 사전에는 '受肉'과 동의어라고 나온다. https://thesaurus.weblio.jp/content/%E5%8F%97%E8%82%89

괴하는 것은 덕의론자가 마땅히 피해야 하는 바이고, 덕의론자의 진정한 문제는 학문·기예 등의 인심人心으로부터 자연스럽게 발현되는 다양한 사물을 파괴하는 데 있지 않다. 오히려 이것들로 하여금 각각 제자리를 얻게 하는 데 있다. 만약에 자신의 필연적인 천성을 버리려고 한다면, 이런 사람은 자살하는 것 이외에는 방법이 없다.

지금까지 대략적으로 유럽에서의 두 대가의 덕의에 관한 견해의 장단점을 지적했다. 그런데 '현재 우리가 덕의의 이상으로 삼는 바는 어디에 있는가'라고 하면, 물질적과 심령적의 두 주의主義의 덕의를 조화시키는 데 있고, 이것을 조화시키는 것이 철학의 임무다. 실로 현재의 철학의 문제는 톨스토이와 니체 그리고 그 반박자들의 이견異見을 이해하고, 이것을 단련하여 점차 새로운 완전한 이론과 실제가 조화된 철학을 구조하는 데 있다고 말해도 왜곡이 아닐 것이다(不誣).

우리는 거의 백 년 동안 칸트의 순수이성(純理)과 실천이성(實理)이 기계적으로 조화된 것으로 허기를 달래거나, 니체는 무의식적으로 칸트의 순수이성비판(純理批評)에 반대하고, 톨스토이는 실천이성비판에 이설異說을 주창했다. 그래서 니체 씨와 톨스토이 백작이 조화되는 날이 칸트의 순수이성과 실천이성이 완전히 진실하게 조화되는 날이라고 말해도 과언이 아닐 것이다. 원래 니체와 톨스토이의 논쟁은 태고시대부터의 싸움으로, 필경 데모크리토스[4]와 소크라테스, 아리스토텔레스와 플라톤, 유심과 유물의 싸움이 이 두 대가에 화신된 것이다.

(번역: 조성환)

---

4 원문은 'モクリト(모크리토)'로 되어 있는데 문맥상 '데모크리토스'를 말하는 것 같다. 참고로 뒤의 소크라테스는 'ソクラト(소크라토)'라고 되어 있다.

윤리총화

浮田和民,《倫理叢話》, 早稲田大学出版部藏版, 明治 42年
(1909).

우키타 가즈타미[1]

1. 애기愛己와 애타愛他 의미

무엇으로 도덕의 기초를 삼아야 하는가에 대해서는 두 가지 중요
한 견해가 있다. (1) 애기를 기초로 삼는 것은 영국의 홉스[2], 독일의 니
체 등이 주장했고, (2) 애타를 기초로 삼는 것은 독일의 피히테[3], 쇼펜
하우어[4] 등이 주장했다. 전자는 모든 도덕은 애기이기심愛己利己心에서

---

1 우키타 가즈타미浮田和民(1860~1946)는 법학 박사로 일본의 사상가이자 정치학자
다. 와세다대학교 고등사범부 부장을 역임했다. 그는 구마모토번熊本藩 하급 무사
의 셋째 아들로 태어났다. 구마모토양학교에서 미군 L.L. 제인즈Leroy Lansing Janes
의 교화를 받아 크리스트교에 입신했다. 구마모토양학교가 폐교하자 개교한 지 얼
마 되지 않은 도시샤영학교同志社英學校에 전학하여 D.W. 로너드Dwight Whitney
Learned의 영향을 받는다. 졸업 후 목사로 근무했지만 단기간에 그만두고 일본 최
초 그리스트교 잡지《시치이치잣포七一雜報》,《리쿠고잣시六合雜誌》의 편집을 맡았
다.
그 후 약 11년간 도시샤정법학교에서 정치학, 국가학, 헌법강의 등을 담당했다.
1897년 북미 최초 해외 전도 조직인 아메리칸 보드American Board of Commission-
ers for Foreign Missions와 도시샤의 분리독립문제를 둘러싼 학내분쟁으로 인해 도

68 동북아, 니체를 읽다

생긴다고 말한다. 박애도 그렇고 동정도 그렇다. 그렇기 때문에 인간은 가능한 자존자위의 본능을 자유롭게 발달시키고, 자유롭게 만족시키면 되며, 거기에 도덕이 있다는 것이다. 후자는 도덕은 애타에서 나와야 하며, 타인을 사랑하는 것을 떠나서 도덕은 존재하지 않는다고 말한다. 애타가 즉 도덕이라는 것이다.

두 견해는 모두 극단적으로 달리는 도덕론이라 생각한다. 반쪽의 진리이지 전체의 진리가 아니다. 인간의 행위는 완전히 타인을 위해 하는 것도 불가능하고, 또 완전히 자신을 위해 하는 것도 불가능하다. 이것은 엄숙한 사실이다. 극단적인 경우에 완전히 타인을 잊거나 또는 완전히 자기를 잊는 것 같지만, 예외의 경우를 일반화하여 도덕의 기초로 삼을 수는 없다. 사실 자기와 타인, 사회와 개인의 관계는 물고기가 물에 있는 것과 같기 때문에 한 사람의 행동은 자신에게만 결과를 낳는 것이 아니라, 타인에게 영향을 미치는 것이다. 때문에 전적으로 자기에 대한 의무의 일면은 타인에 대한 의무다. 예를 들면 성욕이 발작하는

시샤를 사직했다. 이후 도쿄전문학교(현재의 와세다대학교)에 이적한 후 야마다 이치로山田一郎, 다카다 사나에高田早苗, 아베 이소오(安部磯雄, 일본 사회주의자) 등과 함께 와세다대학교의 기초를 형성했다. 그리고 종합잡지《태양太陽》의 편집주간으로 활약하면서 젊은이들에게 영향을 미쳤다. 〈안으로는 입헌주의, 밖으로는 제국주의 内に立憲主義, 外に帝国主義〉라는〈윤리적 제국주의倫理的帝国主義〉를 표방하고, 민본주의와의 이론을 최초로 제창했다. 오쿠마 시게노부大隈重信의 브레인이라고 알려져 있다.

저서로《帝国主義と教育》, 民友社, 1901.;《社会学講義》, 帝国教育会編, 開発社, 1901.;《国民教育論》, 民友社, 1903.;《人格と品位》, 広文堂書店, 1908.;《倫理的帝国主義》, 隆文館, 1909 등이 있다.

2 Thomas Hobbes, 1588~1679.

3 Johann Gottlieb Fichte, 1762~1814.

4 Arthur Schopenhauer, 1778~1860.

대로 그것을 과도하고 무분별하게 만족시킨 결과는 본능의 만족이 오히려 본능의 파괴가 될 뿐만 아니라, 영향을 미치는 바가 단순하게 자기 개인에 그치지 않는다. 사회 질서는 그 때문에 어지러워지고 풍속은 그 때문에 추락하게 된다. 요약하면 인간의 행위 중에 완전히 자기만을 위해서 하는 행위는 없고, 또 완전히 타인만을 위해서 하는 행위도 없다는 것이다. 즉 자타의 관계, 개인과 사회의 관계는 이른바 유기적인 관계이지 봉건적인 관계가 아니다. 다시 말해 자기가 군주이고 타인이 신하이거나 또는 타인이 군주이고 자기가 신하인 관계가 아니라 사지오체가 서로 의지하고 도와 방편(수단)이 되는 것으로, 한쪽만이 목적이고 다른 쪽은 모두 방편이 되는 일은 있을 수 없는 순환적 관계다. 행위의 동기에 대해서도 그렇다. 본능에는 두 종류가 있기 때문에 인간의 생활에도 스스로 두 가지 면이 생기는 것은 당연한 것이다. 자존자위의 본능이 작용하여 소화하고 호흡하며, 생식의 본능이 작용하여 자기의 생명을 타인에게 남겨 좁게는 가족, 넓게는 사회를 형성하기에 이르는 것이다. 이것은 모두 천성이라서 이것을 완수하는 자는 번영하고, 이것을 완수하지 못한 자는 쇠퇴한다. 맹수 같은 것은 강한 힘을 가지고 있으면서도 사회적 본능이 결핍되어 있기 때문에 쇠퇴한다. 그렇지만 두 천성을 완수하는 자는 약하더라도 번영으로 향하는 것이다. 그러나 이 두 가지는 모두 천성이어서 평등하게 발달시켜야 하며, 거기에 도덕의 기초가 있다. 단 사회적 본능은 약간 다른 것보다 늦게 발달하게 되지만, 인간이 사회적 동물임은 부정할 수 없는 사실이다. 그렇기 때문에 애기에 치우침이 없고 애타에 치우침이 없는 중용 안에서 비로소 진정한 도덕의 기초가 있는 것이라고 생각한다.

2. 사회의 진의

앞에서 사회와 개인, 자기와 타인과의 관계를 사지오체에 비유한 대로 사회는 자아의 반대가 아니다. 오히려 자아의 본성의 일부다. 아니, 그 대부분이다. 만약 사회 없이 나 혼자 있다고 가정한다면 거기에는 도덕을 행할 기회가 없을 뿐만 아니라, 자기의 가치도 거의 소멸하게 될 것이다. 사회가 없는 곳에 도덕은 가치가 없다. 아니 사회가 있고서야 비로소 도덕을 배우는 것이 가능하고 또 필요도 있다. 또 사회가 없으면 지식도 없고 부도 없고 명예도 없고 환락도 없다. 순간 생각하면 사회는 자기를 속박하고 있는 것 같지만 사회가 있는 곳이 즉 천국이며, 사회가 없는 곳이 실은 지옥보다도 참혹하다. 인간의 천성은 태어나면서 사회본능을 갖추고 있기 때문에 단독으로 고립하여 견딜 수 없는 존재이다. 정말 초기 자아는 순수한 개인적 자아이자 육체적 자아여서 생각하는 것, 행하는 것 모두 열등한 자기 개인을 위해서 이끌어내지만, 최후의 자아는 사회적 자아여서 생각하는 것, 행하는 것을 자기를 위해 그리고 사회를 위해 이끌어낸다. 자아는 발전하여 대아가 되고, 자타가 평등하고 하늘과 사람이 하나가 되는(天人一如) 묘한 경계에 들어가서, 성인의 영역에 다다를 수도 있다. 즉 사회가 있어서 자아가 발전할 수 있고, 인격은 거기에서 생기는 것이다. 사회 없이는 도저히 인격을 만들 수 없다. 안으로는 부모·자매·형제의 관계, 밖으로는 군신·사제·붕우의 관계 모두가 이 인격을 만드는 요소다. 사회가 있어 인격이 있기 때문에, 세상(사회)에서 완전히 떨어진 인간은 인간이 아니다. 때문에 **인간을 낳은 것은 당연히 자연이지만 인간을 만드는 것은 즉 사회다.** 사람은 태어나면서는 보통 신심身心의 능력을 가질 때까지 아직 인간이 아니며, 그 육체조차 인간은 다른 동물에 비해 불완전하다.

생후 부모의 보호를 기다려서 육체가 완전하게 되는 것과 같이 그 정신은 더욱 불완전하다. 이것을 교육해서 인간에게 인격을 부여하는 것은 가정이고, 학교이며, 사교계이고 국가이며 세상(사회)이다.

금수를 보면 그들은 대부분 본능적 생활을 한다. 즉 본능이 명하는 바를 바로 행한다, 유형의 이해利害를 알고 있을 뿐, 역사도 없을 뿐만 아니라 진보·발달도 없다. 그러나 인간에게는 이성이 있어서 추잡하게 본능의 발작에 맡기지 않고 유형의 이해를 아는 것과 함께 무형의 이해를 알고, 부모가 이룬 것을 자식이 이어받아서 좋게 나아가며, 선인의 실패를 후인은 서로 훈계하여 끝없는 진보를 이룬다. 여기에 역사가 남는다. 인류가 금수와 다른 이유는 여기에 있는 것이다. 인간의 육체는 한 대에서 멸하지만, 그 이름은 좋든 싫든 후세까지 남는다는 속담은 빈말이 아니다. 그 인간이라는 것은 개인적인 자아이며 나, 최초의 자아 즉 소아小我다. 이름이라는 것은 사회적인 자아다. 최후의 자아가 대아大我 또는 진아眞我다. 인류는 사회에 의해 인격을 이루고 그 인격, 즉 사회적 자아는 영원히 생사의 영역을 초탈하는 것이다. 자아의 진보는 사회와 서로 맞추어서 봐야 하는 것이다. 아리스토텔레스가 말하기를:

우연이 아니라 천성적으로 국가의 밖에 있는 자는 인간 아니면 인간 이하의 존재다.[5]

---

5 원문에는 다음처럼 영어 병기가 되어 있다. Man is by nature a political animal, And he who by nature and not by mere. Accident is without a state, is either. Above humanity, or below it. 이는 아리스토텔레스《정치학》의 다음 단락 중 일부를 인용한 것이다. Hence it is evident that the state is a creation of nature,

또한 말하기를:

사회 안에서 생활할 수 없거나 또는 스스로 충분하기 때문에 필요로 하지 않는 사람은 신 아니면 금수다.

3. 인간은 사회적 동물

　인간이 천성적으로 정치적 동물이라는 말에는 두 가지 의미가 있다. 첫째, 인간은 저절로 사회적 동물이라는 것이다. 아리스토텔레스가 말을 바꿔서 인간은 꿀벌이나 개미보다 정치적 활동을 한다고 서술한 것은 바로 이 의미다. 둘째, 인간은 반드시 결국에는 국가를 이루어 국가의 일원으로 생활을 하지 않으면 충분히 인간의 천성을 발전시킬 수가 없다는 의미다. 이 두 번째 의의는 첫째와 의미에서 취지가 조금 다른 부분이 있는데, 그것은 조금 후에 해설하기로 하고 여기에서는 먼저 첫째만을 해설하고자 한다. 인간은 저절로 사회적 동물이라는 것은 동서고금을 불문하고 모든 인류에게 말할 수 있는 진리이다. 17~18세기 유럽의 학자는 인간은 처음 자연의 상태에서 단독으로 독립한 생활을 하거나, 또는 모든 인간이 모든 인간을 적으로 전쟁을 해온 것처럼 생

---

and that man is by nature a political animal. And he who by nature and not by mere accident is without a state, is either above humanity, or below it; he is the 'Tribeless, lawless, hearthless one,' whom Homer denounces— the outcast who is a lover of war; he may be compared to a bird which flies alone. (따라서 국가는 자연의 산물이라는 것이 뚜렷해졌다. 그리고 **인간은 본질적으로 정치적 동물이란 것도. 전쟁이나 사고로 나라를 잃은 것이 아닌 그 사람의 성질이 국가를 거부하는 것이라면, 그 사람은 인류의 이상도 이하도 아니다.**)

각했지만, 아리스토텔레스는 그렇게 생각하지 않았다. 인간은 인간에 대해 가장 호의적이라는 것 또한 그의 격언이다. 나그넷길은 길동무, 세상은 인정[6]이라는 속담도 같은 의미로 이해해도 좋다. 요즘 역사, 인류학, 사회학에서 밝힌 결과를 보면, 인간은 어떤 하등 문명에서도 그리고 아무리 고대의 옛날로 돌아가더라도 반드시 사회를 이루고 있다. 우선 단순히 부부와 자식이 함께하는 일가가 다른 사람과 전혀 교제를 하지 않는 인류는 없다고 해도 좋다. 인간은 천성이 사회적 동물이다. 이것은 논쟁할 수 없는 사실이어서 아무리 타인을 신경 쓰지 않는 인간이라도 사실은 크게 신경 쓴다. 세상의 비방과 칭찬(毀譽褒貶)을 돌아보지 않는 인간일수록 오히려 크게 그것을 신경 쓰는 인간이다. 이는 인간의 천성이 그렇게 되는 것으로 결코 거부할 수 없는 것이며, 이것을 잘 이끌어내면 바로 인간을 선덕善德의 영역으로 나아갈 수 있게 하는 요소다.

사회가 얼마나 인간에게 필요한 것인가는 먼저 우리의 의식주 가운데 타인의 조력에 의하지 않고 스스로 만들 수 있는 것이 얼마나 적은가를 생각하면 알 수 있다. 혹은 사회의 도움 없이 세상에서 생활을 해야만 한다면, 우리들은 지금 아마 태고의 사람들처럼 동굴에서 살거나 또는 나무 위에서 자고, 몸에는 나뭇잎 옷이나 짐승의 가죽 등을 두르고 있을 것이다. 얼마나 비참한 모양이란 말인가, 실로 상상할 수 있는 수순이다. 로빈슨 크루소는 성인이 된 후 무인도에 표류하게 됐지만, 만약 태어나자마자 무인도에서 성장하게 되었다면 어땠을까? 개는

---

6 '나그넷길은 길동무끼리 서로 돕는 것처럼, 세상살이도 서로 도우며 살아가는 법'이라는 일본 속담이다.

개의 무리를 떠나서도 개의 성질을 잃어버리지 않는다. 원숭이는 원숭이의 무리를 떠나도 원숭이 털이 없어지는 일이 없지만, 인간은 인간의 무리를 떠나면 인간다운 성질이 변하거나 또는 없어져서 점차 소멸하는 경향이 있다. 이전 세기에 독일의 한 곳에 한 청년이 있어서 어렸을 때부터 지하 감옥에 갇혀 길러졌는데, 그는 거의 백치白痴 인간이었다는 것이다. 즉 인간은 인간을 떠나면 차츰 인격이 없어지게 된다. 우리들의 인격은 부모 자식 혹은 형제자매 혹은 친구나 사제 관계, 국민으로서 여러 다양한 관계를 이루어 작동하는 가운데 만들어지는 것이다. 그러나 만약 부모 자식 관계, 형제자매, 친구, 사제, 인민 또는 국민으로서의 관계를 떠나면 인간은 단지 두 발 달린 짐승과 같다. 형체가 남아 있을 뿐 인간의 품성은 영이 되어 소멸하게 될 것이다. 아리스토텔레스가 인간은 개미나 꿀벌보다 나은 정치적 동물이라고 말한 것은 의미심장한 진리라고 할 수밖에 없다. 때문에 사회 안에서 생활하며 의무나 책임을 지는 것은 어렵고 인간의 자유로운 발전을 방해하는 것 같지만, 실은 이것이 보다 우리를 인간이 되게 할 수 있는 이유다. 우리는 태어난 상태로는 단지 고등동물일 뿐 아직 인간이 아니다. 즉, 사회에 의해 인간이 되는 것이다. 사회가 부패하고 국가는 추락해도 여전히 사회를 위해, 국가를 위해 그리고 인류를 위해 진력을 다해야 하는 것은 이 도리가 있기 때문이다.

4. 톨스토이주의와 니체주의

자아, 즉 자성自性에는 양면이 있다. 개인적인 것은 그 일면이고 사회적인 것은 다른 면이다. 사회는 때로는 자아를 속박하는 일이 있다.

'사회적'과 '개인적'이라는 말은 모순되고 충돌한다고 느껴지기도 하지만, 만약 사회가 없었다면 어땠을까? 단지 자기 개인만 있었다면 어땠을까? 과연 사회가 없다면 도덕의 속박이 있을 리도 없기 때문에 자유롭고 유쾌하다고 생각하겠지만 실제는 결코 그렇지 않다. 단독고립單獨孤立은 우리에게 매우 고통이어서 도저히 견딜 수 있는 것이 아니다. 실제로 사회를 떠나서는 조금도 유쾌하지도 않으며 자아는 멸망할 수밖에 없다. 즉 개인을 떠나서 사회는 없고, 사회는 바로 개인의 집합이다. 생명을 보존하기 위한 성욕은 바로 개인적 본능의 기초가 되고, 생명을 흥하게 하기 위한 성욕은 바로 사회적 본능의 연원이다. 자아는 이 두 가지 욕구가 조화하는 곳에 성립한다. 즉 개인과 사회를 하나로 합해서 자아의 본성이라 아니할 수 없으니, 만약 한쪽으로 치우치면 자아의 파멸을 가져오게 된다. '개인적'과 '사회적'이 조화하는 경우야말로 자아의 진상은 실현되는 것이며, 분리될 경우나 편파적일 경우에는 도저히 반쪽의 진실에 지나지 않는 오류를 면하지 못한다.

개인적인 것은 자애自愛가 되고, 사회적인 것은 타애他愛가 된다. 세상의 니체주의라고 하는 것은 전자의 극단에 치닫는 것이고, 톨스토이주의라고 하는 것은 후자의 과격에 빠진 것이다. 극단적이고 과격한 두 사람 모두 진리라고 할 수는 없다.

니체는 결국 정신병원에서 죽음에 이른 독일의 광열狂熱한 시인이다. 그는 현대 사회가 너무 자잘하고 번거로운(煩瑣) 형식적 도덕으로만 흘러 답답하고(窮屈) 무의미한 제재에 속박된다고 반발하면서 말하기를 "세상의 도덕은 노예의 도덕이고, 박애는 독립의 힘이 없는 자가 기뻐하는 바이니 결국에 약자의 도덕이다. 독립적인 사람에게는 박애가 필요 없다. 우리가 그냥 저절로 완전한 사람이 되면 족하다"고 했다. 그는 보통의 도덕을 무시하고 있는데 이것은 오류이다. 보통의 도덕은 형식적인 도덕이다. 그중에는 취하기에 충분하지 않은 것도 있지만, 대체로 이것에 따르는 것은 진정한 자아를 발전시키는 방법이다. 진정한 자유는 형식에 의해 처음으로 얻을 수 있는 것이다. 사람이 사람과 함께 하지 않고 자기애로 일관하여 나아가고자 한다면, 자기 개인을 크게 하고자 하지만 오히려 작게 하는 것이다. 요약하면 반쪽의 진리에 지나지 않는다.

톨스토이는 러시아의 전제정치하에 태어나 극단적인 타애설을 주장하고 있다. 그는 "박애주의는 그리스도가 가르침을 행함에 있다. 즉 오른쪽 뺨을 맞으면 왼쪽 뺨도 내어주라. 저항하지 말라. 사람을 살해하는 것은 죄악이다. 징병에 나가야 할 이유가 없다"고 했다. 이처럼 절대적 비전론을 주장하고 있다. 그렇다. 악의를 가지고 사람을 살해하는 것은 죄악이다. 그렇지만 전쟁의 경우 사람이 사람을 죽이는 것은 사적인 원한이 아니라 국가에 대한 의무로 하는 것이다. 악의를 가지고 있지 않기 때문에 죄악이라고 할 수 없다. 전쟁은 사회진화의 도중에 피할 수 없는 사정이다. 소수의 생명을 희생해서 전체의 명맥을 지키려고 하는 것이다. 애국의 의무가 없다고 하는 것은 국가의 근저를 움직이고, 나아가 사회를 파괴하는 것이다. 다가가려는 이상理想은 여기에 이르러 오히려 멀어져버린다. 이상과 현실을 혼동하면 부도덕이 된다는 사실은 이것이다. 우리의 이상은 모든 평등, 자타 구분이 없는 경계에 있다고 하더라도, 지금 바로 타인의 사물과 나의 사물의 차별을 무시하면 부도덕이 되어 사회의 해악이 되는 것과 같은 의미로, 가령 우리의 이상은 평화이지만 평화의 이상에 도달하기까지는 전쟁도 의무가 되는 일이 있다. 즉, 평화를 위해 그리고 정의를 위해 싸우는 것은 필요하다고 해도 좋다. 만약 평화의 이상을 위해 지금 바로 무저항주의를 실행하려고 한다면, 정의로운 사람은 멸망하고 정의롭지 않은 사람만 생존해 세상은 점점 타락할 수밖에 없다. 만약 무저항주의의 여론을 만들어내어 다수의 세력에 의해 강제적으로 평화주의를 실행하려고 하면, 결국 자가당착自家撞着이 되어 무저항주의는 오히려 저항주의로 변형한다는 뜻이다.

　　니체주의는 자애에 치우쳐 야만이 되고 부도덕이 된다. 톨스토이주의는 박애에 치우쳐 무정부주의가 되며, 만약 또 일반에게 행해지면 인류를 약하게 하고 멸망시키게 될 것이다. 오늘날 톨스토이주의의 가치는 세상에 침략적 전쟁 또는 정의롭지 못한 전쟁을 하고 돌이켜 보지 않는 것을 경고하고, 톨스토이 일파가 이들 무리에 저항하여 정의를 주장하는 점이다. 그들의 무저항주의는 사실 여론을 향해, 가짜 애국자를 향해 엄청난 저항을 하려는 것이다. 그래서 톨스토이주의가 인간을 나약하게 하고 쇠망하게 하는 경향은 오늘날 바로 나타나지 않겠지만, 만약 인간이 전체적으로 무저항주의화 해버리는 날은 인류가 멸망하는 때라고 생각한다. 인간이 건전한 유기체로 있는 동안에는 자연스럽게 저항하고 생존경쟁하여 정의·박애의 이상을 점차 실현하려는 일에 힘써야 한다.

　　도덕은 중용에 존재한다. 과거 극단에서는 진정한 도덕을 발견할 수 없다. 요약하면 진아眞我는 사회적인 동시에 개인적이어야 한다. 인간의 진가는 사회에서 사회에 의해 사회를 위해 실현될 수 있다. 이렇게 자아는 발전하고, 자아 즉 사회의 의의는 명명백백하게 된다. 단, 우리는 공연히 사회에 맹종해서는 안 된다. 개인의 참된 가치는 정신계에 독립하고 자존하는 것을 필요로 한다. 이 점에서 온갖 박해, 압력에 견디고 소신을 단행하고 거리낌 없이 톨스토이를 높이려는 것이다. 그의 설은 취해서는 안 되지만 그의 인격은 존중해야 한다.

5. 사회와 인격

인격이란 무엇일까? 법률상의 정의에서 말하면 권리를 향유할 수 있는 능력이 있는 사람이다. 단적으로 말하면, 법률상에서는 사단社團, 재단財團과 같은 것도 하나의 인격이 있는 자 즉 법인으로 취급한다. 도덕상의 정의에서 말하면 행위의 능력이 있는 자를 가리킨다. 즉, 목적의 선악을 식별하여 선에 대해 악을 제거하는 능력이 있는 자를 말한다. 어느 쪽이든 의지의 능력이 있는 자를 인격이라고 하는 것이다. 도덕적 인격은 목적을 이해하는 지능, 목적을 선정하는 자유의지 이 두 요소로부터 성립한다. 때문에 정신병〔瘋癲〕, 백치(白痴), 발광자(發狂者)는 어떠한 의미에서도 인격이 결여되어 있는 사람이다. 또한 완전히 정욕의 노예가 된 사람, 타인이 말하는 대로 선악에 관계없이 움직이는 사람, 이들은 도덕상 인격을 훼손하고 있는 사람이다. 목적을 이해하지 않고 선정選定하지도 않고 맹목적으로 움직이는 사람은 일종의 호흡하는 동물에 지나지 않는다. 사물은 목적을 자각하지 못하고 또한 목적하는 능력도 없이 단지 타인을 위해 방편(수단)이 될 뿐이다. 책상을 예를 들어 말하면, 책상 그 자체만으로는 목적도 없고 목적하는 능력도 없다. 단 책상은 생도(학생)라는 자의 수단이 되어 목적이 생기는 것이다. 인격은 사물과는 달라 자아를 목적으로 하며, 사물을 수단으로 사용하는 능력이 있는 것이다. 목적은 자아 자신에게 있는 것이다. 때문에 전자(사물)의 가치는 상대적으로 리利에 존재하고, 후자(인격)의 가치는 절대적으로 선善에 존재하는 것이다. 그렇기 때문에 사물은 사용되어야 목적이 생기고 또 가치가 생기지만, 다른 수단으로 이용될 뿐이라면 인격은 멸하게 된다.

사회는 어떤 곳인가? 인격이 교제하는 장소다. 인격은 사회에서만 실현될 수 있다. 때에 따라 사회는 오히려 인격을 무시하고 인격을 박멸하고자 하는 경향이 있다. 사회의 압박·풍속·습관의 속박, 여론의 권위는 인격을 무시하고 박멸하려는 경우가 있다. 이러한 경우에 우리는 사회에 맹종해서는 안 된다. 맹종하면 인격은 아주 없어지게 된다. 그렇지만 자기의 본심이 명하는 바에 따라 선량한 여론·풍습·습관을 조성하고, 개량 혁신에 노력하고 진력을 다할 때는 쓸데없이 사회의 노예가 되지 않을 뿐만 아니라 비로소 진정한 인격을 발휘하여 발전할 수 있다.

만약 인격이 없다면 사회는 성립하지 않는다. 사회는 인격 있는 자가 교제하는 장소로 그 진상을 보여준다. 또 사회 없이는 인격은 발달할 수 없다. 단독으로 고립한 인간은 두 발 달린 동물로 생존하는 것이 가능할지라도, 지식도 없고 이상도 없어서 이성·덕성 모두가 발생할 수 없다. 이런 특질을 인간으로부터 제거하면 인간의 가치는 없다. 하등동물은 무리를 떠나도 그 성질에 변화가 없지만, 인간은 사회를 떠나면 점점 인간의 특질을 잃어 인격의 마멸을 가져오게 된다. 사회는 아무리 부패하고 아무리 타락하더라도 그 안에서 개혁가를 낳아 인격을 발생하는 일이 있다. 사회는 아무리 악한 사회이더라도 그것을 버릴수는 없다. 단 부패한 사회에 대해서는 어디까지나 그것에 반항하고 선을 촉구해야 한다. 하물며 완전히 부패하지 않은 사회에 대해서는 경의를 표하고, 예의를 바르게 하여 그 사회를 위해 이익이 되는 행복이 되

도록 논의해야 하는 것이다. 옛날 중국의 한퇴지韓退之[7]가 말하기를:

> 그런데 지금 천하에는 한 분의 임금뿐이고
> 온 천하는 한 나라이니,
> 이곳을 버린다면 곧 오랑캐 땅이 되고
> 부모의 나라를 떠나게 됩니다.
> 그러므로 선비로서 올바른 도를 행하려는 사람이
> 조정에서 뜻을 얻지 못한다면
> 곧 산림 속에 숨는 길뿐입니다.
> 산림 속이란 선비가 홀로 잘 지내며 자신이나 보양하는 곳이지
> 온 천하를 걱정하는 사람이 편안히 지낼 곳은 못 됩니다.[8]

한퇴지는 중국의 문명사회를 없앨 수 없는 이유를 이렇게 서술했는데, 이 내용 안에는 다소 오류도 있고 또 충분히 진리를 발휘하지도 못했지만, 그도 역시 사회를 위해 다하고자 하는 것이 끝없는 쾌락, 광영이라고 한 점은 동의해야 하는 사안이다. 단 당시 중국의 상황으로 이해해야겠지만, 관리로서 뜻을 조정에서 얻지 못하면 산림에 숨는 길밖에 없다고 한 것은 오늘날 보면 비열하다고 해야 한다. 조정의 밖에 인민이 있고, 사회가 있고, 위해야 할 여러 곳이 널리 있고 또 위해야 할

---

7 한퇴지(768~824)는 당나라 때의 유학자이자 하남성 하향현 사람으로, 이름은 유愈, 호는 창려昌黎다.

8 "今天下一君, 四海一國, 舍乎此則夷狄矣, 去父母之邦矣, 故士之行道者, 不得於朝, 則山林而已矣, 山林者士之所獨善自養, 而不憂天下者之所能安也." 한유韓愈, 〈상재상제삼서上宰相第三書〉, 《고문진보古文眞寶》 후편 285.

일이 많이 있다는 것을 잊어서는 안 된다. 그러나 문명사회를 떠나면 오랑캐, 야만사회에 가야 한다. 오랑캐, 야만사회는 문명사회만큼 자유가 있고, 권리가 있고, 인격이 있는 사회는 아니다. 만약 또 완전히 인간사회를 떠난다면 인간은 인격을 잃고 금수로 타락하는 수밖에 없는 것이다. 때문에 우리는 어디까지나 사회에서 생활하고 사회를 위해 일해야 한다. 사회는 어떤 의미에서 인격을 속박하고, 인간의 자유를 멸살하는 것 같지만 실은 간접·직접으로 인격을 양성하고 인간에게 진정한 자유를 부여하는 유일한 인간 세상이다.

6. 금수의 도덕

도덕이라는 것은 어떤 의미에서 인간에 한정된 것이지만, 어떤 의미에서는 결코 그렇지 않다고 할 수 있다. 도덕을 행하는 것만이 아니라 도덕의 의미를 자각하고 의무의 관념을 따르게 하고, 인격의 이상을 가지는 것은 인간에게 한정된 것이지만, 대개 사회적 동물이라고 하는 것은 모두 어떤 종류의 도덕을 행하고 있는 것이 사실이다. 즉 도덕은 인간에게만 필요한 것이 아니라, 모든 사회를 이루고 협동생활을 하는 동물은 반드시 어떤 종류의 도덕을 필요로 한다. 바꾸어 말하면 대개 사회 활동을 하는 데는 인간과 금수를 불문하고 반드시 일종의 도덕을 필요로 한다. 단독·고립의 불쾌함을 느끼는 것은 모두 사회적 동물의 특징이다. 그리고 사회적 동물은 다소 분업 협력의 이익을 알고 있다. 특히 유명한 것은 사회적 동물이 서로 동정심을 가지고 위기와 어려움〔危難〕에서 구해주는 특질이다. 토끼나 양은 약한 동물이기 때문에 동정심은 서로 위기를 알려주는 것으로 표현하고 있다. 토끼는 도망갈

때 뒷발로 위기를 무리들에게 알리고, 또 양은 앞발로 알린다고 한다. 원숭이 무리의 선봉은 경계를 전하는 임무를 가지고 있다고 하는데 발음으로 한다는 것이다. 북미의 들소는 위기에 접하면 반드시 암소와 송아지를 중앙에 놓고 그 주변을 호위한다는 것이다. 유명한 독일의 동물학자 브렘[9]이 아프리카의 아비시니아[10]를 여행할 때 산골짜기를 넘어가는 개코원숭이(狒) 한 무리를 만났는데, 그 일부가 아직 골짜기에 있을 때 개 무리가 이들을 습격하자 큰 개코원숭이들이 산을 내려와 크게 짖으며 개들을 위협해서 뒤처진 개코원숭이 무리를 구했다. 그러나 일행이 거의 모두 산에 올라갔을 때 어찌된 일인지 한 마리의 새끼 개코원숭이가 혼자 남아서 개에게 포위되어 바위 위에 올라가 계속 구조를 요청하고 있었는데, 한 늙은 개코원숭이가 서서히 산을 내려가 그 새끼 개코원숭이에게 다가가 쓰다듬어 위로하고 의기양양하게 그를 데리고 갔다. 이때 개 무리는 그 위엄에 겁을 먹고 감히 이들을 공격할 수 없었다고 한다. 이 늙은 개코원숭이의 거동은 실로 용감한 도덕에 걸맞다고 해야 한다. 또 브렘은 한번은 독수리가 새끼 원숭이 한 마리를 잡아가려는 것을 보았는데, 새끼 원숭이가 나뭇가지에 매달려 계속 구조를 부르자, 수많은 원숭이가 무리 지어 와서 크게 소리치고 또 독수리의 깃털을 계속 잡아 뽑아 독수리도 결국 새끼 원숭이를 놓고 달아났다고 한다. 이와 같이 사회적 동물은 서로 돕고 서로 구하는 것이 거의 인간과 같다.

---

9 브렘Alfred Edmund Brehm(1829~1884)은 독일의 동물학자이자 작가이며,《브렘 동물사전Brehms Tierleben》의 편집자다.
10 '아비시니아'는 아라비아어로 '이디오피아'를 말한다.

코끼리 무리가 바야흐로 산림에서 평야로 나아가고자 할 때도 한 마리가 먼저 나타나서 정찰을 하고 다음에 몇 마리가 나타나서 파수꾼을 하고 마지막에 전체 무리가 나온다고 한다. 즉 다수의 안정을 위해 한 마리 또는 몇 마리 코끼리는 위험을 무릅쓰고 용기를 냈다고 해야 한다. 특히 사람의 마음을 감동시키는 이야기는 스코틀랜드인 토머스 에드워드의 실험담이다. 그는 한때 해변에서 바닷새를 사격해서 부상을 입혔는데, 그때 같은 종류의 새 두 마리가 와서 좌우에서 각각 부상당한 새를 도와 달아나 멀리 해상으로 가려고 했다. 그러자 또 동종의 새 두 마리가 와서 뒤를 따르고 도중에 앞의 두 마리 새와 자리를 바꾸어 각각 좌우에서 부상당한 새를 도와서 아득히 먼 바다의 바위에 도착했다. 에드워드는 이 광경을 보고 한 순간 망연자실해 있다가 모처럼 포획한 것을 놓쳤기 때문에 다시 바다 위의 바위를 향해 포격을 시도했다. 그러자 무수한 바닷새 무리가 와서 그의 주변을 포위하고 그가 바위에 다가가면 두 마리의 새가 다시 부상당한 새를 짊어지고 바다로 날아갔다. 그때 이들을 잡는 것은 쉬웠지만 그는 바닷새의 의협에 감동하여 결국 그것을 날아가게 두었다는 것이다. 금수 또한 그러한데 하물며 인간에 있어서랴. 그런데 금수는 전혀 도덕이 없다고 생각하고, 부도덕한 사람이 있으면 금수라고 하는 것은 조금 사실에 반한다고 해야 할 것이다. 오히려 부도덕한 사람은 금수보다 못하다고 하는 것이 지당하다. 조류 중에는 암컷의 정절이 사람에게 뒤떨어지지 않은 것도 있다. 대개 사회적 동물은 모두 일종의 도덕을 행하고 있다. 사회가 있으면 반드시 도덕이 필요하다는 것을 알 수 있다. 그리고 사회를 이루고 이러한 협동생활을 하는 동물은 가령 약한 동물이라 할지라도 생존경쟁에 승리하여 오히려 단독으로 독립한 금수보다 계속 번영을 이루고 있기 때문에, 이것으로도 도덕이 어떻게 사회 진보를 위해 필요한지를 증명할 수 있다. 호랑이나 사자는 백수의 왕이지만 그들 종은 이미 이 세상에 번영할 가망은 없다. 단독·고립의 용기가 특별할 수 없다는 것은 이것으로도 알 수 있다고 생각한다.

7. 인간의 도덕

로마의 철학자 세네카[11]가 말하기를:

인간은 발톱도 없고 송곳니도 없이 사방이 약한 것으로 둘러싸여 있다. 그는 천성적으로 이것들(발톱과 송곳니의 보호가 없지만 대신 같은 부류와 사회를 이룸으로써 충족했다)을 얻었다. 자연은 대가로 그에게 두 가지를 주었다. 만약 이것이 없었다면 인간은 약하고 또 불쌍한 것이었겠지만, 이 두 가지가 있었기 때문에 매우 강하고 또 위력이 있게 되었다. 두 가지는 이성과 사회성을 의미한다.

이와 같이 인간이 금수보다 나은 이유는 사회적 천성과 도리를 자

---

11 세네카Lücius Annaeus Seneca(기원전 4?~기원후 65)는 고대 로마제국 에스파냐 코르도바 출생으로 후기 스토아학파의 철학자다. 그는 세속에 물들면서도 인간이 인간다운 까닭은 올바른 이성 때문이라는 것과 유일의 선善인 덕德을 목적으로 행동하기 때문이라는 스토아주의를 역설하고 모순과 불안에 찬 생애를 보냈다. 그의 스토아 윤리에는 이처럼 인간미와 비조悲調가 첨가되어 있으며 영혼을 육체와 구별하여 육체보다 우위에 두었다.

각하는 천성이다. 사회적 천성은 금수에게는 단지 본능이다. 생존경쟁의 결과 저절로 협동하게 되지만, 충분히 그것을 자각하고 또 선조의 경험을 자손에게 전해 대대로 진보·발전하는 것을 멈추지 않는 것은 인간이다. 인간의 도덕과 금수의 도덕이 다른 점은 다음 두 가지 점에 있다고 생각한다.

(1) 금수의 도덕은 본능적이어서 아직 합리적이라 할 수 없다. 단지 경우에 따라 저절로 협동·조력하지만, 충분히 그 목적을 자각하고 있다고 할 수 없다. 본능적 생활과 합리적 생활의 다른 점은 오직 그 행위에 대해 목적을 자각하는가 아닌가의 사이에 있는 것이다. 인간은 마시고, 혹은 먹고, 혹은 자고, 혹은 화내는 등 작용이 본능적이어서 다른 동물과 다를 바가 없다. 그러나 인간은 본능에 맡기지 않고, 목적을 자각하고 그 목적에 맞게 행위를 지배할 능력이 있다. 이들 인간에게는 하등동물에 없는 이성이 있기 때문이다. 인간도 금수도 본능을 만족시키는 것은 필요하지만, 인간이 본능을 만족시키는 방법은 금수와 크게 다른 점이 있다. 즉 인간의 본능 중에는 이성이라는 것을 가미해야 한다. 이성을 더하지 않고 단순히 본능 만족을 구하면 인간 천성의 가장 높은 부분을 포기하는 것이다. 하등동물에는 이성이라는 것이 발달해 있지 않기 때문에 단순히 본능으로 만족할 수 있지만, 인간에게는 이성이라는 것이 있기 때문에 단순히 금수와 같이 목마르면 마시고, 배고프면 먹고, 자고 싶으면 자는 생활 방법으로는 살 수 없다. 인간은 왜 마시고 무엇을 위해 먹고 또 자야 하는가를 생각해야 한다. 이것을 하지 않는 것은 인간에게 용서할 수 없는 것이다. 즉 이성이 용서하지 않는다. 하등동물이 본능적 생활을 하고 만족하는 것은 그들의 천성에는 이성이라는 것이 없기 때문에 본능적 생활로 그들의 천성 전부를 만족시킬

수 있지만, 인간은 그렇지 않다. 위나 생식기 외에 다른 동물에 없는 큰 뇌수를 가지고 있기 때문에, 단순히 위의 만족, 생식기의 만족만으로는 뇌수가 만족할 수 없다. 다시 말해, 인간은 이성에 따라 본능을 지도하고 만족을 얻고자 요구한다. 인간에게는 이성이 바로 본능의 하나라고 해야 하기 때문에 이성을 도외시하여 행동하는 것은 인간의 천성을 만족시킬 수 없는 이유다.

(2) 전술한 바와 같이, 인간은 하등동물과 동일하게 여러 본능을 가지고 있어서 최초의 상태는 하등동물처럼 본능적 생활을 하지만, 어린아이가 점점 성장하고 또 야만 민족이 문명화되어 감에 따라 이성을 실현해서 본능의 목적을 자각하고, 그 목적에 맞게 생활하려고 요구한다. 이와 같이 인간에게는 이성이 있어서 각각의 요구도 동일하고, 또 각각에게 동일한 요구가 있다는 것을 알고 있기 때문에, 함부로 타인의 물질인 하등동물처럼 취급할 수 없다는 것을 자각한다. 이 점에서 인간의 도덕은 완전히 금수의 도덕과 다른 점이 있다. 금수에게도 어떤 점까지는 인간을 닮은 도덕이 있지만, 그들의 도덕은 완전히 물질상의 이해득실에 한정되어 있다. 그들의 사회는 전적으로 물질적 이익을 위한 협동생활이다. 그들은 상호 협력해서 상호 이익을 얻을 뿐이다. 그들에게는 인격의 관념이 결여되어 있다. 그들에게는 칸트의 격언은 적용되지 않는다. 칸트는 독일의 철학자인데 인격의 관념을 가장 잘 발휘한 학자다. 그는 사물과 인격을 명확하게 구별하고 있다. 사물은 다른 물질을 위해 이용되고 비로소 가치가 생기는 것이지만, 인격은 그 자체가 가치를 갖추고 있다. 책상이나 찻잔은 인간의 쓰임과 함께 비로소 가치가 있다. 그렇지만 인간은 자기를 목적으로 해서 사물을 이용한다. 때문에 인간끼리의 교제는 어떠한 사람도 완전히 수단으로 취급할 수 없

다. 자타가 서로 돕는 것이 인간사회의 통념이지만 타인을 완전히 자기의 수단 또는 도구로 해서 이용할 수 없다. 이는 인간에게는 인격이라는 것이 있기 때문이다. 이 인격을 무시하고 타인을 완전히 자기의 수단 또는 도구로 삼는 것을 노예제도라고 하는데, 이것은 옛날 여러 나라에서 허용되었지만 지금은 문명제국에서 허용할 수 없는 제도이다. 사람 또는 사람으로서 타인을 취급하는 어떠한 사람도 완전히 수단으로 취급해서는 안 된다. 즉 아무리 미천한 사람이라도 사람인 이상은 그 자신에 대해 말할 수 없는 가치가 있다는 것을 인정해야 한다. 이것이 없으면 진정한 도덕은 성립하지 않는다. 이것이 없으면 인간의 교제도 아직 진정한 인간의 교제라고 할 수 없다. 이와 같이 인간의 도덕은 인격의 관념을 기초로 한다. 인간사회는 인격이 교제하는 장소의 안쪽이다.

그렇다면 인간의 도덕과 금수의 도덕을 완전히 동일한 선에 놓고 보아서는 안 된다. 금수를 완전히 무도덕하다고 생각하는 것은 틀렸지만, 인간의 도덕과는 완전히 다른 점이 있다. 아니 인간의 도덕은 완전히 금수의 도덕과 다른 점이 있어야 한다. 하물며 도덕을 무시하거나 혹은 본능만족주의를 주장하여 이성의 요구를 경멸하고 또 도덕의 목적을 도외시하려는 것은 이성을 가진 인간으로서 있을 수 없는 일이다.

8. 인격 수양 방법

인격은 어떻게 수양할 수 있을까? 한마디로 말하면 활동活動이다. 실행實行이다. 그러나 이 활동이나 실행을 자기 개인을 위해, 일신을 위해 다한다면 그 활동도 실행도 인격의 발전과는 어떠한 교섭도 없다.

인격을 발전시키는 활동은 사회적이기를 요한다. 괴테가 말하기를:

> 자기 개인을 아는 방법은 무엇인가? 사색으로 인해 아는 것이
> 아니다. 마땅히 실행으로 안다. 당신이 의무를 다하도록 노력하
> 라. 이렇게 해서 당신은 진정으로 자기를 알게 되리.

칼라일[12]이 말하기를:

> 인생에서 최후의 복음은 너의 업業을 알고, 그리고 그것을 실행
> 하는 데 있다.[13] 즉, 인격은 실제로 활동하는 중에 생기고, 나타
> 나기도 하는 것으로 사회의 실무·실익을 헤아리는 사이에 완성
> 되는 것이다.

　　그렇다면 **사회적 활동에는 어떠한 요건이 있는가?** 요건에 맞지 않
는 활동은 인격의 수양·발전에 이바지할 수 없다. 눈을 자연계로 돌려
보면, 물고기는 물을 나올 수 없다. 사람은 수중에서 살아갈 수가 없다.
물고기가 물에서 나오고, 사람이 물속에 들어가도 필경은 자기의 사멸
을 초래할 뿐이다. 자연계의 사물은 모두 자연의 법칙에 지배된다. 이
자연의 법칙을 등질 때 우리는 도저히 존재할 수 없다. 걷는 것도 한 걸
음 한 걸음 옮겨야만 가능한 것이지, 한발에 날아오른다 해도 계속 이

12　Thomas Carlyle, 1795~1881.
13　원문은 "Blessed is he who has found his work; let him ask no other blessed-
　　ness."이다.

어지는 것이 아니어서 나는 것은 물론 불가능하다. **자연계에는 자연의 법칙이 있다. 그것과 마찬가지로 인간사회에는 도덕법이 있다. 도덕법에 따라 활동하는 것에 의해 인격은 성립하고 자아는 발전한다.** 도덕법은 말하자면 물고기에게 있어 물이고, 인간에게 있어 공기와 같은 것이다. 그 도덕법은 가끔 우리를 속박하려고 하지만, 우리는 한시도 그것을 떠나서는 생존할 수 없다. 역시 물을 떠나서는 물고기가 없고 공기를 제거하고 인간이 없는 것과 같다. 그 도덕법은 인간사회의 종류에 따라 대체로 다음의 다섯 가지가 있다.

① 가족
② 사교
③ 경제사회
④ 국가
⑤ 국제사회───세계

인간은 사회에서 태어나고 사회에서 죽는다. 인간의 권리 및 자유는 모두 사회로부터 나온다. 그러나 역사를 보면, 17~18세기 경에는 '인간은 사회를 이루기 전에 이미 인간이다'라고 생각하고 있었다. 그들이 말하기를 '인간에게는 태어나면서부터 천부의 권리, 자유, 평등, 독립이 있다'고 했다. 그러나 이것은 오해다. 인간은 사회를 떠나서는 자유도 평등도 권리도 독립도 없다. 또 예로부터 사회를 이루지 않는 인간이 있었던 예는 없다. 인간은 무슨 일이 있어도 사회 안에 있어야 한다. 계속 사회와 처음부터 끝까지 함께하는 것이 사람의 의무다. 그리고 사회 없이는 진정한 자유를 얻을 수 없다. 야만인은 기차도 없기 때문에 교통을 자유롭게 하거나, 의식주와 기타 제반의 일을 자유롭게 할 수가 없다. 사람은 문명의 결과로 자유를 얻을 수 있다.

따라서 개인의 특색도 비로소 발휘할 수 있다. 사회의 진보, 문명의 발달이 일찍이 개인의 특색을 선명하게 하고 자유, 권리, 독립의 이상을 실현시켜 왔다. 요약하면 사회의 완전은 바로 개인의 완전을 의미하고, 사회의 행복은 바로 개인의 행복을 의미하기 때문에 인격과 사회는 일체이며, 인격 수양의 방법은 바로 사회적 활동이다.

9. 가족

인간사회에서 가장 개인과 관계가 깊은 것은 가족이다. 인간은 태어나서 죽음에 이를 때까지 가족을 떠날 수 없다. 아니 가족을 이룸으로써 인간은 하등동물의 단계를 벗어날 수 있는 것이다. 가족이 없으면 개인도 또한 없다.

즉, (1) **가족은 인간협동생활의 근원이다**. 사회를 이루는 단위이며, 사회가 성립되는 원소다. 인간의 도덕은 이 가족으로 배태되고 실현되는 것이다. 친자·부부·형제·자매가 화친하는 사이에는 **극기**克己도 있고 **자제**自制도 있다. 고통을 함께하고 쾌락을 나누는 사이에 불(火)처럼 **동정애타**同情愛他의 정신이 타오른다. 세상에 부모의 자식에 대한 사랑 특히 어머니의 사랑만큼 사심 없이 순전히 순수한 것이 있을까? 가족과 함께하고 함께 나누는 사이에 **일치협동**—致協同의 사상은 말을 하지 않아도 통하게 된다. 실로 가족은 훌륭한 지상의 천당이다. 화기애애한 가족이 있다면 이것이야말로 인생 지상의 환락이다. 이 가족의 생활로부터 비로소 **대아**大我와 **소아**小我의 **구별이 생겨난다**. '생명을 아까워하

는 자는 그것을 잃고, 생명을 잃은 자는 그것을 얻을 것이다'라는 진리
는 실로 가족으로부터 비로소 발현되는 섬광이다. 소아의 생명을 아까
워하지 말고 대아의 생명을 얻고자 하는 것은 도덕법의 근원으로 사회
협동생활의 원칙이다.

(2) **가족은 인간 역사의 생활의 원천이다.** 사람의 지식도 가족에 의
해 전하고 발달해 행하는 것이다. 인간이 만약 고립된다면 그 지식은
매우 빈약한 것이 된다. 삼라만상 하나하나를 스스로 보고, 스스로 듣
고, 스스로 경험하려는 것은 한 개인의 한정된 힘, 지혜, 견식으로는 도
저히 이룰 수 없는 것이다. 만인이 본 것, 들은 것, 경험한 것을 서로 알
려서 인지의 진보 발달을 보는 것이다. **하등동물과 인류와의 차별**도 실
은 여기에 있는 것이다. 하등동물은 의식의 연속이 매우 짧아 한 (세)대
에 이루는 것이 매우 적다. 때문에 경험하는 것은 그때마다 새롭다. 따
라서 자식에게 전하고 손자에게 전하는 것이 없다. 곧 그들에게 지식이
라고 하는 것이 결핍되는 이유다. 그러나 인간의 지식은 한 대로 끝나
지 않는다. 선조의 의식은 자손의 의식과 연속하여 점점 진화하고 발전
한다. 역사의 의식은 여기에 있다. 인간이 사회적 동물인 반면 역사적
동물인 까닭이다. 가족은 실로 인류의 진보에 의해 생긴 역사적 생활의
근원이다.

(3) **가족은 복잡한 대사회의 축소판(編写)이다.** 부모 자식이 있어서
여기에 상하의 교제가 있다. 부부가 있어서 여기에 동년배의 사회가 있
다. 약자에 대한 교제, 남녀 간의 교제 이들은 모두 가족 안에 존재하
고 있다. 즉, (가) 사교는 가족 안에서 시작한다. (나) 경제도 가족에 있
기 때문에 애덤 스미스[14]의 학설을 읽지 않아도 우리는 가족 안에 경제
학의 원칙인 분업도 있고 협력도 있음을 안다. 모든 경제적 도덕이 여

기에 있다는 것을 알고 있다. (다) 정치도 그 힘에 있다. 이른바 양부모
는 수장과 비교해야 하고, 형제·자매·계집종과 사내종(婢僕)은 인민
에 비교해야 한다. 분쟁을 해결하고 분위기를 부드럽게 하며 싸움을 막
는 일 등을 확대하면 일국의 정치와 같다. (라) 종교도 있다. 선조에게
제사 지내고 오랫동안 영혼을 섬기는 것은 일종의 종교가 아닌가? (마)
미술, 문예, 오락도 모두 역시 이 안에 존재한다. 요약하면 크게 본 사회
제반의 현상은 작게는 가족 안에 있는 것이다. 대소의 차별로 생각해
보면 가족생활은 곧 사회생활이다.

10. 사교생활

가족생활은 물론 인격을 수양하는 데 필수조건이지만, 인격을 가
족생활에서만 완성할 수 없다. 즉 사교생활과 서로 어울려야 비로소 완
전한 인격을 만들 수 있으며, 이 둘은 인격을 만드는 데 결코 떨어질 수
없다. 실제로 우리는 좋은 가족생활 만으로 인격이 만들어진다 하더라
도 가족생활만으로 만족할 수 없다. 사람에게는 타인에게 자기를 알리
고, 자기는 타인을 알고자 하는 성정性情(본능)이 있어서, 성정의 만족
을 얻지 못하는 한 도저히 견딜 수가 없다. 또 세상을 살아가는 데도 사
교생활이 없다면, 사람이 고용인에게 고용되는 일도 물론 없다. 그것
이 없으면 사회는 성립되지 않는다. 사회가 성립되고, 인생이 만족될
수 있기 위해서는 사교생활과 가족생활이 함께 필수조건이 된다. 그리
고 이 특질은 **사람을 알고 사람에게 알려지는 데 있다**. 또한 이것이 그 원

---

14 Adam Smith, 1723~1790.

인이자 목적이기도 하다. 사교생활의 **이익 및 쾌락은 교제 그 자체에 존재**한다. 때문에 만약 다른 목적, 예를 들면 사람을 이용하고자 한다거나 나의 욕구를 위해서라든가 하는 일이 끼어들면 교제는 그 본능을 잃고 속칭 **서먹해져서** 사교의 이익도, 쾌락도 없던 것이 된다. 그렇기 때문에 사교의 쾌락, 이익은 교제 안에 있으며, 다른 이익을 품을 때는 불가능하다.

사교의 방법으로는 물론 마시고 먹는 것 등이 좋지만, 가장 좋은 것은 유희와 담화다. 이런 것은 조금 재미없는 것 같지만 실은 결코 그렇지 않다. 기쁨과 즐거움(喜戱遊楽)은 막으려고 해서 막을 수 없으며, 자기의 천진함을 드러내고 담소와 해학을 하는 사이에 저절로 스스로 마음을 터놓고 적나라하게 자기를 내던질 수 있다. 즉 가장 잘 자기의 본래를 표현할 수 있고, 또 다른 이익이 개입하는 일이 없기 때문에 사교의 방법으로서 가장 적당한 것이라고 생각한다. 그리고 사교를 원활하게 하는데 어디까지나 사교의 본의를 잊어서는 안 된다. 다시 말해, 사람을 알기 위해서 그 사람에 대해 동정同情[공감]을 표하는 것을 잊어서는 안 된다. 사람을 알기 위해 자신의 일을 속이지 말고 털어놓고 말하는 것을 잊어서는 안 된다.

사교에는 두 가지 형태가 있다. (가) 널리 사귀는 것과 (나) 깊게 사귀는 것이다. 통상은 (가)를 사교라고 하고, (나)를 우의友誼라고 말한다. 이것에 동반하는 세 개의 규칙이 있다. 하나라도 결여될 때 완전한 사교는 깨져버린다. 즉 (1) 말해야 할 때 말할 것, (2) 입을 다물어야 할 때 다물 것, (3) 귀를 기울여야 할 때는 충분히 귀를 기울여야 한다는 것, 다시 말해, 상대의 말에 충분한 동정을 나타내야 한다는 것이다. 그리고 사교의 원칙은 어디까지나 평등하게 행하고 한쪽으로 치우쳐서는 안 된다. 즉 미주알고주알 사람의 말을 듣는 데만 힘쓰고 또 자기의 일만을 이것저것 말하는 일은 자제하도록 명심해야 한다.

　사회의 중요한 공과功果는 가족생활의 단점을 보충하는 것이다. 가정은 동정이 넘쳐나기 때문에 자연히 동화되어 차이가 작아진다. 따라서 사상이 단조롭게 되는 것을 피할 수 없다. 즉 활발하지 못하게 되는 경향이 있다. 대개 활동은 다소의 반대, 저항, 이론, 논설이 있는 곳에 있는데, 가정에는 그것이 없다는 점이 바로 활동이 빈곤해지는 원인이다. 따라서 사교의 범위가 축소되는 폐해는 그 사람으로 하여금 우물 안 개구리처럼 되게 하는 것이다. 시골 사람은 정직하여 소박〔質樸〕할지라도 세상을 잘 모르고, 세상에서 뒤처지는 폐가 있지 않은가? 쇄국시대의 일본을 되돌아보면 양이攘夷의 논리, 근왕勤王의 설에 진력을 다한〔盡瘁〕 사람이 외국을 대하는 태도나, 250년의 긴 밤을 자다가 흑선黑船의 소리에 깼을 때처럼 확인해보면 사교 협소의 폐를 알 수 있을 것이다. 여행에 이익이 있다는 것도 다름 아닌 사교가 넓어진다는 뜻이다. 이향異鄕의 산천, 역사, 사회, 인정을 아는 이익이 있기 때문이다. 이렇게 사교가 넓어짐에 따라 활동이 격하게 되며, 따라서 평상시 적당한 활동은 사람이 빨리 늙는 것을 방지하는 방법이다. 또한 정신적으로 말하면, 활동의 양에 따라 시간의 길고 짧음이 정해지는 것으로, 일정 시간 활동하는 것은 일정 시간 활동을 하지 않는 것보다 길다는 도리를 알 수 있다. 외국 및 외국인과의 교제에 대해 말하면, 그 이익은 여행의 이익과 똑같지만, 나아가 고향을 생각하는 정을 쌓아서 건전한 애향심의 원천도 되는 것이다.

　깊이 사귀는 것 즉 통속의 우의에 대해 우리들은 충분히 명확한 관념을 가지고 있어야 한다. 현재 문명의 폐해는 온갖 인심을 뒤흔들어 진실한 프렌드십은 어디에서도 보기 어렵게 되었다. 이러한 경우에는 우의의 필요가 더욱 통절하게 느껴진다. 우의는 두 가지 요소로 이루어진다. (1) 평등, (2) 차별의 요소다. 첫째, 동정 없이 우의는 성립하지 못한다. 그러나 너무 같은 성질의 사람은 반대로 반발하고, 이유 없이 경쟁에 부심하게 된다. 동정하지 않고 조력하고자 하는데 어찌 우의가 성립되겠는가? 이것을 유지해가는 방법은 세 가지가 있다. (1) 공명하라, (2) 관용하라, (3) 존경하라. 서로 결점은 털어놓고 말하자. 서로 과실을 용서하자. 경멸은 반목의 원인이 됨을 알라. 누군가를 자세히 조사해서 결점 없고 과실 없는 사람이 있겠는가? 찬란하게 빛나는 태양도 망원경으로 바라보면 흑점이 있다고 하지 않는가? 결점을 없애고 과실을 잊고 빛나는 면을 보면 아름다운 점, 장점은 결코 부족하지 않을 것이다. 그 한 부분을 서로 용서하고, 다른 부분을 서로 존경해가면서 진실한 우의는 유지되는 것이다.

청년시대는 가장 우의를 맺기에 적당한 시기이다. 동창이든 죽마고우든, 형제까지도 어린아이가 아닌 교제는 전적으로 아이일 때, 적어도 청년시대의 선물이다. 어쩌면 이 시기가 인정이 가장 신선하고, 동정이 풍부하며, 이해利害의 생각도 옅으며, 다른 연계(繫累)도 없기 때문이다. 성장해서는 이해利害는 많아지고, 연계는 빈번해져서 우의 따위를 맺을 소질이 크게 부족하다.

효과는 (가) 슬픔을 나누고 기쁨을 더한다. (나) 도움을 얻어서 우리가 부모님에게도 말하지 못하고 형제에게도 이야기하지 못하는 것을 항상 친구에게 다 털어놓는다. 즉 친구는 때에 따라서는 부모님도 되어 정성을 다하고, 형제도 되어 여러 가지 일을 해주고, 또 타인도 되어 교제하는 것이다. 그러나 우의는 맺는 데 어렵고, 깨지는 데 쉽다는 것을 잊어서는 안 된다.

11. 사교생활 (2)

사교생활은 가족생활과 서로 어울려 인격을 수양시키는 방법이라는 것을 앞에서 서술했는데 사물이 극에 달하면 반드시 폐弊가 동반한다. 사교생활에도 또한 폐해가 동반하는 것을 면할 수 없다. 그 폐는 (1) 형식으로 흐르는 것이다. 사교에 동반하는 예의도 형식으로 흘러서 쓸데없이 번거로운 예의와 허식이 되어 정신이 없는 하찮은 것으로 변해버린다. (2) 허위虛僞에 빠지는 것이다. 특히 원활하면 충돌이 없을 것이라는 눈앞의 작은 생각으로부터, 이것을 생각하면서 저것을 말로 하고 글로 쓰고 동작으로 표현하는 경우가 있다. (3) 습관 때문에 속박되는 것이다. 쓸데없이 지금까지 하던 관습에 구애되는 결과는 모든 사안에 낡은 습관을 강요하려고 하게 되는 것이다. (4) 자유를 잃고 도리가 사라지고 양심이 둔화되는 것이다. 우리가 양심이 명하는 바에 따라 자유롭게 가는 것이 불가능하게 되는 것이다.

쌓인 수많은 폐해는 오히려 사교를 적게 하고 원시생활, 미개생활을 부러워하게 한다. 반동은 일어날 수밖에 없고 또 극단적일 수밖에 없으며, 따라서 대개 도리도 무시하는 자연주의가 나타나는 것이다. 말하자면, 개화는 자유를 속박한다. 문예나 도리 및 모든 인위적인 사업은 허위다. 우리들은 이러한 인생으로 돌아가는 문명을 제거하고 조물주가 만든 대로의 원시로 돌아가자는 소리가 나온다. 고대 그리스에는 이 사조가 가장 유행했기 때문에 고대의 자연주의는 디오게네스15에 의해 대표된다. 그는 소크라테스설의 일부를 극단적으로 부연한 인물로 일찍이 알렉산더대왕이 그를 방문했을 때, 그는 통나무 안에서 생활하고 개와 고양이와 함께 물을 긷고 있었다. 대왕이 말하기를 '너는 무엇을 바라는가?'라고 했다. 그가 답하기를 '빨리 비켜라, 내가 받고 있는 햇볕을 방해하지 말라'고 했다. 대왕이 한탄하며 '아, 내가 알렉산더가 아니었다면 차라리 디오게네스였으면 한다'고 했다. 생각건대 알렉산더는 대욕이고 디오게네스는 무욕으로, 모두 극단으로 치닫고 있다. 나폴레옹[16], 도요토미 히데요시[17], 카이사르는 전자에 속하고, 디오게네스 및 그 외 기타 은선隱仙은 후자에 속한다. 그렇지만 길은 중용에 있다는 것을 잊어서는 안 된다.

중세의 자연주의는 종교상의 이상理想으로부터 발생한 금욕주의였다. 한때 상당히 세력이 있어서 승려와 속세인 모두 이행했다.

근대의 자연주의는 프랑스 루소[18] 이후의 경향이다. 극단적으로 당대를 매도하고 도덕을 허위라고 하며 형식은 인간 본래의 것이 아니라고 하고 있다. 이것이 본디 반동이다. 반동은 항상 건전하지 못함을 면할 수 없다. 인간으로 생존하는 동안은 전혀 형식을 벗어날 수 없으며, 도덕은 필연을 동반한다. 그 형식과 도덕을 부정하면서 어떻게 사회가 성립하겠는가? 그 속박으로 의해 자아를 파괴한다고 느낀다면 자신의 수양이 부족함에 기인하고 그 폐해에 휘둘린 것에 기인한 것이다.

요약하면 사교생활의 폐해가 백출하기에 이르러 나타난 것이 자연주의이기 때문에 자연주의가 역설하는 점으로 사교생활을 부정할

---

15 Diogenēs, 기원전 412?~기원전 323?
16 Napoléon I, 1769~1821.
17 豐臣秀吉, 1537~1598.
18 Jean Jacques Rousseau, 1712~1778.

수 없다. 생각건대 자연주의는 폐해가 없는 사교생활에 칼끝을 돌릴 수 없다. 사교생활은 필요하다. 그리고 자유와 사교가 조화되는 곳에서 완전함을 볼 수 있다. 형식도 도덕도 그 경계에서 자기를 점점 자유롭게 하기 때문에 사람은 그 안에서 비로소 인간다울 수 있다. 소크라테스는 말했다.

나는 배우고자 한다, 그리고 들판의 수목으로부터는 아무것도 배울 수 없다. 단지 세상 사람으로부터 배울 뿐.

영국의 존슨도 말하고 있다.

자네, 자네가 녹야를 보고 싶었을 때 자네는 모든 녹야를 보았다. 나는 사람을 보고자 한다. 자, 값이 싼 거리로 가자.

그러나 녹야, 광야에서는 결국 인생을 완전하게 할 수 없다. 사교 생활 없이는 인격은 성립할 수 없다.

12. 경제적 생활

가족생활은 참으로 지상의 천국이자 낙원이다. 그 안에서 생활하는 동안은 아마도 인간으로써 황금시대다. 학교 및 우의의 생활도 또한 머지않아 지나가는 것이다. 그렇지만 경제적 생활에 한발 들이면 완전히 경쟁의 장이다. 전자가 꽃 이불이라면 후자는 가시 바닥이다. 강자는 끝없이 약자를 복종시키고, 무엇 하나 스스로 땀 흘리지 않으면 얻을 수 없으며, 격렬한 경쟁은 일어날 수밖에 없는 마치 포격 없는 전쟁터이다.

경제적 사회의 근본은 무엇인가? 인간에게 동물적 요구가 있기 때문이다. 동물은 원래 나태한 본능이 있어서 보통 동물이라면 혈거穴居에서도 만족하고 초야의 생활에도 만족하지만, 인류는 도저히 이러한 생활에 만족할 수 없다. 아마도 인류는 지력智力이 있기 때문에 점점 더 행복을 바라는 것이다. 하등동물처럼 한시의 만족에 멈출 수가 없고, 현재의 만족뿐만 아니라 장래의 만족도 예측한다. 경제생활의 본능은 여기에 있는 것이다.

따라서 인류의 욕구는 현재를 충족시키는 것만으로는 만족하지 않는다. 그뿐만 아니라 무슨 일이 있어도 장래를 위해 미리 준비해두지 않으면 안 되고, 준비가 안정되고 완전할수록 사람의 욕구는 더욱 만족하고 행복은 더욱 늘어난다. 경제적 생활에서 가장 필요한 것은 여기에 있다. 그렇다면 인류의 경제적 생활 상태는 어떻게 진화하여 발전해왔는가? 인류의 역사를 거슬러 올라가면 그것을 알 수 있다. 인류의 경제적 생활 상태 즉 경제사회의 변천은 어떤 국가에서도 볼 수 있다. 즉 노동조직과 재산제도의 발달에는 놀랄 수밖에 없다. 아니 그 상태 여하로 문명의 척도, 개화의 표준을 삼을 수 있다.

(1) 어렵漁獵생활. 원래 경제사회의 기원으로 미개한 야만시대에 일반적으로 행하는 것으로 물고기를 잡는 것, 짐승을 수렵하는 것은 당대 남자의 유일한 일이었다.

(2) 목업牧業생활. 어렵생활에서 이 생활로 옮겨가는 동안 우리는 엄청난 문명의 진보를 보았다. 왜냐하면 야생의 새나 짐승을 선택해서 가두어 양육하는 데는 큰 지식을 요하므로, 인간의 보호 아래 하등동물

을 사육하는 것은 아깝게도 당대 문자가 없어서 기록을 찾을 수 없지만 큰 발명의 효과라고 보아야 한다. 이것을 기르는 데는 관개지灌漑地를 선택해야 하고, 번식에 따라 다수의 사람이 필요하므로 공동의 필요성이 생긴다. 인구의 번식에 따라서 경쟁이 일어나고 전쟁이 일어나는 것은 필연이라고 봐야 한다. 풀을 다투고, 물을 다투고, 가축을 다투면서 소위 영웅호걸의 배출도 있었을 것이다. 그리고 알맞은 수택水澤을 쫓아다니는 무리에게 토지 사유가 있을 리 없고, 그렇게 보면 재산인 토지나 가축도 널리 공유하게 되었음이 틀림없다.

(3) 농업생활. 이상의 두 가지와 비교해서 더욱 문명의 진보를 알게 된다. 봄, 가을에 걸쳐 씨를 뿌리고 수확하기 때문에 인내가 없어서는 안 된다. 노고를 싫어해서는 안 된다. 어렵, 목업 시대는 정주하지 않기 때문에 일정한 영토는 필요하지 않고, 농업은 정주해야 하기 때문에 일정한 영토를 필요로 한다. 제1, 제2시대보다도 지식이 진보되어야 한다. 비료의 발명이 있어야 농업 생활이 가능하고, 정주가 가능하다. 또 토지 사유라는 것도 농업에서 발생한 것이라고 생각한다. 이렇게 해서 당연히 다음에 와야 하는 것은 상업생활이다.

(4) 상업생활. 이미 농업생활에서 생산이 있기 때문에 교역이 야기되는 것은 알기 쉬운 이치이다. 교역이 있는 곳에는 방법의 문제가 생긴다. 화폐가 생기는 원인 또한 명확하지 않은가. 이윤을 연구하는 것도 지당한 것이다. 이것 또한 사유다. 이 상업이 번성함에 따라 생산의 유통이 쉬워진다. 여기에서 제조의 필요성이 생겨 공업생활이 발흥하는 것이 아니겠는가.

(5) 공업생활이 완전히 세상의 힘을 지배하는가 아닌가는 아직까지 의문이다. 어쨌든 이렇게 다섯 번의 변천이 오늘날까지 역사에 의해

상상되고 확인되었다.

실로 인간생활의 근본은 경제가 어떠한가에 있고, 윤리 사상도 거기에서 나오는 것이다. 전자가 시작이고 후자는 끝이다. 전자가 동요하면 사회에 부도덕이 발생하고, 국가에 혁명이 일어난다. 말하자면 윤리도 도덕도 경제의 큰 바다에 일어나는 큰 파도와 작은 파도다.

나아가 우리는 사회제도의 흔적을 더듬어 노동제도의 추이를 보고자 한다.

(1) 노예제도. 이것은 실로 그리스 문명의 도화선이며 당시 전쟁에 패하고 부채 상환을 할 수 없는 경우에 노예를 삼았던 것이다. 그리스인과 로마인은 노예를 사역해서 모든 노동을 시키고, 자신 등은 단지 전쟁, 정치 및 학문에 열중한 이들이다. 즉, 노예제도는 그리스에서 가장 잘 발달했는데, 당시 아테네Athens 자유민 10만 명에 대해 노예 40만 명이 있었다는 것은 실로 놀랄만한 현상이었다. 로마도 마찬가지였다. 자유민은 상업에서 자본을 제공하지만 실제로 소매를 하는 것은 노예였다. 그러나 고대의 노예제도는 그다지 잔혹한 것은 아니었다. 인정도 소박한 데다가 같은 인종이라는 이유로 가족으로 대우할 정도였다. 그러나 그 폐단은 (가) 노동을 경멸하기에 이르렀다. (나) 사치에 빠지고 부패에 물들어 타락의 계곡에 빠질 수밖에 없었다. 찬란한 그리스, 로마의 문명을 보고 황폐한 흔적과 마주하면 노예제도의 폐단을 알 수 있다.

(2) 봉건제도. 즉 제후의 땅과 인민을 영유하는 제도로 사회는 계급의 조직이 되어 군사든 상업이든 농업이든 모두 세습계급제여야 했다. 이러한 시대에서는 확실히 사업은 안전했지만, 향상의 길이 없어 선비는 선비, 농민은 농민, 공인은 공인이었기 때문에 서로 재능을 경

쟁할 수 없고, 또 재능이 없는 사람도 그 위치에 있게 되어 문명의 진보
는 멈출 수밖에 없었다. 그 계급에 일본은 사농공상, 서양은 승려, 귀족,
평민이 있었다. 승려는 제1계급으로 제후 위에도 설 수 있었지만, 평민
은 반노예였다. 매매만은 하지 않았지만 연공, 고된 부역을 짊어져야만
했다. 따라서 뜻이 있는 선비는 호연하게 혁명을 생각하기에 이른다.
그리고 (2) 상업의 발달에 따라 제3계급이었던 시민은 자연스럽게 정
치상의 대혁명을 일으켜, 이에 (3) 자본제도의 사회를 낳기에 이르렀던
것이다.

13. 노동의 의의

노동은 인류가 하등동물과 다른 이유다. 인류 특유의 활동이다. 우
리는 항상 노동을 싫어하는 경향이 있다. 이것은 인류가 나태한 것을
바라는 본능에 기인한 것이다. 노동에 대해 명확한 관념을 가지는 것은
우리들의 급선무이다. 즉 그 의의를 알 필요가 있다.

(가) 인간은 전후 관계에 의해서 오직 한때의 욕구에 지배되지 않
는다. 사람은 장래에 살려고 하므로 과거보다도 장래를 생각하는 것이
자연스러운 인정이고 또 필연이다. 따라서 인간의 활동은 일시적이 아
니고 또 (나) 타인의 활동과 관계를 맺으며, 오직 자기 이익만을 도모하
는 것이 아니다. 농부의 노동은 1년 동안 연속해서 그리고 자기 일가뿐
만 아니라 다른 사람들에게 식물을 공급하는 것이다. 그 공급되는 식물
로 목수는 집을 짓고, 상인은 교역을 하는 것이다. 이와 같이 인간의 활
동은 전후가 연결되고 또 타인과 관계해서 그 결과가 대大를 이루기 때
문에 각자 자기 하나의 활동이 아니다. (다) 또한 그 안에는 진보가 있

고 이상이 있다. 이 세 가지 조건을 갖추면 비로소 노동의 가치가 생긴다. 때문에 노동은 조직이 있고, 통일이 있고, 목적이 있는 바의 활동이자, 사회적이고 협동적인 것을 필요로 한다. 따라서 한 사람의 노동은 타인의 노동이다. 조직이 없고, 통일이 없으면 향상도 없고 이상도 없어서 인간의 노동다울 수 없다.

노동의 직접적인 목적은 물론 부를 생산하는 것이며, 재산의 소유를 바라는 것이 동기다. 이것이 인간이 인간다운 이유이며, 노동의 목적은 또 이것과 멀어질 수 없다. 따라서 인격은 이로부터 흘러나오는 샘이다. 하등동물이 바로 눈앞의 한 발을 떼어놓지 않으면 서로 만 리만큼 멀어진다.

즉 노동은 일면에서 경제적 생활이 일어나는 근본이다. 흥업의 동기임과 동시에 다른 일면에서 인격을 기르는 이유로 만물의 영장다운 연유로서 경멸할 한 점의 이유가 없으며 실로 신성한 것이다. 노동을 끊지 않는 소시민은 나태하고 유흥에 빠진 귀족보다 더 위의 귀족이다. 평민도 일해야 하지만 귀족은 더욱 일해야 한다. 원래 귀족계급이 사회에 존재하는 것은 그 부모나 선조가 사회에 큰 노동의 공과를 남겼기 때문에, 사회가 그 보수로 귀족이라는 명칭을 주고, 또 생활에 고생할 필요가 없도록 했기 때문에 귀족인 사람들은 더욱 사회공공을 위해 일해야 한다. 쓸모없는 귀족은 실은 평민 이하의 천민이다. 윤리상 일하는 자는 귀족이고, 일하지 않는 자는 바로 천민이라고 해야 한다.

요약하면, 노동은 (가) 인간 특유의 활동이다. 노동 없이 인간은 인간이 아니다. (나) 노동 안에는 모든 도덕이 있다. 노동 이외에 도덕은 없다. 즉 나태함 속에서 도덕은 하나도 찾아낼 수 없다. 인내, 용기, 공부, 협동 모두 이 안에 포함되어 있다. 성현이라고 일컬어지는 사람은 대개 노동자다.

때문에 노동의 최종 목적이 무엇인가는 인격의 목적을 이루는 것이다. 외부적으로 말하면 재산이 되어 나타나고, 내부적으로 보면 인격이 되어 나온다. 재산은 노동 없이 얻을 수 없고, 인격은 노동 없이는 수양할 수 없다. 칼라일이 말하기를 "일하는 사람에게는 항상 소망이 있다"고 했다. 그렇다, 일하지 않는 사람의 전도는 항상 암흑이다. 노동은 분업을 낳고, 분업은 숙련을 낳아 큰 공과를 올린다. 또 노동은 확신을 낳고 책임을 낳아 인간을 인간답게 하는 것이다.

14. 사회문제

사회제도의 변천은 마침내 자본제도를 낳기에 이르렀다. 18세기 말(1788) 와트[19]가 증기기관을 완성해서 공업계의 대변동을 가져오고, 프랑스혁명(1789)이 일어나 자유평등 사상은 종래의 계급제도를 타파했다. 이 두 가지 원인이 합해져서 경제계의 혁명을 야기했다. 사회문제는 원래 여기에서 발단했다.

대공업의 발흥에 따라 자본가와 노동자의 관계는 주종, 신하 관계가 아니라 임금賃銀 관계가 되었다. 이에 19세기의 문명사를 읽는 사람은 그 시대에 흐르는 두 가지 경향을 발견하게 된다.

(1) 정치상의 자유평등. 노동은 자유계약, 임금제도가 되어 노동자가 재능이 뛰어나면 이로써 도시인과도 경쟁할 수 있으며, 모든 사람이 전부 보통교육을 받을 수 있게 되었다. 오늘날 귀족과 평민의 구별

---

19 James Watt, 1736~1819.

은 있지만, 이것도 대단한 차이가 아니고 학교 내에서는 그 구별조차 제거되었다. 또 병역도 모두 평등하고, 납세의무도 모두 평등해서 정치상에서는 귀족과 평민이 동등하게 한 개인의 인간이다.

(2) 경제상의 불평등. 과거에는 세 개 혹은 네 개의 계급제도가 있었는데, 이 계급제도가 완전히 폐지된 후에는 정치상에 어떠한 차이도 없어졌지만, 빈부의 두 계급이 발생했다. 증기기관 발명 이후 기계는 점점 정교해지고 분업은 더욱 진보했다. 이렇게 되면 한 명이 아무리 땀을 흘려도 그 기계의 힘, 자본의 힘에 비할 수 없다. 소자본은 점점 작아지고, 대자본은 점점 커졌다. 게다가 전자는 다수고, 후자는 소수다. 대자본, 큰 기계, 큰 공장으로 생산하기 때문에 생산액이 증가했고, 부가 증가했고, 쾌락도 증가했다. 이와 더불어 자본이 없는 자, 생산이 없는 자는 오히려 증가했다. 이들은 노동자가 되어 대자본주에게 고용된다. 그리고 대자본주가 말하는 대로 얼마 되지 않는 보수로 만족하지 않으면, 그는 해고된 새벽에 죽을 수밖에 없다. 이렇게 대다수의 빈민은 점점 가난해진다. 극소수의 자본가는 더욱 부자가 되고, 빈민은 영원히 쾌락 없이, 부 없이 기아에 울어야만 한다. 정치상의 평등은 결국 어떻게 될까? 옛날 계급제도보다 더욱 잔혹하고 더욱 파괴할 수 없는 계급이 생긴 것이다. 분배의 불평등에서 온 가난한 자의 상태는 어떤가? 옛날처럼 오늘날은 전쟁도 적고, 또 의술의 진보는 유행병의 기세를 왕성하지 못하게 한다. 다른 면에서 보면 빈민은 일을 할 수밖에 없기 때문에, 그 결과 신체가 건전하여 인구 증가율이 부자에 비교해서 훨씬 높다. 그리고 그들의 부는 점점 적어질 뿐이므로 필경에는 그들의 위치를 알게 되지 않을까? 정치상의 자유와 경제상의 부자유의 모순은 그들의 위치를 고통스럽게 만들었다.

가난한 자 즉 노동자는 (가) 살아 있는 기계와 같다. 옛날의 농노나 노예도 역시 참상은 참혹했지만 오히려 주인을 알고 주인이 알아줘서 인정의 관계를 맺을 수 있었다. 그러나 현대의 노동자와 자본주는 금전 관계다. 즉, (나) 고용주와의 관계는 인정으로 맺어지지 않았다. 그 때문에 고용주는 되도록 낮은 보수로 하고자 하고, 응하지 않으면 버리고 다시 고용한다. 고용하는 사람은 적고, 고용되는 사람은 많기 때문에, 그 결과 고용주가 말하는 대로 맡길 수밖에 없다. 또 자본주는 판로가 좋은 물건을 분별없이 많이 생산해서 결국에는 폭락을 초래했을 때, 일시에 다수의 고용인을 해고하기 때문에 경제계의 공황이 언제 올지 모른다. (다) 이렇게 해서 장래의 희망이 있겠는가? 날마다 기아와 싸우며 조금의 여유가 없는데 어떻게 희망과 광명이 있겠는가? (라) 즉 가족은 파괴될 수밖에 없다. 자기 혼자도 굶는데 어찌 가족을 돌볼 여유가 있겠는가? 이렇게 그들은 지상의 천국인 가정의 사람조차도 될 수 없다. 실로 지금 문명의 편중은 통탄할 만하다. 물질적 문명과 정신적 문명은 서로 일치해서 진정한 문명을 일으켜야 하는데, 서로 등을 돌리고 어떻게 문명이 그 공과를 거둘 수 있겠는가? 가뜩이나 종교적 신앙은 쇠퇴하고 당대의 사람은 내세의 존재 따위 문제는 거의 돌아보지 않는다. 오직 부를 얻고자 빨리 움직이고, 부를 취하고자 고심하고 있다. 사회주의는 바로 일어날 기운에 처했다. 통상 사회문제는 이들 빈민문제, 경제문제를 의미한다.

15. 사회주의

프랑스 혁명 결과 정치상에서는 사민평등을 얻었지만, 증기기관의 발명으로 야기된 경제적 혁명의 결과 빈부의 두 계급이 생겨 그 격차가 점점 심해져서 부자 즉 자본가는 대개 힘들이지 않고 부를 늘렸으며, 가난한 자 즉 노동자는 힘들게 겨우 목숨을 연명해야만 하는 큰 모순이 생겼다. 왜 가난한 자는 경제상의 노예가 되어 보수는 최저액으로 만족해야만 했는가? 사회주의의 기원은 이 질문에서 일어났다.

생시몽Saint-Simon[20]으로 대표되는 프랑스 사회주의는 바로 이 질문을 크리스트교로 해석하고자 했다. 이르기를 "사람은 모두 형제이다. 때문에 사회는 불쌍히 여겨야 할 가난한 계급을 구제할 의무가 있다. 또 사람은 각각 그 능력에 따라 일을 부여받고 있다. 그 일에 따라 임금을 얻어야 한다." 이렇게 크리스트교의 이상에 근거하여 노동의 권리를 주장했다.

칼 마르크스로 대표되는 현재의 독일 사회주의는 상당히 연구를 쌓은 것으로, 종교에 기초를 두지 않고 "일을 하면 분명히 먹을 수 있다"는 원칙 위에서 과학적으로 쌓아 올린 것이다. 그리고 학술상 사회주의는 확실한 것이라 하여 그 실행까지 착수했다.

그러나 이러한 사회주의는 무엇을 이상으로 하는가? (1) 노동을 사회주의의 근본으로 삼는 데 있다. 즉 일하지 않으면 먹을 수 없다는 것이다. (2) 노동자의 자유. (3) 부인의 자유. 부인이라는 이유로 헛되이 가정 안에 갇혀 사회에 나오지 않을 이유는 없다. (4) 요컨대 대개 사람은 인격을 유지하고자 한다. 이것을 감안해 이상적으로 말하면, 사

---

20 생시몽(1760~1825)은 프랑스 귀족 출신의 사회 사상가로 계몽주의의 영향을 받아 합리주의에 바탕을 둔 사회개량을 주장했다. 그는 가진 자에 의한 못 가진 자의 구제를 개혁의 희망으로 내건 공상적 사회주의자로 평가된다.

회주의와 윤리도덕설은 서로 어떠한 차이도 없다. 참으로 이것이 도덕의 근본이며 인도의 중심이기 때문에 한 점도 비난할 바를 찾을 수 없다. 그러나 논의는 수단에 있다. 아니, 주의 그 자체가 연결되어 거의 전부 수단 위에 있다.

그렇다면 사회주의는 어떠한 수단으로 이 이상을 수행하고자 하는가? (1) 생산을 위해 필요한 토지 및 자본을 사회가 공유하는 것. 이는 애덤 스미스의 경제설에 기초를 둔 것으로 부는 노동의 결과이며, 그 부의 일부는 소비되지만 일부는 축적되어 자본이 되어 또 부를 만든다. 그렇게 때문에 자본가가 가진 자본은 원래 자본가가 만든 것이 아니다. 자본가만이 부를 독점해야 할 이유가 없다는 것이 그 첫 번째다. (2) 생산사업의 경영은 모두 자본가의 손을 떠나 사회가 임명한 관리의 손으로 그것을 행할 것. 자본가의 손에 있기에 그들의 이익만을 도모하고 노동자의 이익을 돌보지 않는 자유경쟁을 하기 때문에 쓸모없는 막대한 광고료 등에 낭비를 하는 것이다. 사회가 뽑은 관리의 손으로 경영하고 관리자는 노동자에 대해 책임을 지고 사람은 모두 정부의 노동자가 되면, 실업자(遊民)도 없고 또 빈민(窮民)도 없을 것이다. (3) 물품의 매매를 폐지할 것. 중개인과 중개 매매를 위해 현대에는 얼마나 낭비하는지 모른다. 모든 상인은 전부 계급을 폐지하고, 일반인은 물품의 교역권을 표로 하면 화폐도 장사꾼도 필요 없다. (4) 부의 분배에 관해서는 사회의 각 구성원이 생존경쟁의 원칙에 따르지 않고, 합리적인 표준을 세워서 노동의 많고 적음 및 그 가치에 상응한 보수를 사회로부터 받을 것. 이 네 가지 수단으로 사회주의는 그 이상을 수행하고자 한다. 그러나 과연 이렇게 해서 수행할 수 있을 것인가? 그 수단을 조사해볼 필요가 있다.

먼저 첫 번째는 가능하다고 해도 두 번째는 크게 의문점이 잠재해 있다. 생산사업의 경영이 완전히 노동자가 뽑은 관리로 가능할 것인가? 모든 생산을 사회 공유로 하는 것이 제일 큰 곤란이고 또 이것을 관리하는 모든 관리를 노동자의 선거로 뽑는다는 것도 매우 곤란한 일이다. 세 번째의 물품과 표로 교환하는 일도 상당히 어려운 일이지만, 그것은 어쨌든 네 번째 조건에서 합리적 표준을 어떻게 세울 것인지, 사람에게 재능이 민감하고 둔함이 있는 이상 그 노동의 결과를 어떻게 헤아려 생각할 수 있는지, 노동에 대한 보수를 어떤 비율로 정할 것인지 등은 아직 정확하게 연구되어 있지 않다. 즉 사회주의의 결점은 (1) 아직 과학적으로 성립하지 않는 것이다. 또 실제로 실행할 수 있는 가능성이 아직 서 있지 않은 점이다. (2) 사회주의의 사회조직에는 진보의 원동력인 동기를 감쇄(減殺)시킬 우려가 있다는 점이다. 사회주의 사회에서는 개인이 활동의 자유를 제한받아, 사회 진보의 원동력을 감쇄할 폐해가 있다. 즉 사회주의의 이상은 좋지만 그 수단에 이르러서는 이러한 결함이 있다는 것을 잊어서는 안 된다.

사회주의는 함부로 심취하거나 또는 함부로 뱀이나 전갈(蛇蝎)을 보듯 기피해서는 안 된다. 특히 현 제도의 약점을 지적하고 거기에 개선의 길을 지시하는 이익이 있다. 무엇이든 비판하고 충고해주는 자이 없다면 사람은 보수가 되는 것을 면할 수 없다. 세상도 같은 도리로 그것을 자극하고 비판하는 자가 없으면 부패(腐爛)한다. 사회주의는 일종의 방부제로 볼 때는 박멸해야 하는 것이 아니라 개선해야 하는 것이다.

16. 사회개혁

사회개혁의 원칙으로 종래의 두 가지 법이 있다. 하나는 온화 보수이며, 다른 하나는 과격 파괴이다. 아마도 종래의 사회제도에서는 사회가 부패와 폐퇴廢頹의 극에 달하는 경우에 파괴는 유일한 활로였기 때문에 한때는 참으로 필요한 것이었다. 근래 [메이지]유신을 보자. 이혁신이 없었다면 오늘날의 일본이 있었을지 의심스럽다. 그러나 오늘날에는 이미 파괴주의, 혁명주의가 필요하다고 보지 않게 되었다. 이는 아마도 입헌정치의 결과다. 왜냐하면 국민은 여론을 만들고 그것을 의회가 정당하게 대표하면, 의회의 의지는 국가의 의지가 되기 때문에 민의는 충분히 철저하게 지켜지므로 대혁명도 하려고 생각하면 바로 할 수 있다. 파괴와 폭력을 이용하는 것은 어리석음의 극치이다. 헌법상에 개혁의 여지가 있다면 혁명은 필요 없다. 일본의 현재는 아직 입헌정치가 확립되었다고는 할 수 없지만, 개혁의 길이 열려 있다. 전차 방화 사건〔電車燒打事件〕[21]이나 아시오 폭동 사건〔足尾暴動事件〕[22]은 그 목적에서 멀어지는 행위여서 스스로를 속박하는 것이나 다름없다.

통상 혁명과 개혁을 혼동하는 바보가 있기 때문에 그 차이를 명확하게 해야 한다. (1) 전자는 헌법을 파괴하고 법률을 무시하여 혁신

---

21 이 사건은 1906년 3월 1일, 당시 도쿄 시내에 노면전차路面電車를 운행하고 있던 도쿄전차철도東京電車鉄道, 도쿄시가철도東京市街鉄道, 도쿄전기철도東京電気鉄道 3사가 운임을 3전錢에서 일제히 5전으로 올리려 하자, 여기에 반대하여 3월 15일에 반대 집회 후에 참가자가 폭도화하여 전차를 불태운 사건이다. 3사가 이를 취소하면서 운동이 마무리되었다.

22 이 사건은 1907년 2월 4일부터 2월 7일까지 아시오 동산足尾銅山의 광부들이 대우 개선을 외치며 광산 시설 등을 파괴, 방화한 사건으로, 아시오 동산 폭동 사건足尾銅山暴動事件이라고도 한다.

을 계획하는 것으로, 통상 수단으로 폭력에 호소한다. 그리고 인민으로부터 하는 것을 혁명이라고 하고, 정부로부터 하는 것을 쿠데타라고 한다. (2) 후자는 헌법 및 법률을 유지하고, 그 범위 안에서 개선을 수행하는 것으로, 입헌정치하에서는 용이하게 개선을 볼 수 있으므로 혁명의 필요가 없다. 사회 개선의 수단으로서 사회주의가 있다. 그러나 전술한 것처럼 아직 이론상 미정의 문제로 사회주의자 각자가 동일한 명목으로 다른 내용을 가지고 있다. 집으로 비교하면 가옥은 이미 어쩔수 없으므로 이것을 파괴해야 한다는 요구를 하는 것이 사회주의이고 어떻게 어떠한 집을 세워야 하는가는 미정이다. 사회주의는 단지 희망이자 이상에 그친다. 사회주의가 말하는 것처럼 완전한 공유제는 있을수 있는 것이 아니다. 공유제와 사유제가 조화하는 곳에 완전한 협동생활이 있다. 협동생활에서는 모든 사물을 사유로 하자는 것은 불가능한 일이라고 말하고 있다. 도로와 같은 것을 보면 도저히 사유하는 것은 가능하지 않다. 또 그 반대로 모든 사물을 공유하고자 하는 것 또한 불가능하다. 의류도 공유, 식료도 공유라는 것이 어떻게 가능한가? 좋은 공유라 해도 사용할 때는 이미 사유가 아닌가? 따라서 사유라고 해서 절대로 나쁘다는 것은 아니고, 공유라고 해서 절대로 좋은 것도 아니다. 요는 어느 쪽이 사회의 큰 이익이 되고, 어느 쪽이 사회의 큰 해가 되는가를 판단의 근본에 두어야 한다. 우편, 전신 등과 같은 것을 생각해 봐도 알 수가 있다. 사회상의 선악은 그 결과의 이해득실에 의해 비로소 정할 수 있다.

현 제도의 약점은 어디에 있는가? (가) 사유제라는 것이 사회의 해독이 되는 경향이 있다는 점이다. (나) 박애, 자선의 결과가 유쾌하지 않은 것이 많다는 점이다. 이것을 근본적으로 개선하는 방법은 무엇인가? 각자는 인격의 가치를 인정하고, 또 다른 인격을 존중할 것. 끝없이 인격의 위엄을 인정하고 어떠한 사람이라도 인간으로 취급하는 것이다. 노동자에 대해서도 정당하게 만족하는 보수를 주고, 장래의 희망을 주며, 기계 보듯 하지 않고, 동포의 한 사람, 인격 있는 한 사람으로 대우하는 것이다. 이렇게 비로소 사회혁명은 이루어질 수 있다.

마지막에 즈음하여, 청년이 사회주의에 대한 태동에 대해 말할 필요가 있다. 광열을 피해서 가능한 비판의 태도로 과학을 대하는 것처럼 냉정하게 깊이 연구해야 한다. 경솔한 생각으로 믿어서는 안 된다. 연구하면 현대의 약점을 알 수 있어서, 사회개혁의 초석을 놓을 수 있다.

또 정부든 일반 사회든 사회주의에 대해서 너무 냉정하게 대하는 것은 책략이라 생각할 수 없다. 반대주의자의 충고와 비판도 가능한 경청하는 것이 이에 처하는 방법이라고 생각한다. 현대를 구제하고자 일으키는 것이기 때문에 이면의 진리가 있다는 것을 의심할 수 없다. 만약 냉정하게 대우했다면 그 주의자의 신앙은 점점 굳건해진다. 굳은 신앙은 자주 오류가 있더라도 사람을 움직인다. 때문에 되도록 그 요구를 받아들여 장점을 취하고 단점을 버려야 한다.

(번역: 유지아)

제3부

중국의 초기 니체 수용

진화론 혁명론자 키드의 학설

梁啓超, 〈進化論革命者詰德之學說〉,《新民總報》18號, 1902. 10. 16.;
《飲氷室合集》文集12, 廣智書局, 1907, p. 79.

량치차오[1]

　　20세기의 세상이 열리고 1년 정도 지나, 학계에서 명사들의 저서 중에서도 대작이 미친 공헌이 정말 적지 않다. 그중에서 홀로 하나의 학파를 형성하여 세계인 모두에게 큰 빛을 제시해준 것이 바로 영국의 키드Benjamin Kidd 선생이 올해 4월 출판한 《서양 문명의 원리》[2]라는

1　량치차오梁啓超(1873~1929)는 자는 탁여卓如, 임포任甫이며, 호는 임공任公, 음빙실주인飲氷室主人, 애시객哀時客, 중국의 신민[中國之新民], 자유재주인自由齋主人 등이다. 스승인 캉유웨이康有爲와 유신변법운동을 일으켰다 실패하여 일본에 망명했다. 이후 중국의 체제 변혁을 위해 《청의보》,《신민총보》등 잡지를 창립하여 서구 사상을 적극적으로 선전했다. 니체도 량치차오에 의해 중국에 처음으로 소개되었다. 이후 신문화운동 시기 '니체열尼采熱'이라고 불릴 정도로 니체 사상이 유행하게 된 출발점을 제공한 셈이다. 신해혁명 이후 중국에 돌아온 량치차오는 위안스카이袁世凱 정부에서 사법총장을 역임하기도 했으나, 위안스카이의 복벽사건 이후 사임하고 신문화운동과 교육에 전념했다. 평생을 중국과 중국인의 변혁을 위해 일했다고 해도 과언이 아니다. 량치차오는 극단적 개인주의라고 니체를 평가했으나, 아이러니하게도 사상적으로는 유럽의 병폐를 고치고자 한 니체와 연관성을 지닌다. 주요 저서로는 《신민설》,《음빙실문집·전집》,《중국근삼백년학술사》등이 있다.

2　Benjamin Kidd, *Principles of Western Civilisation*, Lodon: Macmillan and

책이다.

키드는 누구인가. 진화론의 맥을 이은 거두이고 또한 진화론 혁명의 건아다. 종의 기원설이 세상에 나온 이후 전 세계 사상계에서 과학의 일대 변혁이 일어났을 뿐만 아니라, 역사학, 정치학, 경제학, 사회학, 종교학, 윤리도덕학 어느 것이나 그 영향을 받지 않은 분야가 없다. 스펜서斯賓塞[3]로부터 전체적으로 방대하고 심오한 현상이 일관된 법칙을 가지고 하나의 체계적인 학문으로 만들어졌으니 대단하다. 최근 40여 년의 천하는 진화론의 천하다. 유물주의唯物主義가 성행하고 유심주의唯心主義는 주변 과학(이것은 협의의 과학, 즉 중국의 소위 격치格致에 해당한다)으로 축소되었고, 종교도 거의 빈사 상태에서 벗어날 수 없었다. 진화론은 실로 수천 년의 옛 학문을 뿌리째 갈아엎어 새롭게 했다.

진화론의 공은 세계 지식인들 누구나 인정하는 것이다. 스펜서의 실험적 예지로 철학을 종합해, 생물학 원리를 인류의 원리로 삼았고, 그것이 인류 미래의 진화에 대한 것이라고 하지만, 어떤 경로를 통해 어떻게 귀결되는지 분명하게 설명할 수는 없다. 그러나 세계 최대의 문제는 허황되고 가벼운 것은 아니다. 그러므로 마르크스麥喀士(독일 사회주의의 태두)는 그것을 조소하며 다음과 같이 말했다. "금세기 학자는 과학으로 종교를 파괴하고, 인류가 하등동물로부터 인류의 최고 단계로 진화했다고 한다. 그렇다면 그 변화의 법칙으로 인류가 가장 진화된 계급인가? 아니면 앞으로 인류보다 상위에 진화된 계급이 생길 것인가?

Co; New York: The Macmilan Company, 1902.
3 Herbert Spencer, 1820~1903.

그것은 답할 수 없다." 헉슬리赫胥黎[4]도 다음과 같이 말했다. "스펜서 무리는 개인주의와 사회주의를 주장한다. 그러나 이 양자는 본래 병존할수 없다. 갑이 흥하면 을은 무너지고, 을이 흥하면 갑이 무너진다. 그러므로 스펜서는 열심히 반박하지만, 그 설은 결국 서로 상쇄되어 존재할수 없다." 이것은 과격한 말이기는 하지만, 참으로 적절한 주장이다. 마르크스와 헉슬리는 사람들을 곤혹스럽게 했지만, 그 곤혹스러움을 해소해주지는 못했다. 그런데 키드의 학문적 성취는 한층 더 진일보한 것이다. 키드가 1894년에 출간한 첫 저작의 제목은 《사회진화론Social Evolution》이고, 이로써 곤혹스러움을 해소했다.

키드는 사람은 다른 종의 동물과 마찬가지로 경쟁 없이 진보할 수없다고 생각했다. 개인과 개인의 경쟁, 인종과 인종이 경쟁한 결과, 열등하여 패배한 자가 멸망하고 적자適者가 번식한다고 생각했다. 이것은 변하지 않는 공례公例이다. 이러한 진화 운동은 개인을 사회(人群)의 이익을 위해 희생하도록 할 수밖에 없고, 현재를 미래를 위해 희생하도록 할 수밖에 없다. 그러므로 현재의 이기심을 가지고 진화론을 거짓으로 이용하는 것은 진화론의 죄인이다. 왜 현재의 이기심과 진화의 대법칙은 서로 관계가 없을까. 서로 관계가 없는 것이 아니라, 서로 용인하지 못하는 것이다. 그러므로 현재의 이기심은 "천연성天然性"이라고 불린다. 키드는 천연성이란 인성 중에서도 가장 "개인적"이며 "비사회적"이며 "비진화적"인 것이라고 여겼다. 또한 그것은 인류 전체의 영원한 진보에 무익할 뿐만 아니라 해롭다고 여겼다.

키드는 인류의 진보를 위해 반드시 절제(節性)를 최고의 뜻으로

---

4 Thomas Henry Huxley, 1825~1895.

삼아야 한다고 생각했다. 절제는 무엇인가. 종교는 천연성의 제재라고 여겨지는 것이 그것이다. 만약 사회가 진화를 원한다면, 반드시 이 제재를 받아들이지 않을 수 없다. 종교란 자연적 본성의 반대자이기도 하고 보조자이기도 하다. 항상 종교는 인류의 나쁜 자연적 성질과 함께 싸워왔다. 그리고 난 후에 사회가 결합하여 진보가 이루어졌다. 그러므로 개인의 현재 이익을 희생해 사회 전체의 이익을 도모해야 한다고 말하지 않은 종교가는 없는 것이다. 종교의 중요성은 오직 이 점에 있다.

키드는 사회의 진화는 생물 진화의 공례를 그 기초로 하지 않을 수 없으므로, 다윈의 학설을 전제로 삼았다. 다윈의 학설의 근본 사상은 두 가지이다.

첫째, 모든 생물은 비상한 번식력을 가지고 있다. 어떤 생물이든 일단 생식을 하려는 것을 어떤 식으로든 막을 수 없다. 즉 암컷과 수컷이 낳은 자손이 지구를 가득 채울 때까지 계속된다. 이러한 번식력으로 기하급수적으로 그 수가 늘어나게 된다.

둘째, 무릇 모든 생물은 환경에 적응해야 생존할 수 있다. 그러므로 환경에 적응해 변화한다. 그 변화의 결과는 곧 자손에게 유전되고, 변하는 것은 외형만이 아니다. 즉 내부의 기관 또한 그렇다. 즉 심리의 기능도 그렇다.

그러므로 그 두 가지로 자연도태의 법칙이 도출된다. 생물은 번식력으로 생존할 수 있지만, 태어난 것이 너무 많아져 경쟁할 수밖에 없게 된다. 경쟁의 결과 대부분 멸종되고, 생존하는 것은 일부에 불과하다. 경쟁할 때 각 생물은 모두 스스로 변화의 능력을 갖추게 된다. 그 변화는 비록 작지만 우선 환경에 적응하는 것을 위주로 한다. 그러므로 우수하여 적응한 자만이 홀로 살아남아 자신의 종을 남긴다. 모든 생물은 이러한 법칙에 따른다. 헤아릴 수 없이 오래전부터 지금까지 거친 환경이 수없이 다양하다. 그렇게 신체의 조직, 마음의 기능 또한 이에 따라 매일 복잡해진다. 한마디로 모든 생물은 외계의 영향을 받으며 현재의 형태를 계속해서 바꾼다.

이것이 실은 다윈 학설의 대강이다. 수천 년의 옛 사상이 뿌리부터 바뀌고 사라졌다. 과학계와 철학계에 대혁명이 일어났다. 하지만 다윈의 적자생존이란 현재 개인의 이익 또는 종족 다수의 이익을 말하는 것일 뿐이다. 다윈은 다음과 같이 말했다. "어떤 종류의 생물이라도 반드시 그 상태를 자신에게 이롭게 바꾸어야 생존할 수 있다." 키드는 다윈 진화론의 핵심이 여기에 있다고 생각했다. 그것이 원만하지 않은 것도 이 점에 있다고 보았다. 키드는 자연도태의 목적이 동족 중 최대 다수가 생존에 가장 적합하게 되어 최대 다수의 행복을 얻도록 하는 것이며, 그 목적이 현재가 아니라 미래에 있다고 보았다. 그러므로 각 개체의 이익과 현재 전체의 이익은 모두 장래 이러한 목적을 달성하기 위해 희생될 수밖에 없다고 보았다. 따라서 현재 반드시 죽는다는 이치(理)와 현재 사라지고 난 후 사회가 진화한다는 의(義)가 발전한다. 이에 더 말하기를, 보통 사람들의 식견으로는 가장 욕심이 많은 자는 살고 장수하며, 가장 나쁜 자는 죽고 요절한다. 그러나 죽는 것이나 요절하는 것은 진화의 작용과 큰 관계가 있다. 왜 그런가. 고등생물과 하등생물의 구별은 세상에 얼마나 오래 머무는가의 차이가 아니라 번식의 장단과 범위의 차이에 있다(만약 세상에 오래 머문 것으로 높고 낮음(高下)을 따진다면, 인류보다 오래 산 것들이 많다). 고등생물은 그 수명이 길어질 수밖에 없다. 종종 고등동물이 될수록 수명이 더 짧아지기도 한다. 종족이 발달하는 이유는 어떤 경우에는 장수이고, 어떤 경우에는 또한 단명이기 때문이다. 외부 환경의 변화에 직면하여 단명해야만 적응할 수도 있다. 왜 그런가. 단명해야만 교체하는 일이 여러 차례 생긴다. 그래야 그 습관, 그 상태, 그 성질 등의 변화가 더 빨라져서 시대에 맞게 스스로 살아남을 수 있다. 그렇지 않고, 장수해 옛 형태를 보존하고, 변화를 최대한 늦추어 외계의 환경을 따라잡지 못하면 그 경쟁에서 반드시 패배하고 점차 소멸할 수 있다. 사물에 생명이 있으면, 그 목적은 반드시 자신에게 있는 것이 아니라 단지 큰 목적을 달성하는 (즉 미래의 전체) 과정일 뿐이다. 죽는 것도 또한 이 큰 목적을 달성하기 위한 것이다. 그러므로 죽음은 진화의 큰 흐름이다.

키드는 진화하지 않는 것은 없다고 생각했다. 단순한 하등생물은 단세포가 모여 이루어진 것이다. 그러므로 그 하나의 생물체는 갑자기 하나가 둘이 된다. 더 분리되어 네 개가 된다. 분열하고 분열하며 번식해 수만 개가 되어 결국 죽지 않는다. 이것을 무한한 생명이라 할 수 있다. 고등 진화생물은 그렇지 않다. 그 종족은 모두 평균적으로 일정한 수명을 갖고 있고 죽지 않을 수 없다. 이것을 유한한 생명이라 부를 수 있다. 오늘날 고등생물은 다른 고등생물과 서로 경쟁한다. 그러나 생명이 무한해지면 타 종족의 계속된 교대자와 자손 모두 여러 번 변화하고 환경에 적응하는 자격을 갖는다. 내가 옛 형태를 가지고 경쟁하면 그 종족은 패망한다. 발돋움하고 기다려봐야 죽는다. 진화의 어머니는 일생일대의 큰일이다. 사람은 누구나 죽어 종족을 이롭게 한다. 현재의 종족이 죽어 미래의 종족을 이롭게 한다. 죽음의 쓰임이 또한 위대하지 않은가. 미래를 위한 것은 죽음에서 시작된다. 또한 미래를 위한 것은 삶에서 시작된다. 단연코 그렇다.

죽음은 사람을 가장 곤혹스럽게 한다. 옛 기록에는 이렇게 쓰여 있다. "천지는 커도, 사람들은 걱정한다."5 사람이 태어나면 반드시 죽지 않을 수 없다. 이것이 보통 사람이 가장 안타깝게 여기는 점이다. 그러므로 예부터 종교가, 철학가는 죽음이라는 문제에 주안점을 두고 줄기차게 연구해왔다. 종합하자면, 어떤 이는 유가의 가르침은 죽어도 죽지 않는 자가 살아남는 것이라고 말한다. 죽지 않는다는 것은 무엇인가. 바로 이름이다. 그러므로 군자는 급하게 세상을 떠나도 이름을 세상에 알린다. 죽음은 태산보다 무겁고 깃털보다 가볍다고 한다. 해와 달과 빛을 겨루고, 초목과 같이 썩는다. 이것은 유가가 가장 높이 사는 것이다. 그것을 가르침으로 삼는다. 지기志氣를 격려하여 앞으로 나아가도록 이끈다. 그러나 중인 이상만 이끌 수 있고, 중인 이하는 이끌 수 없다. 안타까운 점이다. 이것이 하나다. 도가에는 세 가지 유파가 있다. 하나는 장자와 열자의 무리로, 삶과 죽음을 하나로 보고 마음에 담지 않았다. 그러므로 만물은 태어나면 죽고, 죽으면 태어난다고 말한다. 또한, "요절한 사람보다 오래 산 사람이 없고(莫壽於殤子), 팽조는 요절했다(而彭祖爲夭)"고 한다.6 그 가르침은 사람의 심지를 넓혀준다. 그러나 지나치게 운명에 맡긴 것이다. 운명에 맡기는 것은 사람을 방황하도록 하고 귀의할 곳이 없도록 한다. 이것이 그 두 번째다. 다음은 노자와 양주의 무리로, 죽으면 끝이니 차라리 즐겁게 사는 것이 낫다고 생각한다. 그러므로 태어나면 요堯와 순舜도 죽어 시체가 된다. 태어나면 걸桀

---

5 "天地之大也, 人猶有所憾." 《중용》에 나오는 문구다. '천지는 크지만, 사람들은 여전히 부족하다고 느낀다'는 의미이다.

6 《장자·제물론》에 나오는 내용으로, 팽조는 700살을 넘게 살았다고 알려진 전설 속의 인물이다.

과 주紂도 죽어 시체가 된다.[7] 시체가 되는 것은 똑같다. 누가 그 끝을 알겠는가? 그 가르침은 사람들이 세상에 염증을 느끼도록 하고, 멋대로 풍속을 해쳐 천하를 금수가 되도록 한다. 죄가 매우 크다. 이것이 세 번째다. 그다음은 신선파로, 사람은 본래 죽지 않을 수 있는 방도가 있다고 생각한다. 따라서 단약을 만들어 먹는다. 그 어리석음이 이루 말할 수 없다. 이것이 네 번째다. 여기까지는 모두 중국의 얘기다(묵자는 죽은 후에 상례를 간소화하라고 말했다). 그 밖에서는 이집트 옛 종교가 있다. 그들은 죽은 후에 육체를 보존하고자 했다. 따라서 미라를 만드는 사상은 무엇 때문인가? 확신할 수는 없지만 죽음을 두려워하여 죽고 싶지 않은 마음일 것이다. 이것이 다섯 번째다. 인도 브라만은 삶은 고통이고 죽음은 즐거움이라고 생각한다. 따라서 굶어 죽으려는 자도 있다. 뱀이나 호랑이에게 잡아먹혀 죽고자 하는 자도 있다. 수레 아래 누워 깔려 죽으려는 자도 있다. 염세주의가 매우 성행하여 인도人道가 거의 사라졌다. 이것이 여섯 번째다. 가톨릭은 불교의 일부를 받아들여, 천국을 상정하고 영혼을 중시한다. 그 법문에서 취할 수 있는 것은 최후 심판이다. 죽은 자가 다시 태어난다. 이것은 영혼과 형해形骸 사이에 있는 것 같다. 그 문제에 대한 해석이 아직 확실히 정해지지 않았다. 이것이 일곱 번째다. 불가의 학설이 마지막이다. 모든 중생은 태어나지도 죽지도 않는다. 멋대로 분별하여 나의 상(我相)이 생긴다. 나의 상이 남으면 생사의 바다에 떨어진다. 나의 상이 사라지면 법신法身이 남는다. 죽음은 두려할 필요도 즐거워할 필요도 없다. 거리낄 것도, 두려워할 것도,

---

7 요순은 고대 중국의 성인으로 알려진 요임금과 순임금을 가리키는 것이고, 걸과 주는 폭군으로 이름이 난 하나라의 걸임금과 상나라의 주임금을 말한다.

바랄 것도 없다. 모든 종교에서 가장 풀기 힘든 의문이다. 하나하나 풀어보면, 불교의 설이 최고이다. 그러나 중생의 근기根器가 아직 성숙하지 않아서, 받아들일 수 있는 자는 적다. 이것이 여덟 번째다. 여덟 학설의 종지는 각기 다르지만, 요약하면 모두 삶 속에서 죽음을 이야기하지만, 삶을 위해 죽음을 이야기하는 것이 아니다. 논하는 것은 죽은 후의 일이지, 죽기 전의 일이 아니다. 출세出世에 대한 것이지, 속세(世間)에 대한 것이 아니다. 종교가는 과학자들처럼 과학으로 죽음의 이치를 얘기하지 않는다. 원만하게 통달한 것이면서도 반박할 수 없는 것이 반드시 키드의 주장이라고 생각한다. 죽음이 사람을 힘들게 하는 것이 분명하다. 영웅호걸도 기개는 대단하지만, 한평생을 한 마디로 얘기할 수 없다. 실의에 빠지지 않는 경우가 드물다. 죽으면 철저하게 그 태도를 바꾼다. 이는 공덕이 다하지 못하는 이유다. 또한 군치群治가 발달하지 못하는 이유다. 모두 여기에서 비롯된다. 키드의 이런 주장이 죽음에 대한 최고의 설명은 아니지만, 태어나면 반드시 죽고, 실로 진화가 빠질 수 없는 요소라는 것을 알게 해준다. 사람은 누구나 마땅히 수행해야 하는 의무가 있다. 그것은 피할 수 없다. 그렇다면 그 관계가 중대한 것이 또한 다음과 같다. 누구나 죽고, 누구나 의무가 있다. 그것을 어찌 선택하겠는가? 어찌 두려워하겠는가? 어찌 의기소침해지겠는가? 이렇게 공자, 부처, 예수의 모든 대종교의 설을 함께 얘기하면, 이런 문제로 곤혹스러워지지 않고 세상이 나날이 발전할 수 있다. 키드가 진화론 혁명의 거자鉅子라고 할 수 있는 것은 이 때문이다.

키드는 또한 모든 사물에서 남성과 여성을 구별하는 것은 현재만을 위해서도, 생물 각각의 이익을 위해서도 아니라고 했다. 그것은 미래를 위해 시세時勢에 적응하고 그 변화의 효율을 높이기 위한 것이다.

두 가지 생물은 각각 그 특별한 환경을 거친다. 각자가 각자의 과거에 받은 특성을 발달시킨다. 그것으로 결합하고 조화를 이룬다. 함께 그 특성을 자식에게 전한다. 하나의 특성을 전한다면, 반드시 우수한 것을 전하기 마련이다. 두 사물의 특성을 결합하고 싶으면, 특성을 가진 세포를 결합시키지 않을 수 없다. 남녀의 일이 소중한 이유다. 생물이 태어나고 죽음에 이르는 과정에 체내의 세포도 수차례 변화한다. 그렇게 삶을 받아들이고, 조상이 전해준 각종 복잡한 특성을 전해 받아 성장하게 된다. 또한 외계에 영향을 받은 특성을 받아들여 오랜 특성에 더하고 함께 자손에게 공헌한다. 이렇게 종족은 나날이 진보한다. 그러나 사람이 살면서 수차례의 더위와 추위를 겪고 그 과정에서 체내 세포에 변화가 생긴다. 이것도 미래를 위한 것일 뿐이다.

자연도태는 미래를 목적으로 한다. 그러므로 생물은 완전히 미래를 위해 존재한다. 미래를 위해 공헌을 많이 하는 것이 고등생물이다. 반대가 하등생물이다. 미래를 위해 책임을 많이 지는 것은 고등생물이다. 반대가 하등생물이다. 미래를 위해 힘쓰는 자는 우수하여 승리한다. 미래를 위해 게을리한 자는 열등하여 패배한다. 동물 중 최하등동물이 알을 낳고 방임하고 돌보지 않는 것을 볼 수 있다. 그 알과 새끼의 대부분은 죽는다. 조금 진화한 조류는 알을 부화하고 그것을 기른다. 더 진화한 포유동물은 자식을 기르는 일이 훨씬 많다. 생물계에서 고등의 위치를 차지할수록 더 그렇다. 사람도 마찬가지다.

키드는 이런 의의를 진화론의 표준으로 삼았다. 진화와 퇴화로 당대의 학설을 주장했다. 그는 다음과 같이 말했다.

"진화의 의의는 미래를 만드는 것에 있다. 과거와 현재는 단지 거쳐야 하는 편리한 법문일 따름이다. 금세기의 정치학자와 사회학자들은 사람들이 미래보다 현재를 중시하는 것에 주목한다. 한탄할 만한 일이다. 사회이든 국가이든, 인민이든, 민권이든, 정당이든, 계급을 말하든, 그 이론의 형식도 다르고 결론도 다 다르지만, 그 근거는 근세 평민주의라는 새로운 사상이 주장하는 최대 다수의 최대 행복에 있다. 그것은 단지 현재 인류의 대다수를 기준으로 삼은 것일 뿐이다. 그 미래의 큰 이익과 현재 다수의 이익은 조화를 이룰 수 없다. 이것을 취하면 저것을 얻을 수 없으니, 고려할 것이 아니다. 예를 들면, 100년 전 프랑스대혁명에서 나온 사상부터 근세 독일 사회민주당의 학설까지 그 가장 핵심은 국가가 공중의 이익을 도모하는 기관의 하나일 뿐이라는 것이다. 프랑스혁명을 잉태한 칸트, 스피노자, 디드로, 달랑베르 모두 사회를 개인의 집합체로 보았다. 그러므로 개인의 이익을 목적으로 할 수밖에 없었다. 사회의 의무는 곧 당시 사회의 사람들을 조직하는 데 급급했다. 그 의의는 미래를 보존하는 것이 아니었다. 루소는 이것을 얘기하고 나아가 국가와 사회를 하나로 합해야 한다고 주장했다. 그래도 중요한 것은 또한 국가의 다수 인민의 이익이었고, 또한 미래를 보존하는 것은 아니었다. 영국의 평민주의를 처음으로 주장한 사람은 애덤 스미스斯密亞丹이다. 그가 지은 《국부론》은 민간산업의 정신을 발휘하여 항산恒産 제도를 만드는 것이다. 이는 과거의 습관을 버리고 현재의 이익을 도모하고자 했지만, 미래라는 문제에 대해서는 다루지 않았다. 영국의 평민주의는 스미스가 발기한 새로운 사상이다. 제러미 벤담(일본인들은 懊斯陳法이라고 부른다), 밀 경(존 밀의 아버지로 사람들은 큰 밀이라고 부른다), 멜서스와 리카도(두 사람 모두 경제학자로 스미스파의 거두다), 존 스튜어트 밀 등 현자들 모두 현재의 행복을 위주로 평민주의를 고취한 사람들이다. 벤담은 사회학의 이상이 한 사회의 이익을 증진시키는 것에 있고, 한 사회의 이익은 그 사회 내의 각각의 사람들의 이익을 합한 총계라고 생각했다. 모든 도덕은 이것을 근원으로 하고, 자신의 이익을 증가시킬 수 있는 것이 선행이다. 반대의 것은 악행이다. 이익을 위해 의무를 희생할 수 있지만, 의무를 위해 이익을 희생하는 것은 안 된다. 이와 같은 것을 세상은 쾌락주의라고 한다. 주의를 극단적으로 실현하는 것이다. (…) 이러한 사상은 존 스튜어트 밀을 거쳐 확대되고 발전한 후 미증유의 세력을 형성하여 영국인의 뇌리에 깊이 새겨졌다. 그러므로 근세 자유주의의 스승이라고 할 수 있다. 그러나 그 유폐는 있다. 실로 부정할 수 없는 것은 존 밀이 백가百家에 능통했다는 것이다. 천고에 깊고 넓은 이상을 알고 있는 점은 내가 크게 존경하는 점이다. 비록 그가 현재의 이익을 기초로 국가의 성립 이유를 논했지만, 사회의 진화와는 무관하다. 국가는 사회의 기관의 하나가 아니다. 밀의 뛰어난 식견으로는 진화의 법칙이 크게 작용하는 날에 태어나 현재를 사는 자는 현재가 아니라 미래를 위한 존재라는 것이라는 것에는 이르지 못했다. 이것은 현명한 사람의 단 하나의 오점이라고 하지 않을 수 없다. 스펜서는 진화철학으로 학계를 이끌었다. 그의 위대한 공은 참으로 넘어서기 힘들다. 그의 사회학의 이상 또한 밀과 같은 병폐를 피하지 못했다. 스펜서는 과거의 희생으로 현재가 만들어진다고 여러 차례 말하였으나, 현재를 희생하여 미래를 만든다고는 말하지 않았다. 다름이 아니라, 현재를 지나치게 중시한 것이다. 단점이라고 한다면 그는 현재 필멸의 이치에 관심을 두지 않았다. 비록 스펜서가 미래를 전부 잊은 것은 아니지만, 그는 사람의 진화는 현재의 이익과 과거의 제도가 서로 투쟁하여 승리한 결과이며, 또한 국가의 경계는 반드시 사라져야 하고, 세계는 반드시 대동해야 한다고 말하였다. 이것은 모두 그의 이상이 미래에까지 연관된 것이다. 그러나 그가 근거로 삼은 것은 여전히 현재이다. 그는 현재 국가 사상을 확대하여 인류 사회의 통일을 기대하였으나, 미래주의라고 부르기에는 부족하다. 그는 독일에서 유물론자, 국가주의자, 보수주의자, 사회주의자로 불린다. 요약하면 모두 현재주의를 기초로 삼은 것일 뿐이다. 오늘날 독일에서 가장 오래된 세력의 사상은 두 가지이다. 첫째는 마르크스의 사회주의다. 둘째는 니체의 개인주의다.(니체는 극단적 강권론자다. 그는 지난해에 정신병으로 죽었다. 그 세력이 전 유럽세계를 석권하여 19세기말의 신종교라고 불린다). 마르크스는 오늘날 사회의 폐단이 다수의 약자가 소수의 강자에게 억압당하는 것이라고 말했다. 니체는 오늘날 사회의 폐단이 소수의 뛰어난 자가 다수의 열등한 자들에 의해 제약을 받는 것이라고 말했다. 둘은 모두 나름의 근거를 갖고 이론을 말했지만, 그 목적은 모두 현재에 있지 미래에 살 사람들에 있지 않다."

키드는 여러 학설을 나열해 설명했다. 반박하기 어려운 이유를 다음과 같이 명확하게 말했다. "19세기는 평민주의의 시대다. 현재주의의 시대다. 생물진화론이 이미 발달하여 사상계가 일변하지 않을 수 없고, 이러한 유치한 이상의 오류를 감출 수 없지만, 질적으로 말하자면 현재는 미래의 희생이다. 만약 현재뿐이라고 한다면, 조금의 의미도 없고, 조금의 가치도 없다. 오직 미래를 위해 쓰인 후에야 비로소 현재가 의미를 갖고 가치를 갖는다. 무릇 모든 사회사상, 국가사상, 도덕사상은 모두 이것에 귀결되지 않을 수 없다." 이것은 참으로 키드 저작의 숨은 의미이다.

(번역: 김현주)

니체 씨의 교육관

王國維, 〈尼釆氏之教育觀〉,《教育世界》第71期, 1904. 3., pp.1~13.

왕궈웨이[1]

　　오호라! 19세기의 사조로 한 획을 그어 존경받고 평등을 귀히 여
겼으나, 자질구레하고 번거롭고 세세한 것에 붙잡히고 헛된 관습에 물
들어, 마침내 오늘날의 원기가 사라지고 천재가 사라지니, 세계와 인류
가 슬프게도 무미건조한 목석처럼 되었구나! 이에 홀연히 소매를 걷어

1　왕궈웨이王國維(1877~1927)는 자字가 정안靜安, 백우伯隅이며, 호는 예당禮堂, 관당
　觀堂, 영관永觀 등이다. 근대 중국에서 독일철학에 가장 정통했다는 평가를 받는 왕
　궈웨이는 칸트, 쇼펜하우어, 니체의 저작을 번역하여 중국에 소개했다. 왕궈웨이는
　일본 도쿄물리학교(현 도쿄이과대학)에서 수학하였을 때 니체의 글을 접했다. 그것
　은 이후 그의 철학, 미학, 윤리학 등의 형성에 큰 영향을 주었다. 왕궈웨이가 량치차
　오, 천옌커陳寅恪, 자오위엔런趙元任과 함께 '중국칭화대학의 4대 스승'으로 불릴 정
　도로 학술적으로 인정을 받았던 것은 칸트, 쇼펜하우어, 니체의 사상과 중국의 전통
　사상을 결합하여 자신만의 독자적 경지를 이루었기 때문이다. 그로 인해 그는 '국
　학대사'로 불렸고, 동양과 서양, 전통과 현대를 융합시킨 중국근대의 대표적 인물로
　평가받았다. 주요 저서로는《인간사人間詞》,《인간사화人間詞話》,《정안문집靜安文
　集》등이 있다. 국내에는《정안 문집》(류창교 옮김, 지식을만드는지식, 2014)으로 소개
　되었다.

붙이고 큰소리를 외치며 현대 문명을 파괴하고, 가장 참신하고 활발하고 자연에 맞는 신문화를 주장하여, 세상 사람들을 놀라게 하고 학계를 흔든 이는 누구인가? 바로 프리드리히 니체이다. 낡은 것을 지키려는 무리는 현대의 문화를 소중하게 여기므로, 그를 미친 사람이라고, 악마라고 비난했다. 새로움을 말하는 자들은 현대의 문화에 만족하지 못하므로, 그를 위인이라고, 천재라고 한다. 비방과 칭찬의 소리가 오랫동안 논단에서 오고 갔다. 요약하자면, 오늘날 유럽의 문예와 학술부터 아래로 인민의 생활에 이르기까지, 니체의 영향을 받지 않은 것이 없다고 해도 과언이 아니다. 니체의 교육사상에 대해서는 더 말할 것이 없다. 이 글은 허네이赫奈[2]가 지은 것을 자구를 수정하여 서술한 글이다. 교육을 말하는 자라면, 듣고 싶어 할 것인가?

학계에서의 니체의 위치

니체는 보통 참신斬新이라는 단어를 잘 사용했고, 더불어 유려한 문장으로 기발하고 필적할 수 없는 철학사상을 발표했다. 그러므로 세상 사람들은 그를 철학자로 여기기도 하고, 문학가로 여기기도 한다. 하지만 니체는 학자나 문인들과 동일시할 수 없고, 참으로 하늘을 놀라게 하고 땅을 흔든, 고금을 통틀어 가장 성실하고 가장 열정적인 예언자다! 니체의 사상은 성현을 계승했다고 할 수 있으면서도, 또한 스

---

2 니체가 칭송했던 독일 시인 하인리히 하이네Heinrich Heine(1797~1856)와는 다른 하인리히 하이네로, 다음 글을 쓴 인물이 아닐까 추정된다. Heinrich Heine, *Nietzsche als Pädagoge Neue Bahnen 13*, Leipzig, 1902, pp. 207~287, 329~343.

스로 깨달았다고 할 수도 있다. 그 체계가 명확하지 않고, 그 조직도 또한 정연하지 않다. 그러나 생각의 고상함으로 말하자면 진정한 사색가라고 할 수 있다. 문필의 아름다움으로 말하자면 예술가라고 해도 손색이 없다. 니체의 사상은 언제나 하나의 문제를 중심으로 이루어져 있다. 그것은 다음과 같다. "근대의 문화를 어떻게 바꾸어야 하는가?" 또한 "근대의 인류를 어떻게 교육해야 하는가?" 니체는 이러한 문제를 해결하는 것이 철학자의 임무라고 생각했다. 철학자는 곧 문화의 명령자이고, 입법자이며, 미래의 지도자다. 그러므로 비평가들은 그를 문화 철학자라고도 한다. 하지만 사람의 일체의 문화를 얘기하자면 교육을 얘기하지 않을 수 없다. 그러므로 니체의 사상은 교육 문제와 언제나 밀접한 관련이 있다. 그 논저가 다른 철학자들과 비교하면 교육을 포괄하는 것이 많다. 이런 점을 가지고 얘기하자면, 니체를 "교육 철학자"라고 해도 무방하다.

교화의 범위

니체는 교화Bildung[3]가 모든 사람에게 해당하지 않고 한두 명의 천재나 탁월한 인물에 해당한다고 보았다. 그러므로 다음과 같이 말했다: 소수의 위인은 높고 먼 곳에서 뭇사람을 다스린다. 그러나 이들 뭇사람은 충실과 복종으로 위인의 명령에 고개 숙여 따른다. 이것이 곧

---

3 여기에서 사용하는 교화란 독일어 'Bildung'의 번역이다. 이 단어는 'bilden', 즉 '형성하다', '만들다'라는 동사형에서 온 것으로, 본래 전인적 인간 형성 문제, 즉 '교육'이나 '교양'을 뜻하는 것이다.

지식계에서의 자연스런 계급이고 신성한 질서다. 이것을 일반 국민교육의 의로 삼는 것은 니체를 이해하지 못한 것이다. 그는 세상의 국민교육은 다수가 강요한 초등교육을 의미한다. 그는 다음과 같이 말했다: 국민이 진정한 종교적 본성을 함양하도록 하면, 그 도덕과 법률의 향토 언어를 보존할 수 있고, 그 예가 지역이며, 오직 파괴적 힘만으로 그것을 이룰 수 있다. 그러나 국민교육이란 반대로 파괴의 힘을 막고, 그로써 국민의 무의식 상태를 유지한다.

신자연주의

옛 아랍인 이븐 투파일[4]이 일찍이 자연교육주의를 제창했고, 그후 코메니우스[5]가 자연작용의 교수법을 이어받아 더 발전시켰다. 그러

---

4 이븐 투파일Ibn Ṭufail(1105~1185)은 12세기 아랍의 작가이자 철학자이며 신학자이고, 의사, 천문학자, 정치 고문이었다. 그의 철학소설《살아 있네, 깨어있는 자의 아들이여Ḥayy bin Yaqẓān》은 다른 사람들과 관계하지 않은 채, 이성적 탐구를 통해 홀로 궁극적 진리를 찾으며 고독한 섬에서 사는 자기관계적 야생인간의 이야기를 그려내고 있다. 이 아랍 소설은 1671년 라틴어로《스스로 배우는 철학자Philosophus Autodidactus》라는 제목으로 번역됐고, 17세기와 18세기 서유럽에서 가장 영향력 있는 베스트셀러가 되었다. 이 책은 유럽 근대사상의 발달에 영향을 미치며, 과학혁명과 서양의 계몽주의를 예고했던 가장 중요한 책들 가운데 하나로 평가됐다. 이 소설에서 다루어진 사상들은 홉스, 로크, 뉴턴, 칸트의 저서에서 다양한 형태로 변형되며 다루어졌다.

5 코메니우스Iohannes Amos Comenius(1592~1670, 체코어로는 얀 아모스 코멘스키Jan Amos Komenský)는 체코의 철학자이자 신학자, 교육자이며 종교개혁자다. 그는 근대 교육학의 선구자로 유럽의 교육 제도를 바꾸는 데 앞장섰고, 세계를 하나의 조화체로 보며 종교적 교육을 통해 세계 평화를 추구했으며, 통합적 지식과 감각적 경험을 중시하는 교육사상을 피력했다.

나 그 식견이 뛰어나고, 의리義理가 독특하여, 시대의 병폐를 통렬하게 비판하고, 세상 사람들을 놀라게 하기에 충분한 것으로 루소의 자연교육론만한 것이 없다. 니체 또한 자유주의자로서, 그 표현이 새롭고 문장이 격동적으로 19세기 말 제2의 루소라고 부른다고 해서 안 될 것은 없다. 니체는 오늘날의 문화가 이로운 것이 없고, 자연을 혼란스럽게 할 뿐이라고 했다. 그 의견은 루소와 같다. 그러나 니체가 말한 자연 상태는 루소와는 상반된 것이다. 루소는 계급사회의 폐단을 싫어하고, 당시 압제의 고통을 가련하게 여겼으므로 늘 제재가 없는 평등과 자유를 마음에 두었고, 인류의 자연 상태에서는 모두 평등하고 자유로우며 귀천의 구별이 없고 빈부의 구별이 없다고 생각했다. 그러므로 그 교육주의도 무엇보다 자연에 가까웠다. 니체가 말하는 자연 상태는 절대 평등한 것이 아니다. 그는 대지 위에 오직 소수의 군주Herren와 다수의 노예Kneehte의 삶이 있을 뿐이다. 양자는 근본적으로 차이가 있고, 그 차이는 넘어설 수 없을 정도로 크며, 계급의 차이뿐만이 아니라 종의 차이도 있다고 말했다. 루소는 평등 상태를 유쾌하고 행복한 상태로 여겼지만, 니체는 자연 상태를 군주와 노예의 투쟁 상태라고 여겼다. 루소는 완전히 행복한 인류를 말했고, 근세에 어느 정도 개화가 이루어졌지만, 후에 타락했다고 생각했다. 니체 또한 오늘날의 문화를 얘기하였지만, 반대로 인간은 자연 상태를 벗어나고자 노력했고, 인류가 멋대로 도모해 그 일이 모두 실패로 돌아갔다고 생각했다. 그는 다음과 같이 말했다: 너희들은 왜 현대문화를 버리지 않는가! 큰 착오만 없다면, 자연으로 회귀해 가장 고상하고 가장 자유롭고 가장 효과적인 자연 상태에 이를 수 있다.

자연인Der Naturmensch

그러나 니체가 말하는 자연 상태의 인류는 어떤 특징을 갖고 있는 가? 니체는 그들이 가혹하고 맹렬하며 권력을 좋아하고 힘을 숭상하며 그 본성이 맹독을 가진 금수에 더 가깝다고 생각했다. 그러나 싸움을 좋아하는 성격으로 인해 늘 위로 향하려는 삶을 추구하고, 그로써 그 활력을 유지한다. 일단 저항의 본능이 사라지면 반드시 일반적으로 활력이 쇠퇴하게 된다. 위로 향하려는[向上] 삶의 본능과 하늘이 인간에게 준 것은 결코 원시 상태에 멈추지 않고 그 상태로 돌아가지도 못한다. 그러나 니체가 자연주의라고 말한 것은 일체의 개화를 파괴하고자 하는 것이 아니라 태고의 야만사회를 오늘날에 재현하려는 것으로, 특히 자연인의 근본 문제, 강인한 특성을 추구하여 인류의 새로운 성상性狀을 이끌어내고, 자연의 가치를 더 단련해 정신적인 것으로 발전시키고, 그리하여 인류의 모형을 향상하려는 것이다. 그러므로 니체가 자연으로 돌아가자고 한 말은 강건함을 회복하려고 한 것이다! 활기차라! 왕성하라! 덕의德義의 뜻이 바로 그렇다. 또한 오늘날 인류의 내부에 원시적 활력이 남아 있다면, 옛 문화에 의해 물들고 사라지지 않고 아직 자연 상태의 흔적이 남아 있다면, 반드시 신문화로의 발인을 시작해야 한다. 쉽게 말하자면, 개인과 개인의 구별, 군주와 노예의 구별이 더 확대되고 두드러지도록 해야 한다. 만약 이러한 구별을 없애려고 노력한다면, 즉 근대의 평등설은 모두 고대문화의 산물로 인류를 심연으로 떨어뜨릴 것이다.

신문화국

니체의 신문화국에는 반드시 두 가지 전혀 다른 인류 모델이 있다. 첫째, 소수의 위인(군주)이다. 그들의 특성은 자존, 모험, 용감, 이기利己에 있고, 또한 강건한 신앙을 가지고 우주의 어떤 사물이 반드시 타물에 속하지 않는다고 믿으며, 타물을 위해 그 스스로를 희생할 수 없고, 그러므로 오직 자신이 있음을 알고 타인이 있음을 알지 못하며, 위인이 다수를 지배하는 것이 당연하고, 의가 바로잡히는 것이며, 보상의 본능이나 인자의 개념과 무관하다. 사회라는 것은 사회를 위해 존재하는 것이 아니라, 두세 명의 위인이 사업을 발양하는 무대이다. 니체는 이들 위인에 대해 기대가 매우 컸다. 그는 다음과 같이 말했다: 미래를 위해 씨를 뿌린다면, 그 사람이 오지 않을 리 없다. 니체는 또한 이러한 위인들 속에는 나아가 고상하고 특별한 인물이 있으며, 이름을 붙일 수는 없지만, 이름을 붙인다면 "초인Übermensch"이라고 할 수 있다고 했다. "초인"이라는 신조어는 니체가 창조한 것이 아니라 괴테가 시에서 쓴 것으로, 니체의 적극적인 창도에 의해 비로소 사람들에게 회자된 것이다. 니체는 세상 사람들에게 상제를 믿지 말고 초인을 믿으라고 경고했다. 그는 다음과 같이 말했다: 상제는 죽은 자다. 우리는 이 초인의 생존을 바라는 것이 맞다. 또한 그는 말했다: 초인이 위에 있고, 짐승은 아래 있다. 인류는 이 두 가지를 잇는 밧줄이다.

니체는 또한 다수를 수인獸人(무리인간, Herdenmensch)이라고 불렀다. 이들 수인은 세 가지 관계로 고찰할 수 있는 가치를 갖는다. 첫째, 수인은 위인의 교본이다. 둘째, 위인의 거울이다. 셋째, 위인이 사용하는 도구다. 니체는 국민도 이렇게 생각했다. 즉 국민이 오늘날의 사회문제, 노동문제에 있어서 어떤 생각을 하고 있는가는 어렵지 않게 알

수 있다. 니체는 말했다: 세상 사람들이 비루한 인물들에 대해 교양을
더해 고등 계급으로 나아가도록 하고자 하는데, 과연 왜 그런가? 그들
이 이성을 가지고 정성스럽게 가르치지만, 이로울 게 없는 것은 어째서
인가! 노동자에게 군사교육을 하거나 선거권을 부여해서 효과를 본 적
이 있는가? 니체는 또한 평민정치는 정치에 해로울 뿐만 아니라 인류
를 타락시키며 위인의 탄생을 막는다고 말했다. 그는 다음과 같이 말했
다: 세상에는 사회에 가축 무리가 있지만, 목자가 없으면 반드시 행복
을 얻을 수 있다는 말이 있는데, 이것은 잘못된 말이다. 사회에는 큰 차
등이 있고, 그것으로 사회라는 큰 절(大刹)의 질서가 잡힌다. 또한 니체
는 인류의 행위를 판정하는 것에 대해 또한 자신만의 견해를 갖고 있
었다. 그는 두 가지 종류의 다른 인류가 있다고 생각했다. 즉 두 가지 도
덕과 두 가지 종교가 있다. 두 가지 도덕이란 무엇인가? 군주[주인]도
덕Herrenmoral과 노예도덕Sklavenmoral이다. 두 가지 종교란 무엇인
가? 하나는 다스리는 자의 편의를 위한 것으로 다스림을 행하는 자의
저항을 없애고 그들을 지배하려는 종교다. 다른 하나는 지배를 받는 자
들이 지배하는 자에게 충성을 하도록 하고 그 지위에 만족하고 마음을
유쾌하게 하며 고락을 함께 하도록 하는 종교다.

신교화Die Neue Bildung

니체의 관찰에 따르면 국민은 다음과 같다. 즉 그들은 교화를 누
리는 것이 군주의 특권이며, 스스로 마땅히 가져야 하는 의義라고 말한
다. 니체는 일체의 문화는 위인만을 위해 존재하는 것이 아니며, 또한
위인을 위해 만들어진 것도 아니라고 말한다. 위인의 영향은 국민의 종

교, 도덕, 법률에까지 영향을 미치며, 군중이 그것을 숭배하도록 한다. 그러나 오늘날의 교화는 인류를 잘못된 길로 인도하고 있으며, 개량이 아니라 악화시키고 있다: 그러므로 심성이 강한 수인은 쫓겨나고, 유약하고 무능하여 가축에 가까워졌고, 다수 자연인을 지배하여 타락시켜 현대에 이르렀다. 니체의 주장으로는 소크라테스, 플라톤 등은 참으로 그리스 국민 퇴화의 모델이고, 그리스 문화를 부패시킨 대표자들이다. 그는 다음과 같이 말하였다: 범죄학자는 죄인의 모습이 괴상하고 추하다고 하는데, 소크라테스의 모습이 괴상하고 추한 것과 같다. 그러므로 그들은 실은 하등사회의 인물이다.

니체는 또한 예수교[크리스트교]를 비난하며 다음과 같이 말했다: 인류는 시대를 불문하고, 언제나 인류를 개량시키고자 하지만, 개량이라는 이름으로 오히려 인류의 본성 천 가지를 들추고 수만 가지를 들춰냈지만, 오히려 그것을 잊었다. 예수교 이래 그런 일은 더욱 심해졌다. 강건하고 맹렬한 자연의 수인들을 쫓아내고 그들을 기르고 훈련하면서 개량이며 진화라고 불렀는데, 어찌 웃지 않을 수 있겠는가! 또 그렇다고 한다면, 동물을 우리에 가두고 공포를 심어주고 배고픔으로 몰아세워, 그들이 숨이 차도록 하고 시들어 유약하게 하고는 또 그것을 개량이며 진화라고 한다. 중세 이래 예수교는 이랬다. 그러므로 예수교는 세계 문명을 파괴한 책임을 피할 수 없다.

니체는 진정한 교화는 최소한의 사람들에게 한정된 것이라고 말했다. 일반 서민들에게는 진정으로 교화한 인물이 태어나 교화를 베풀어야 하므로, 그를 특히 교화의 기계라고 한다. 무수한 인류에게 교화를 보급하는 것은 이치에 매우 맞지 않는다. 니체는 다음과 같이 말했다: 근대 교화의 본의는 진정한 교화가 아니라 교화의 지식을 베푸는 것이다. 본래의 지식은 절대 교화로부터 생겨나는 것이 아니다. 오늘날 교화를 받은 자는 살아 있는 사전이 되거나 국가, 교화, 예술에서의 박언가博言家나 박물가가 될 뿐이다. 오늘날의 사람은 교화를 받고 태어나며 무교화를 교육받는데, 어찌 슬픈지 않은가! 또 말했다: 근대 교화의 특징은 보급에 힘쓰는 것에 있다. 그러나 그렇다면, 교화가 교화되도록 하는 것이고 스스로 그 가치를 떨어뜨리는 것이다. 그 원인을 연구하고, 오늘날 경제적 국가라는 억설로부터 인민에게 지식을 더 많이 준다는 것은 반드시 행복을 가져온다고 오해된다. 오늘날의 교육은 오직 실리를 목적으로 하며, 사람을 가르쳐 재산을 모을 수 있도록 하는 것일 뿐이다. 모든 학술을 비근卑近한 것으로 만들고자 하류사회에 보급하면, 이에 고상한 학술의 지위를 떨어뜨리는데, 이것이 근세 교육의 가장 큰 결점이다. 그는 신문기자는 정신계의 하인이라고 욕하며 말했다: 세상 사람들이 천박한 주장을 여러 사람에게 알리고자 하므로, 기자라는 직업이 일시에 흥했다. 그러나 그들에게 참으로 문화를 타락시킨 책임이 있다고 할 수 있다.

그는 또한 독일문화의 현황과 고등교육을 공격하며, 말했다: 독일국민은 근 100년 동안 스스로 어리석어졌다. 유럽에는 두 가지 마취약이 있다: 술과 예수교가 그것이다. 그것을 잘못 사용한 자로 독일 국민만큼 심한 자들이 없다. 또한 그는 말했다: 오늘날 고등학교는 적은 시간으로 수많은 소년을 키워 국가의 요직에 기용하고자 하는데, 이치상 최고의 역설이라고 할 수 있다. 그는 말했다: 고등교육과 수많은 소년이라는 두 가지 뜻이 원래 병존하기 어렵다. 높다는 것, 크다는 것, 아름답다는 것은 절대 보통의 것에 적용될 수 없다. 명리를 도모하여 생계를 주요 목적으로 삼는 교화는 진정한 교화가 아니고, 생존경쟁을 위한 준비일 뿐이다. 그러므로 그들은 오직 근세 국어, 지리, 자연과학을 중시한다. 그는 또 말했다: 우리는 생활을 이유로 스스로 수많은 사물을 학습해야 한다. 그러나 어찌 그것을 교화라고 할 수 있는가? 진정한 교화는 오직 생활의 상류사회를 포함하지 않는다는 것을 알 수 있다.

그는 교사의 자격을 논하며 말했다: 오늘날 중학교와 대학교의 교사는 청년을 키우는 자들인데, 학문의 농부일 뿐 실제로는 교육을 임무로 삼지 않는다. 진정한 교육가는 반드시 스스로 먼저 교육을 받아야 하며, 신중하고 고상한 인물로 손색이 없어야 한다. 그렇지 않다면, 반드시 사람들에게 지워버릴 수 없는 나쁜 영향을 줄 수 있다. 자신이 교육을 받지 못했는데, 어찌 다른 사람을 가르칠 수 있겠는가? 그는 또 교육의 방법을 논하며 말했다: 오늘날 청년의 지식은 모두 직접적인 직관으로 얻어지는 것이 아니고, 오직 옛사람이 전해준 간접적 지식일 뿐이다. 개념으로 결합해 그 머리를 채울 뿐이다. 현대 학자는 개념과 언어의 제조가로, 괴상한 언어 재료를 소년의 머리에 채우고, 곧 일을 다 했다고 말한다. 그러므로 오늘날의 많은 사람이 이미 언어의 독에 중독되어 있다.

그는 현대문화가 아직 완전해지지 않았다고 한다. 즉 그 근본적 개혁의 방법을 말하자면, 고등 인류의 교육은 또한 이치가 반드시 통해야 한다. 그는 인류의 미래는 "소년국"이라고 말한다. 고등 인류의 교육으로 말하자면, 교육으로부터 논의를 해야 하고, 결혼, 가족, 고등 인류 세 가지 단서로부터 시작해야 그것을 넓혀 살필 수 있다.

학생들의 똑똑함과 어리석음이 같지 않으므로, 오늘날 교육자는 마땅히 자질이 중간(中庸)인 자를 기준으로 해야 한다고 하지만, 니체는 그것을 비판했다. 그는 어리석은 자에 대한 동정, 허약한 자에 대한 공감은 교육에서 가장 피해야 한다고 했다. 도덕에 대해, 윤리에 대해 말하며, 그는 동정은 인류의 진보를 저해할 수 있으며, 세계의 불행을 가중시킨다고 보았다. 그러므로 그는 말했다: 네가 타인을 동정하는 것은 너 자신을 돌아보는 것이다. 네가 스스로 완전한 인격이라고 여기고, 일체 최고의 선을 염두에 두어 얻는, 동정보다 효과가 크다. 약자는 사라지고, 기운 자는 뒤집힌다. 고칠 수 없는 자에게 그 심력을 쓰도록 하지 마라. 무릇 우리의 삶은 본래 힘들고 어려운 일이고, 소년 시대를 외력과 항쟁하도록 하여, 그 일신의 세력을 단련하도록 하고, 또한 방해하지 마라. 그러나 그것을 보면 걱정하고, 그것을 보고 동정하면, 유약한 종족을 만들게 되고, 인생의 위험을 견디기 어렵게 된다. 그는 유아무인의 이기설을 주장했고, 그 말이 또한 맞다.

니체는 또한 체육을 중시했다. 우리들의 문화가 반드시 의존해야 하는 것이 있는데, 바로 국민이라고 말할 수 있고, 개인이라고도 말할 수 있다. 그러나 그 의존하는 바는 정신이 아니라 신체이다. 그러므로 생리와 위생이 체육에서 중시되는 것이며, 사람은 반드시 그 몸을 신성시해, 모든 천성을 개발할 수 있도록 해야 한다.

니체는 교육에서 학생들에게 먼저 세 가지를 가르쳐야 한다고 했다: 보기, 생각하기, 말하기와 쓰기다. 보기를 통해 배우면, 우리들의 눈이 인내에 익숙해질 수 있고, 판단을 단련할 수 있으며, 하나하나의 사물에 대해 여러 방면에서 느낄 수 있는데, 이것이 정신작용의 첫걸음이다. 올바른 직관이 있어야, 비로소 올바른 사고가 생긴다. 오늘날의 모든 학교는 공허한 개념만을 알고, 감각적 직관을 무시하므로, 적절하다고 할 수 없다. 사고라는 것은 정신작용의 두 번째 걸음이다. 니체가 말했다: 고대의 교육을 이용해 직관적으로 얻는 것이 없는데, 어찌 현대의 활동하는 사물을 사용하여, 그것을 대신할 수 있겠는가? 우리는 일상생활에서, 아침저녁의 여러 일에서, 모두 무수한 문제에 직면하여 그때그때 해결해야 한다. 그러므로 아동의 주변의 사물로 지역과 관련 있는 것을 교육의 토대로 삼아야 비로소 직관의 작용을 얻을 수 있다. 직관의 작용이 끝나면, 곧 사고를 유도할 수 있고, 인과 관계를 인식할 수 있게 되고, 곧 배움에 도달하여 기뻐하는 경지에 이르게 되는 것이 바로 교육의 목적이다. 니체는 또한 다른 교수에 대해서, 아동의 세력과 인내심, 추리력을 키워야 한다고 했으며, 자질을 얻는 것에만 치중하지 말고, 그 자질로 얻을 수 있는 정신적 수련을 중시하는 것이, 헤르바르트의 흥미론, 페스탈로치의 능력수양론과 유사한 것이다.

니체는 또한 언어 교육을 중시했지만, 또한 오늘날의 고등학교의 외국어교육이 아직 적절하지 못하다고 보았다. 박언학자博言學者[문헌학자]는 많이들 그리스어를 기초로 하고, 지리멸렬한 연구법을 가지고 가르친다. 또한 모든 학교의 국어교육은 죽은 언어를 다루는 것과 같고, 학생들에게 활용될 수 있는 방법을 가르치지 못하고, 오직 그 어감을 강화하고자 하며, 고상한 발표법을 알도록 하여, 역사적 연구를 하는데, 어찌 그것이 유용하게 보이겠는가?

종교교육에 대해서 다음과 같이 말했다: 군주의 인류와 신은 종속적 관계가 아니라, 오히려 서로 대립한다. 그러므로 그 사이에서 신의 활동이 있으면, 인류의 자유는 없다; 인류의 자유가 있으면, 신은 고대의 유물이 된다. 니체는 종교는 상벌에 대한 것이지만, 상벌은 교육의 수단이 아니라고 말했다. 왜 그런가? 고등 인류는 본래 선악의 뜻을 풀지 못하고, 그는 실제로 선악의 밖에 있기 때문이다.

니체는 또한 역사교육에 주목했으나, 역사란 단지 옛것을 그리워하는 감정일 뿐이며, 그 인격을 약화시키고, 인류의 생활 탄력을 상실시킬 수 있으므로, 또한 금세 교육이 지나치게 역사를 중시하는 것을 비판했다.

요약하자면, 니체의 철학관은 인류의 활동성을 중시하지만, 오늘날의 문화가 인류의 활동을 소멸시키고 있으므로 그것을 비판했다. 그 중심은 절대적 이기주의다. 그는 사회에서는 오직 위인과 대중만이 있으며, 양자는 대립한다고 말했다. 그러나 전자는 문명 창조의 본령이고 교화의 특권을 누린다. 후자는 위인을 위해 존재하며 위인을 위해 사용되므로, 그들이 어리석고 무지하도록 하여 조용히 복종하도록 하고 교화가 어떤 것인지 모르도록 하는 것이 맞다. 이것은 공자가 말한 "백성은 따르도록 할 수 있지만, 알도록 할 수 없다〔民可使由之, 不可使知之〕"라는 뜻과 매우 비슷하지만, 근세 사상과 크게 서로 배치된다. 하지만, 고금 각 민족은 참으로 한 두 명의 위인이 그 나라의 문화를 개조했다. 그러나 이들 위인은 뿌리 없이 홀로 생겨난 자가 아니라, 반드시 그런 위인을 만들 사회가 있어야 그런 위인이 나온다. 약한 어머니는 건강한 자식을 낳지 못하는데, 이치가 그렇다. 그러므로 릴利爾**6**은 다음과 같이 말했다: "국민의 수준이 높으면, 위인의 모델 또한 높고, 다리가 높을수록 책상도 높아진다." 그러나 니체는 교화의 시행은 전적으로 위인에 대해서지 대중에 대한 것이 아니라고 했으니 편견이 아닐 수 없다! 현

---

6 릴Alois A. Riehl(1844~1924)은 오스트리아 제국 볼차노Bolzano(현재 이탈리아의 볼차노)에서 태어나, 그라츠, 프라이부르크, 킬, 할레와 베를린 등의 대학에서 활동한 신칸트주의 철학자다. 저서로 《프리드리히 니체, 예술가와 사상가Friedrich Nietzsche, der Künstler und der Denker》(1897), 《체계철학Systematische philosophie》(1907) 등이 있다.

대 교화에서는 명언에 속한다. 그는 교육가는 학식이 있고 인격이 높아야 한다고 말했는데, 이는 그 자신이 대학교수로 있었을 때의 경험에서 얻은 것이다. 그는 오늘날의 사람은 교육을 국가 경쟁의 도구로 이용하여 실리주의에 치중하고 있다고 말했다. 그는 학자는 언어상의 논쟁만을 하고, 명사를 멋대로 만들어 소년의 머리를 아프게 한다고 말했다. 그는 서적과 잡지를 멋대로 만들어 비천한 견해를 사회에 퍼뜨리는 것이 가장 해롭다고 말하였다. 이것은 모두 교육자가 마땅히 주의해야 하는 말이다.

니체, 괴테, 루소는 모두 한 시대의 천재다. 그러나 천재는 사나운 말로서, 그들을 달리도록 하면 빠르게 달릴 수 있지만, 그들을 부리는 것은 매우 어렵다. 괴테는 야성을 바로잡아 자유를 얻었다. 그러나 루소와 니체 두 사람은 천재로 그 정신을 가라앉히고, 강하게 야성을 묶어 하나는 발전하고, 스스로를 잃고 위아가 되었고, 모든 구속을 벗어나고자 앞으로 달려갔지만, 그 끝에 이르지 못하고, 절대 자신이 되지 못했다. 이것은 그 사상이 항상 극단에 빠지는 이유이고, 평론가들이 또한 반은 비난하고 반은 칭찬하는 이유이다. 그러나 니체와 같은 이는 그 관찰이 예민하고, 그 용어가 참신하고, 그 생각이 기발하며, 그 문장이 통쾌하니, 실로 그 천재성을 발휘하고도 남는다. 우리는 차라리 이 19세기 말엽의 사상가에 대해 찬양하고, 사모하고 숭배해야 한다.

(번역: 김현주)

독일문화 대개혁가 니체전[1]

王國維,〈德國文化大改革家尼采傳〉,《教育世界》第76期, 1904. 6., pp. 63~72.

왕궈웨이

19세기 말 독일의 대철학자 겸 문학가 니체는 이름이 프리드리히로, 1844년 10월 10일 뤼첸Lützen 부근의 뢰켄Röcken에서 태어났다. 아버지는 지방의 목사로 공손하고 온화한 성격을 지니고 있었다. 니체의 생일이 독일 황제 프리드리히와 같은 날이어서, 그것을 기념하기 위해 프리드리히로 이름을 지었다.

니체의 선조는 폴란드의 귀족으로 니츠키라고 한다. 니체는 항상 스스로 폴란드인이라고 했고, 독일인이 아니라고 했다. 그의 형제는 셋인데, 그중 한 명은 일찍 죽었고, 다른 한 명은 니체의 여동생 엘리자베트Elisabeth로, 니체와 사이좋은 가족을 이루었다.

니체의 집안은 매우 불행했다. 1849년 니체가 여섯 살 때, 그의 아

---

1 이 글은 왕궈웨이가 일본의 구와키 겐요쿠桑木嚴翼의 저서《니체씨 윤리학일반ニーチェ氏倫理學一斑》(育成會, 明治 35年(1902))을 번역한 것으로, 그의 책 가운데 제2장〈傳記及び著書〉의 전기傳記 부분, 즉 니체의 생애와 지인관계, 마지막 정신병의 원인 규명에 관한 내용을 옮긴 것이다.

버지가 뇌 질환으로 사망했다. 후에 할머니와 어머니의 손에서 자랐다. 그래서 니체가 어렸을 때 집안에는 부인만이 있었다. 한 집안의 권력은 엄숙한 할머니, 온순한 여동생, 공손한 숙모에게 있었다. 그렇기 때문에 니체는 자라면서 여자의 결점을 꿰뚫어 볼 수 있었다. 그가 젊어서 여자를 경멸한 것이 여기서 비롯되었을 수도 있는데, 그런지 그렇지 않은지 단정할 수는 없다.

1850년 니체는 나움부르크로 이사해서 그 지역의 소학교에 들어갔고, 나이 지긋한 할머니와 숙모의 손에서 교육을 받아서인지, 언제나 어른스러운 모습을 지니고 있었다. 1858년 니체는 슐포르타Schulpforta 김나지움에 입학했고, 점차 자유롭고 스스로 존중하는 태도의 기개를 갖게 되었으며, 보통 사람과 같은 대우를 받는 것을 좋아하지 않았다. 기숙사에 있을 때 또한 사람들과 교류하는 일이 적었고, 오로지 파울 도이센獨意生[2](오늘날 인도 철학의 대가)과 게르스도르프

2 파울 도이센Paul Deussen(1845~1919)은 니체의 절친한 친구이자 독일의 저명한 인도철학자이다. 독일 베를린대학, 킬 대학에서 교수로 활동했고, 우파니샤드 등 인도경전과 플라톤, 칸트, 쇼펜하우어 등의 철학을 연구하며 1911년에 쇼펜하우어학회Schopenhauer-Gesellschaft를 창립하고, 1912년 첫 편집자로서《쇼펜하우어 연보Schopenhauer-Jahrbuch》를 출간했다. 저서로《베단타 체계Das System des Vedânta》(1883),《특별히 종교를 고려하며 쓴 철학사 총론Allgemeine Geschichte der Philosophie unter besonderer Berücksichtigung der Religionen》(1894~1917), 《베다의 60개의 우파니샤드Sechzig Upanishad's des Veda》(1897),《니체에 대한 기억Erinnerungen an Friedrich Nietzsche》(1901)을 비롯해 다수의 저작이 있다.
   파울 도이센은 특히 일본의 사상계과도 인연이 깊다. 일본에서 니체 수용 초기에 국가주의에 대항해 개인의 삶을 중시했던 '미적 생활론' 논쟁은 다카야마 린지로高山林次郎(1871~1902, 필명은 조규樗牛), 아네자키 마사하루姉崎正治(1873~1949, 필명은 조후嘲風) 등에 의해 촉발되었는데, 조규의 친구였던 조후는 니체의 친구 파울 도이센에게서 독일철학을 공부했으며, 1900년 스승 도이센의 집에서 니체의 부고 소식을

地斯爾德爾甫[3] 남작과만 친하게 지냈다. 그는 열심히 공부하여, 결국에 이 학교의 장학생이 되었다. 그러나 얼마 지나지 않아 학교 수업에 불만이 생겼고, 규칙에 염증을 느꼈으며, 속박을 싫어해 결국 학업을 포기하고 음악에 빠졌다. 그러므로 졸업시험에서 수학 성적이 매우 나빴는데, 오로지 그리스 라틴어 어학이 우수해 "연민급제憐憫及第"의 특전으로 졸업했다. 김나지움 시절 니체가 이미 문학적 천재성을 보였다는 것을 알 수 있다. 이때 친구들과 연구회를 열어 문학을 주로 공부했고, 자유롭게 고전 및 문학을 두루 읽었으며, 음악도 연구했다. 당시 러시아에서 전쟁이 일어났는데, 니체는 러시아인들을 동정해 그들을 기리는 시를 지었는데, 강자를 숭배하는 견해가 이때 이미 나타난 것이다. 그의 졸업 논문은 그리스 시인 디오게네스에 대한 것으로,[4] 디오게네스는 귀족주의 도덕을 주창했고 귀천의 구별이 곧 선악의 구별이라고 했다. 니체의 만년 사상이 실로 여기서 비롯되었다. 이때 니체와 도이센의 우정이 매우 깊었다.

함께 듣고 이 소식을 바로 일본 지성계에 전했다고 한다. 귀국 후 조후는 일본에 쇼펜하우어 사상을 전하고 현대 종교학의 체계를 세우는 데 크게 기여해 일본 종교학의 아버지라고 평가받고 있다. 오늘날 일본의 쇼펜하우어 연구나 종교학 연구는 도이센의 영향을 받은 조후의 역할에 힘입은 바 크다.

3 게르스도르프Carl von Gersdorff(1844~1904)는 니체와 슐포르타에서 함께 공부했던 평생 친구이자 편지파트너로 널리 알려져 있다. 니체가 오랫동안 투병 생활을 하는 중에도 그는 니체의 여동생 엘리자베트-푀르스터Elisabeth-Förster Nietzsche나 로데Erwin Rohde, 오베벡Franz Overbeck, 쾨셀리츠Heinrich Köselitz 등 지인들과 지속적으로 편지를 주고받았다. 니체가 죽은 지 3일 뒤인 1900년 8월 28일에 그는 뢰켄의 니체의 무덤 앞에서 친구인 니체에게 마지막 고별인사를 했다.

4 니체의 졸업논문은 〈라에르티우스 디오게네스의 문헌 자료 연구와 비평de Laertii Diogenis fontibus, analecta Laertiana〉으로, 이 글은 1869~1870년에 출간되었다.

1864년 니체는 김나지움을 졸업하고 본 대학에 입학해 언어학과 신학을 공부했다. 곧 언어학에 전적으로 매진했고, 무엇보다도 음악에 심취했다. 대학에 입학했을 때, 보통 학생들과 함께 총학생회에 들어갔으나, 많은 학생이 맥주를 마시며 방탕하게 노는 것을 좋아하자, 니체는 이를 "맥주 유물주의"의 악습이라며 싫어했고, 총학생회에서 결연히 탈퇴했다. 이것은 또한 반은 그의 주장이 과격하여 동급생들에게 받아들여지지 않았기 때문이다. 후에 이때의 일을 기억하며, 니체는 소년이 맥주와 담배를 좋아하면 독일 국민이 발달할 수 없다고 했다. 그가 당시 학생들의 풍조를 얼마나 싫어했는지 짐작할 수 있다. 곧 그 스승 리츨利采爾[5]이 본을 떠나 라이프치히대학교 교수가 되었고, 니체도 그를 따라갔다. 2년을 살다, 군대에 들어가게 되었고, 포병 연대에 입대했는데, 학업을 포기하지 않고, 군대가 쉬는 때면, 항상 좋아하는 고전을 연구했다. 사람들을 그를 "마구간에 엎드려 있는 천리마(天馬伏櫪)"[6]라고 불렀는데, 과분한 칭찬은 아니다. 그러나 니체의 자유정신은 군대의 엄격성을 늘 괴로워했다. 곧 병역에서 면제되어 학업으로 돌아갔다.

1868년에 다시 라이프치히로 돌아갔으나 대학에 들어가지 않고 독학했다. 이때 니체의 사상이 점차 철학으로 기울었다. 하루는 낡은 책방에서 우연히 쇼펜하우어의 《의지와 표상으로서의 세계》[Die Welt als Wille und Vorstellung]라는 책을 발견하고, 등불 아래에서 그것을 읽고, 훌륭하다고 크게 외치며 쇼펜하우어의 숭배자가 되었다. 이때 도이

---

5 리츨Friedrich Wilhelm Ritschl은 니체의 스승으로 더 잘 알려져 있지만, 당시 독일의 유명한 문헌학자이다.
6 이 문장은 직역하면 "천리마가 마구간에 엎드려 있다"는 의미로, 이백의 시 〈천마가天馬歌〉에서 유래한다. 삼국지의 조조도 시로 읊은 바 있다. ("老驥伏歷, 志在千裏")

센에게 보낸 편지에서 그는 큰 고통을 겪었지만 쇼펜하우어의 책을 읽고 위로를 얻었다고 썼다. 다음 해, 니체는 그의 스승 리츨의 추천을 받아 스위스 바젤대학교의 교수가 되었다. 그때 나이가 25세였다. 학위도 없었는데, 실로 이것은 뜻밖의 일이 아닐 수 없다. 5월, 라이프치히대학교에서 박사 학위를 받았다. 그리고 곧 정교수가 되었다. 이때의 니체의 기쁨은 그가 보낸 편지로 알 수 있다.

니체는 성년에 교수가 되었지만, 그 일에 열심이었기 때문에 사람들이 그를 칭찬했다. 그러나 그것은 한편으로는 복이지만, 한편으로는 평생의 불행이었는데, 열심히 하여 몸이 크게 상했기 때문이다. 1869년 프로이센-오스트리아 전쟁이 일어났고, 입대의 뜻을 가졌으나 스위스는 중립국이어서, 어쩔 수 없이 병자와 부상자를 돌보는 일을 했는데, 몸이 더 상하게 되었다. 다시 돌아와 교수의 직책을 맡았다. 곧 니체는 그의 첫 작품을 발표하는데, 그것이 바로《음악의 정신으로부터의 비극[의 탄생]Die Geburt der Tragödie aus dem Geiste der Musik》이라는 책이었다. 이 책이 나오자 그 기발한 견해와 탁월한 사상이 학계를 크게 흔들었다. 그러나 그의 연구법이 그때까지의 언어학자들의 연구와 달라, 학자들의 비난을 크게 받았고, 학생들이 바젤대학교에서 니체의 강의를 듣지 않게 되었다. 그러나 니체는 굽히지 않고, 자신의 연구법을 창도했다. 1873년 다시《시대에 어울리지 않는 관찰非時勢的 觀察》[7]이라는 책을 저술하여, 당시 유명한 학자 슈트라우스斯德拉斯[8]

---

7 왕궈웨이가《시대에 어울리지 않는 관찰非時勢的觀察》로 옮긴 니체의 저작은 "Un-zeitgemäße Betrachtungen"으로, 이는《반시대적 고찰》과 같은 책이다.
8 당대의 대표적 신학자이며 철학자였던 다비드 슈트라우스David Strauss(1804~1874)를 말한다.

등을 공격했고, 당시의 문명을 비판하고, 예술과 문예를 매우 숭배했다. 요약하자면, 비극론은 "예술적 문명"을 찬양하였으며, 슈트라우스를 해로운 "학구적 문명"이라고 비난했다. 두 가지 주장은 모두 식견이 독특하고 빼어나고, 필치가 예리하여, 이전에 공격하던 목소리가 점차 칭송으로 바뀌었다. 그러므로 니체는 비로소 자신의 천재성을 자각하게 되었다. 니체는 자신의 능력에 책임을 느끼고, 당시 학자들에게 만족하지 않고, 여러 번 교수직을 그만두고 저술에 종사하고자 했는데, 친구들이 만류해 실현하지는 못했다. 1876년《시대에 어울리지 않는 관찰》에서 계속해서 역사를 논했고, 쇼펜하우어를 칭송하고, 음악가 바그너를 숭배했다. 니체는 처음 바그너의 음악을 들었을 때 크게 감복했고, 바젤의바젤대학교의 교수가 되었을 때 바그너의 집 가까이에 살았는데, 결국 친구가 되었다.

1877년과 1878년부터 니체의 사상은 정반대의 방향으로 바뀌게 되었다. 즉 이전에 극구 비난하던 학설을 칭송하고, 예술가를 비난했다. 이것은 또한 교우 관계 때문이다. 처음에 니체는 바그너의 음악에 감탄하여 이를 최상의 예술을 표현한 것이라고 보았으며, 학자들이 비열해 독일 문명이 고상한 예술을 이해하지 못하였고, 바그너도 또한 세상으로부터 버림받도록 했다고 생각했다. 음악이 점차 발달하고, 세상 사람들과 바그너에 대한 생각도 변하자, 니체는 바그너가 예술의 고유한 본분을 잊었고 세상에 아첨한다고 의심했다. 바그너가 종교적 관심을 음악에 끌어들이자, 그것을 크게 비난했다. 바그너도 굽히지 않아, 두 사람의 우정은 결국 끝이 났다. 니체가 후일 저술한《니체 대 바그너》[Nietzsche contra Wagner]를 읽으면 그 대강을 알 수 있다. 니체의 친구는 바그너 이외에, 파울 레保羅利[9], 게오르그 브란데스伽瓦爾格

白蘭地斯[10], 크론克龍[11], 도이센德意生 등이 있다. 니체와 그들의 교제는 바그너의 변화와는 다르다. 파울 레는 일찍이 영국 경험철학을 따랐고, 니체는 파울 레로부터 영국의 학설을 알게 되었고, 그의 사상을 바꾸었는데, 이때 파울 레와 매우 친했다. 나중에 영국에서 유행한 주의를 버리자, 그 교제도 멀어졌다. 브란데스는 니체와 서신을 통해 교제했다. 크론은 니체의 제자로 니체를 매우 숭배했고, 그의 출판 사업을 보좌했다. 도이센의 성정은 온순해 니체와 때때로 불화도 있었지만, 결국에는 화해했다.

니체의 사상이 1878년 이래 큰 변화를 일으킨 이후, 니체는 병으로 인해 대학 강의를 여러 차례 쉬고, 이탈리아 등의 국가에서 요양했다. 다음 해에 교수직을 사직했는데, 이는 니체가 취직하고 나서 거의 10년이 되었을 때이다. 사직 후 나움부르크로 곧 이사했다. 1882년,

---

9 파울 레Paul Rée(1849~1901)는 니체보다는 다섯 살 적었으나 니체와의 우정과 루 폰 살로메의 연인으로 잘 알려져 있다. 1873년 스위스 바젤에서 니체를 알고 난 후 마이젠부르크Malwida von Meysenbug 여사의 초대를 받아 니체와 함께 이탈리아 소렌토에 머물면서 이기적인 행위와 비이기적인 행위를 좋음과 나쁨의 가치와 연관해 논의하는 《도덕적 감각의 기원Der Ursprung der moralischen Emp-findungen》(1877)이라는 책을 썼는데, 이 책은 니체의 《인간적인 너무나 인간적인Menschliches, Allzumenschliches》(1878)이 나오는 데 큰 영감을 주었다. 그의 저작 《양심의 발생Die Entstehung des Gewissens》은 니체의 후기 대표작인 《도덕의 계보Genealogie der Moral》(1887)에 큰 영향을 주었다.

10 브란데스Georg Brandes는 니체와 서신을 주고받았으며, 니체를 대학 강단에 처음 소개한 인물이기도 하다.

11 크론은 하인리히 쾨셀리츠Heinrich Köselitz의 별칭이다. 니체는 쾨셀리츠에게 페터 가스트Peter Gast('돌 손님Stein Gast'이라는 의미)라는 예명을 주었고, 1881년 10월 이후 니체의 제안으로 페터 가스트라는 예명을 사용했다. 그는 음악가이자 니체의 제자이며 친구였고, 니체의 여동생 엘리자베트 푀르스터와 더불어 유고 편찬에 참여하는 등 니체 생애에서 중요한 역할을 했다.

병이 조금 나아지자 병을 무릅쓰고 저술에 종사했고, 이때 니체의 사상이 또 크게 변화했고, 저술도 여러 편이었다. 이때 피로가 누적되어 또 그의 몸이 상하게 되었다. 1889년 1월, 정신병자가 되었고, 어머니와 누이동생의 살뜰한 간호를 받았지만, 옛 정신을 회복하지는 못했다. 1900년 8월 25일 생을 마감했고, 56세 나이였다. 니체의 병이 점차 심해졌고, 어느 날 바야흐로 나오자, 투린의 길에서 갑자기 쓰러졌고, 의사는 이상마비라고 진단했다. 이때부터 니체는 자각하지 못했다. 어머니와 누이가 있었지만, 그 뜻도 알 수 없었다. 어느 날 친구 도이센이 그를 방문했는데, 니체는 그의 어머니를 시골뜨기라고 불렀고, 죽마고우도 알아보지 못했다. 도이센이 악수를 하고 전에 얘기했던 쇼펜하우어의 일을 말했더니, 그는 한 마디로 그것을 설명할 뿐이었다. "쇼펜하우어는 단치히에서 태어났지." 도이센이 또한 니체와 이전에 스페인에서의 일을 얘기했더니 니체가 말했다. "치, 스페인! 전에 도이센이 항상 그곳에서 놀았지." 도이센이 바로 이어 말했다. "내가 바로 도이센이야." 니체는 그 말의 의미를 빨리 알아채지 못하고 쳐다볼 뿐이었다. 1894년 10월 15일, 도이센이 화환을 들고 니체의 생일을 축하하러 갔는데, 그는 손에 잠시 들고 있다가 곧 버리고는 돌아보지 않았는데, 이것이 니체와 도이센의 마지막 만남이었다.

　니체가 정신병에 걸린 원인이 무엇인지 정말 많은 얘기가 있다. 노르다우諾爾陶[12]의 설에 의하면, 니체의 저술은 모두 정신병이 걸렸을

---

12 노르다우Max Nordau(1849~1923)는 의사이자 작가, 사회비평가로 헝가리, 독일, 프랑스 등 유럽을 무대로 시온주의의 대표자로 활동했다. 그는 시대의 도덕적 타락, 세기말적 예술적 파멸 및 퇴화, 신경증 등을 문제시했다. 그의 저작에는《세기의 질병Die Krankheit des Jahrhunderts》(1887),《퇴행Entartung》(1892/93),《영혼

때의 저작이며, 니체는 원래 정신병이 있었다고 말한다. 이것은 사실과 다르다. 튀르크崔爾克[13]의 설에 의하면, 니체의 저술을 정신병이 걸렸을 때 한정할 필요가 없고, 그의 사상에 이미 정신병적 요소가 있었다고 한다. 살로메薩祿美[14]의 주장은 그와 반대로, 니체는 세상에서 견줄 수 있는 사람이 없을 정도의 천재로, 니체는 세상 사람들이 그 자신을 이해하지 못한다고 분개했고, 그래서 은퇴하여 정신병이 나타났다고 한다. 공평하게 얘기하자면, 니체의 병은 마땅히 이 양극단의 주장 사이에 있다. 즉 니체는 오랫동안 아팠지만, 정신은 예전과 같았다. 이것은 명백한 사실이다. 니체 또한 그 병에 놀라고 근심했으나, 정신과 지력은 전혀 이상이 없었다. 그 말은 비록 믿기 어렵지만, 전부 틀렸다고 할 수는 없다. 그러나 니체의 정신병은 어디서 유래한 것일까? 그의 아버지가 뇌 질환으로 죽었기 때문에 유전이라고 의심하기도 한다. 그러나 그의 아버지의 뇌 질환은 우연한 결과이지 유전병이 아니고, 형제 모두 그런 질병을 앓지 않았으므로 믿기 어렵다. 가스트額斯德[15]에 따르면, 니체는 원래 불면증이 있었기 때문에 점차 신경증이 생겼다고 한다. 그 병은 본래 기질에서 비롯되었으나, 기질은 원래 유전되는 것이고, 니체가 평상시 여러 병에 시달렸는데, 또한 정신병의 원인의 하나가 아니라고 할 수는 없다. 그런데 니체는 언제 그 병이 생겼는가? 리히

분석Seelen Analysen》(1892) 등이 있다. 그는 2권으로 이루어진《퇴행》의 두 번째 책(Vol.2)에서 니체를 퇴화된 예술가로 다루고 있다.

13　헤르만 튀르크Hermann Türck(1856~1933)는《프리드리히 니체와 그의 철학적 오류Friedrich Nietzsche und seine philosophischen Irrweg》(Jena, 1891, 1894),《천재적 인간Der geniale Mensch》(1897) 등의 책을 썼다.

14　Lou Andreas-Salomé 1861~1937.

15　페터 가스트Peter Gast로 추정된다.

텐베르거梯列爾[16]는 일찍이 니체의 저술을 바탕으로 그것을 연구했는데, 그 문장과 사상이 완벽하고 질서 정연한 것은 강건할 때의 저작이고, 그 문장이 질서 정연하지 않고 극단적 의론을 머금고 있고 문장 전후의 관계가 불명확한 것은 병이 발발했을 때의 저작이라고 보았다. 이런 기준으로 보면, 1884년에 지은《즐거운 학문》[Die fröhliche Wissenschaft] 제4편은 매우 조리 있었고, 1885년의 제5편에 이미 정신이상의 흔적이 있다. 또 1885년에 지은《선악의 저편》[Jenseits von Gut und Böse]은 조리가 없고 사상이 뒤섞여 있으며 이미 병의 증조가 있다. 이것으로 보면, 1882년부터 1885년까지 이미 병의 징조가 있다고 보는 것이 타당하다고 생각한다. 또 니체의 병의 원인에 대해 또 한 가지 설이 있다. 즉 릴利爾에 따르면, 니체가 군대에 있을 때 안질이 심해졌고, 한때는 여동생이 앞에 있는데도 알아보지 못할 정도였다. 이 안질이 뇌질환의 증후의 하나로 볼 수 있으니, 본래 그 병이었던 것 같다.

니체의 저술은 비록 당시 학계에서는 인정받지 못했지만, 매우 칭송하는 자들도 있다. 친구인 도이센의 동료 중 젊은 강사가 있었는데, 니체의 근황에 대해 묻자, 도이센이 니체의 가계가 넉넉하지 않다고 말했다. 그 강사가 말했다. "힘이 미치는 대로 우리가 그를 도와야 합니다." 도이센은 그를 칭찬했으나, 일개 강사의 신분으로 그런 힘이 있다고 믿지는 않았다. 이틀이 지나 그 사람이 도이센에게 2000마르크를 부치고, 익명으로 니체에게 보내달라고 부탁했다. 이것은 도이센이 생각지 못한 것이었다. 니체는 이런 지우知遇를 얻어 크게 기뻐했고, 그 돈을 가계에 쓰지 않고 그의 다른 책의 출판비로 쓰고자 했다. 그러나

---

16 앙리 리히텐베르거Henri Lichtenberger로 추정된다.

그 책이 세상에 널리 판매되었고, 그 출판비를 충당하고도 남아, 그 돈을 그 강사에게 돌려주었는데, 강사가 그것을 거절했고, 그것으로 니체의 유화를 만들어 니체의 문고에 걸었는데, 이는 문단의 미담이라고 할 수 있다.

(번역: 김현주)

니체 씨의 학설(제10기)

王國維, 〈尼采氏之學說(續第十期)〉, 《教育世界》第 79期, 1904. 7., pp. 1~12.

왕궈웨이

니체의 학설에는 여러 사상이 포함되어 있고, 여러 모순을 갖고 있다. 그러므로 그의 일생의 학설을 종합해 밝히고자 하는 것이 쉬운 일은 아니고, 절대 불가능한 일이기도 하다. 니체의 사상은 실로 여러 문제와 여러 견해 사이에서 방황하여 현대 사상의 혼돈 상태를 대표하기에 충분하다. 그러므로 릴利爾은 니체의 말을 빌려 그것을 "근세 사상의 종합"이라고 했는데, 그것은 사실이다.

우리는 니체의 사상을 3기로 나누는데, 니체의 설을 이해하기에는 부족하다. 이 세 시기는 철학가마다 달리 이름을 부르지만, 그것을 구분하는 법은 대체로 일치한다. 제1기는 1871년부터 1878년, 제2기는 1878년부터 1882년, 제3기는 1882년부터 1889년으로 바로 병을 얻은 시기다. 제1기는 니체가 전적으로 예술美術을 좋아하고 당시 과학 문명을 비판하던 시기로 미학 시대라고 부른다. 톨슨特爾孫 또는 로맨틱羅馬梯克 시기라고 부른다. 이 시기는 쇼펜하우어와 바그너의 영향을 받았던 시대로 니체는 인생의 가치가 모두 미美에 있다고 여겼다.

제2기는 도이센은 지력의 시기라고 명명했다. 릴과 지글러棲額列爾[1] 등은 그것을 실험철학의 시대라고 불렀다. 이 시기는 파울 레保羅列로 인해 영국 실험 사상의 영향을 받았다. 제1기와 비교하면 반대 입장에 있다. 제3기를 도이센은 윤리적 시기라고 불렀고, 보통은 위아주의爲我主義의 시기라고 한다. 릴의 주장에 따르면, 이 시기는 제1기와 제2기 사상의 종합이다. 즉 한편으로는 실험적 정신으로 형이상학을 공격하고, 다른 한편으로는 인생의 정의情意적 측면, 즉 본능의 발달을 주장한다. 대개 다소 로맨틱 색채를 띤다. 제1기의 사상이 가장 상상이 풍부하고 다소 공손하게 시인과 문예가들에게 관심을 가졌던 시대로, 시인과 문사들이 가장 읽기를 좋아하는 시기다. 그러나 제2기는 영국 사상을 계승하여 처음에는 새로운 주장이 없었으므로, 니체 학설의 진의를 보고자 한다면 반드시 제3기에서 찾아야 한다. 이 3기의 설은 종종 서로 모순되지만, 그 사이에 관련이 없다고는 할 수 없으므로, 더 상세한 설명이 필요하다.

---

1 지글러Theobald Ziegler(1846~1918)는 독일의 철학자이자 교육자이며, 프랑스의 스트라스부르크Strasbourg대학에서 철학교수로 활동했다. 1897~1898년까지 대학에서 행한 강의를 토대로 니체에 대한 저서를 출간했다. 그의 저서 《19세기의 정신적 사회적 흐름Die geistigen und socialen Strömungen des neunzehnten Jahrhunderts》(1899), 《프리드리히 니체. 세기의 앞선 투쟁자Friedrich Nietzsche. Vorkämpfer des Jahrhunderts》(1900) 등은 20세기 초 일본에 영향을 미쳐 다카야마 린지로高山林次郎(1871~1902, 필명은 조규樗牛)가 인간의 본능과 미적 생활에 기반해 일본의 국가주의에 대항하는 개인주의 담론을 만드는데 큰 영향을 미쳤다. 왕궈웨이가 이 글을 번역했을 때는 일본 지성계에서 니체 열풍Nietzsche-Fieber이 불며 니체에 대한 소위 미적 생활론 논쟁, 즉 개인주의 논쟁이 일어나던 시기였다.

1. 제1기

니체의 제1기 주장을 가장 잘 볼 수 있는 것은《음악의 정령으로부터 생산된 비극》[2]이라는 책이다. 니체는 고전학에 심취하여, 특히 그리스 철학사가 디오게네스地哇額尼斯[3]의 학설을 연구했고 그리스와 라틴의 철학과 문학을 다독했다. 후에 쇼펜하우어 철학에 감화되어 철학에 크게 경도되었다. 처음 그 사상을 발표한 것이 앞에서 말한 비극론이다. 니체의 연구에 의하면, 그리스인은 본래 활발하고 낙천적 성격을 갖고 있었는데, 어떻게 그런 우울하고 비장한 비극을 생산하게 되었는가. 이것은 니체도 원래 믿지 않았다. 그러므로 쇼펜하우어의 철학에서 그 사상을 취하여 이 문제를 해결했다. 그렇게 비극이란 음악의 정령精靈이 만든 것이다. 원래 그리스에서 숭배하던 신에는 성격이 반대인 신이 둘 있다. 하나는 아폴론亞波羅[Apollon]이고, 하나는 디오니소스地哇尼瑣斯[Dionysus]다. 아폴론은 심미적 신으로 우아하고 아름다운 형체를 가지고 있어, 예술가美術家는 미의 모델로 여기며, 또한 미의 수호신이기도 하다. 디오니소스는 주신酒神으로 사람들로 하여금 술에 취해 주정하도록 한다. 이 두 신의 정신이 그리스인의 사상의 근저에 있다.

---

2 이 책은 니체의 초기 저작인《음악정신으로부터 비극의 탄생Die Geburt der Tragödie aus dem Geist der Musik》(1872)을 말하는 것으로, 〈자기 비판의 시도〉라는 서문이 추가되어 1886년에《비극의 탄생. 또는 그리스 세계와 염세주의Die Geburt der Tragödie. Oder: Griechenthum und Pessimismus》라는 제목으로 재출간된다.

3 디오게네스 라에르티우스Diogenes Laertes는 고대 그리스의 역사가로,《유명한 철학자들의 삶, 가르침, 그리고 명언들Peri biōn dogmatōn kai apophthegmatōn tōn en philosophia eudokimēsantōn》의 저자로 알려져 있다. 니체는 20대에 친구에게 쓴 편지에 '라에르티우스의 아들'이라고 서명을 하기도 할 정도로 디오게네스 라에르티우스에 대해 관심이 많았으며, 그에 관한 글을 세 편이나 출판하기도 했다.

그리스 사상의 표면은 아폴론의 사상이다. 이것은 쾌활한 측면으로, 올림포스산의 신들이 그것을 대표한다. 그러나 그 깊은 근저에는 또한 디오니소스의 사상이 있다. 즉 올림포스산의 신 중 전승戰勝의 거신巨神 티탄梯旦(Titan)의 계통이다. 아폴론의 사상에 의하면 최악은 바로 죽는 자이고, 조만간 죽어야 하는 자가 그 다음이다. 디오니소스의 사상은 최선이 태어나지 않는 것이고, 태어나서 곧 죽는 자가 그 다음이다. 두 사상이 다른 것이 이와 같다. 쉽게 말하자면, 아폴론의 사상은 낙천적이지만, 디오니소스의 사상은 염세적이다. 그러므로 디오니소스 신의 축제에는 사람들이 미친 듯이 마시며 노래하고 춤을 추며, 코러스科爾 음악을 합주合奏한다. 합주 무리는 대중과 함께 춤을 춘다. 참으로 이 신이 가장 기이하고 환상적인 것이다. 기이하고 환상적이지만, 그것을 형식으로 표현한다. 그러므로 여러 비장한 현상을 만든다. 이것이 비극의 근본이다. 코러스로부터 비극으로의 발달 순서이다. 니체의 견해가 이렇다. 이로써 보면, 그리스 비극에서 아폴론의 사상은 표면으로 흐르고 디오니소스의 사상은 근저에서 가로지른다. 이것이 바로 쇼펜하우어의 설과 부합한다. 세계에는 표상과 의지 두 가지 측면이 있다. 표상의 세계는 아폴론의 세계이고, 의지의 세계는 그 근저에 있는 디오니소스의 세계이다. 니체는 쇼펜하우어의 세계관으로부터 그리스 시대의 사상을 이처럼 해석했고, 그리스의 비극은 본래 음악과 서로 함께 발달한 것이라고 했다. 에우리피데스歐裏披台斯[Euripides]⁴가 나오기

---

4 에우리피데스Euripides(기원전 480 ~ 기원전 406)는 고대 그리스의 3대 비극 시인이다. 바이두 백과사전에는 歐裏庇得斯라는 표제어로 나와 있다.
https://baike.baidu.com/item/%E6%AC%A7%E9%87%8C%E5%BA%87%E5%BE%97%E6%96%AF/833681?fr=aladdin

전대의 비극은 신의 일을 읊는 것을 위주로 했는데, 곧 인간의 일을 읊는 것으로 대체되었다. 그리하여 비극의 정신이 모두 사라졌다. 이것은 지력주의知力主義[합리주의]의 결과이다. 그 주의는 소크라테스蘇格拉底[Socrates]에 이르면 가장 두드러진다. 그러므로 소크라테스주의라고 부른다. 그리스에 만연하던 상상의 아름다움은 이때부터 하나가 되었다. 한 번에 남김없이 결국은 범속한 문학이 된 것은 이때부터이다. 그러한 비극의 정신은 머지않아 세상에 나타나지 않게 되었다. 근세 악극가 바그너滑額奈爾[Wagner]라는 명인으로부터 비로소 다시 독일이 알게 되었다. 이것이 비극의 귀착점이다. 니체는 이 주장 속에 쇼펜하우어의 세계관과 바그너의 음악을 결합하여 고전학에서의 새로운 국면을 열었다. 그 주장이 사실에 부합하는지는 잠시 논외로 한다. 그러나 그 주장이 제기되자 고전학자 중에서 비난하는 자가 매우 많았다. 그 견식의 기발함을 경탄하는 자도 또한 적지 않았다.

이제 니체와 바그너의 관계를 간략히 서술하겠다. 니체는 바젤白隋爾[Basel]에서 교수가 된 때부터 바그너와 서로 교제했다. 각자는 그 예술에 대한 의견을 토로했고, 서로 탄복해 마지않았다. 그때는 니체가 바그너를 매우 숭배했다. 한때는 브란데스에게 편지를 보내, 바그너에 대해 무한한 신뢰를 한다고 했다. 그의《니벨룽의 반지林額臺斯尼培倫勤》[Der Ring des Nibelungen]를 도덕상 최고의 희곡이라고 칭찬했다. 바그너의 예언으로 그 후 잠시 바그너와 헤어졌는데, 점차 바그너의 이름을 듣게 되었고, 그 음악이 거의 성공하게 된 것을 보자, 불만을 갖게 되었다. 바그너가 십자가에 아첨하여 종교적 희곡을 썼다고 생각하여 그를 더욱 경시하게 되었다. 결국 니체는 바그너를 취하기 부족하다고 생각했고, 바그너가 진정으로 견식을 가지고 독립하여 겁내지 않는 자가 아니라, 학문을 왜곡하여 세상에 아첨하는 무리일 뿐이라고 생각했다. 그러나 바그너 또한 굽히지 않았다. 그 후 니체는 바그너를 숭배하던 시기를 성급했던 한때지만 지금은 회복했다고 말했다. 그러나 바그너와 절교한 후 다시 그 당시와 같은 위로를 얻지 못하고, 외로움을 견디지 못했다. 그러나 이 시기 바그너에 대한 숭배가 절정에 달했고, 모든 의론이 모두 "바그너 숭배"의 입각점에서 비롯되었다. 그러한 저술은 당시 학계를 크게 흔들기에 충분했다. 니체는 또 1872년 《슈트라우스론을 크게 비판하다大辟斯德拉斯論》[5]를 썼다. 종교학자 슈트라우스斯德拉斯[David Friedrich Strauss]를 비판하고 그를 조소하여 니체의 이름을 사람들에게 각인시켰다. 슈트라우스론은 슈트라우스가 성경 속의 신화를 파괴하여 금세의 속된 학문(俗學)의 폐해를 보여준 것이다. 즉 그가 모든 속된 학문의 대표자가 된 것이다. 니체에 의하면 속물이란 시의 신(詩神)의 아들—예술가—이며, 참 문화(眞文化)의 적이다. 슈트라우스론의 본의는 그 한 사람을 공격하기 위한 것이 아니라, 당시 일체의 저명한 학자들을 공격하기 위한 것이다. 사실 니체의 오해에서 비롯되어 슈트라우스를 공격한 것이었다. 오류가 가장 많은 것은 니체의 견해에서 비롯된 것이다. 예술 사상을 제1의 문화로 보지 않고, 참 문화가 아닌 것으로 보았다. 그러므로 그는 당시의 과학적 연구에 대해 전력을 다해 공격했다.

그러나 과학적 연구와 역사적 연구는 19세기 학문의 특색이다. 니

---

5 이 글은 《반시대적 고찰Unzeitgemässe Betrachtungen》의 제1장에 해당하는 〈다비트 슈트라우스, 고백자와 저술가David Strauss, der Bekenner und der Schriftsteller〉를 말한다.

체는 또한 더 나아가 역사적 연구를 공격했다. 니체가 숭배한 쇼펜하우어도 또한 역사를 공격한 사람이다. 그러나 그 요지는 니체와는 크게 다르다. 쇼펜하우어는 그 철학 계통으로부터 세계란 하나의 의지의 발현이라고 말했다. 그러므로 종종의 사건이 서로 연속적으로 일어나지만, 오히려 그 근본은 하나라고 하였다. 그러므로 역사란 연구할 만한 가치가 없다고 한다. 니체는 그와 다르다. 그는 전적으로 그것의 인생의 이해를 가지고 그것을 비판하고 역사란 단지 학문의 일에 관련된 것으로 인생의 복지에 대해서는 직접적인 관계가 없다고 하였다. 비록 그도 또한 역사가 전부 쓸모없다고는 보지 않았지만, 그의 《삶을 위한 역사의 공과》[6]로 보면 우선 역사의 세 가지 이로움으로, 첫째 국민의 기념으로 비석처럼 당시 일어난 큰일들을 후세에게 남기는 것이다. 둘째, 고대의 일을 정밀하여 후세에게 전하여 그 일이 사라지지 않도록 하는 것이다. 셋째, 비판력으로 과거의 일을 사고하는 것은 우리들의 비판력을 양성할 수 있다.[7] 그러나 그런 이익이 있지만 역사에 대해 지나치게 중시하면 피해가 매우 크다.

다시 역사의 폐해를 가지고 말하자면, 첫째, 연약한 인물이 지나치게 역사에 의존하여 모든 일을 반드시 옛 것에서 증거를 찾게 되면 사람의 자립심을 없앤다. 둘째, 과거 역사에 대한 판단이 진실은 아니고, 우리가 판단해야 하는 것은 현재의 상태이다. 이것이 판단의 가장 무오류이다. 셋째, 역사는 민족의 본능을 해치고, 그들이 자유로운 발달을

---

6 이 글은 니체의 저서 《반시대적 고찰》의 2장인 〈삶에 대한 역사의 공과Vom Nutzen und Nachtheil der Historie für das Leben〉(1874)를 말하는 것이다.

7 니체는 역사를 '기념비적 역사die monumentalische Historie', '골동품적 역사die antiquarische Historie', '비판적 역사die kritische Historie' 등 세 가지로 구분한다.

하지 못하도록 한다. 넷째, 역사는 사람들로 하여금 비열한 사상과 미신을 믿도록 한다. 다섯째, 사람들로 하여금 태어나 스스로를 조소하는 마음을 갖도록 한다. 이것은 모두 우리들의 정신에 크게 해가 되는 것이다. 과도하게 역사에 빠지면 우리들의 자유정신의 발달을 방해한다. 그러므로 역사란 유해한 사물이다.

니체는 또 이러한 사상을 가지고 교육을 논하기를, 독일의 문화는 참 문화가 아니고, 단지 눈앞의 이익만을 안다고 말하였다. 반드시 쇼펜하우어와 같은 이들이야말로 진정한 교육가라고 할 수 있다고 하면서 그 설을 매우 높이 평가했다. 그러나 자세히 살펴보면, 니체는 쇼펜하우어의 공명함과 강인함이 자유정신이 풍부한 것에 감복한 것이지, 그의 주장을 믿어서만은 아니다. 쇼펜하우어 학설의 위대함과 가장 흥미로운 점은 일관된 세계관이 아니라 수필과 산문에 있다. 니체의 장기도 또한 그 점에 있다. 그것이 그를 끊임없이 존중할 수밖에 없는 이유이다.

니체의 제1기의 사상은 대략 이렇다. 당시 니체는 문명을 예술이라고 보았다. 이러한 입각점으로부터 일체의 학술 및 문화를 비판했다. 그는 다음과 같이 말하였다. "문명이란 국민의 일체의 생활이 모두 예술적 성격을 갖는 것이다." 니체가 당시 얼마나 예술을 중시했는가 짐작해 볼 수 있다.

2. 제2기

위에서 본 것처럼 니체의 제1기 사상은 로맨틱적이다. 바그너와의 논쟁과 여러 일들로 인해 이전의 입각점을 벗어나 정반대의 입장에

서게 되었다. 그 원인 중 가장 유력한 것으로는 파울 레의 감화이다. 니체와 파울은 서로 아는 사이다. 1874년 바젤 교수로 있을 때, "자애自愛가 일체의 행위의 관건"이라는 파울의 주장을 듣고 마음속으로 감복하였다. 그 다음 해에 뒤링仇林[8]의 《인생의 가치》[Der Wert des Lebens]라는 책을 읽게 되어 더욱 경험주의에 경도되었다. 1876년부터 1877년까지 니체는 파울과 함께 이탈리아를 여행하며 남방의 온화한 공기를 쐬어 마음속까지 유쾌해졌다. 그리하여 북방 디오니소스地哇尼瑣斯의 우울한 상태에서 벗어나 쾌활한 아폴론이 되었다. 이때 파울 레가 지은 《도덕적 감각의 기원[Der Ursprung der moralischen Empfindungen]》이라는 책이 있었다. 이는 영국 경험주의로부터 양심의 연원과 그 발달을 연구한 것이었다. 또한 이탈리아를 함께 여행한 마이젠부르크麥生堡[9] 여사도 이때 《이상주의자(理想論者)의 언행론[Memoiren Einer Idealistin]》을 지어 관념주의를 고취했다. 니체는 오히려 파울의 실재주의에 경도되었다. 이때 니체의 사상은 파울 레로부터 받은 영향이 크고, 파울에게 준 영향은 적다. 니체의 여동생은 비록 그 설에 비판적이었는데, 그것은 매우 분명하다. 니체가 말한 "리얼리즘利亞利士母"은 한편으로는 실재론이라는 의미이고, 다른 한편으로는 파울 레의 주의다. 이것은 곧 니체의 실재론이 파울 레의 감화를 많이 받았다는 것과 관계가 있다. 그러나 파울이 니체에게 영향을 받은 것 또한 적지 않다. 그는 서두에서 그 책이 본래 많은 결점이 있었지만 다행히도 결점이 사라지고 전보다 더 나아졌다고 했는데, 그것은 니체의 도움이다. 니체와 파울은 그

---

8 Eugen Karl Dühring, 1833~1921.
9 Malwida von Meysenbug, 1816~1903.

학설에서나 그 문장에서도 서로 감화되었다. 그 후 니체는 이탈리아에서 바젤로 돌아와서 다시 병이 재발하였다. 1878년 대학에서 교수를 하지 못하고 문을 닫고 칩거하며 자신의 학설을 편찬했다. 그 해 5월, 《인생관》이라는 책을 출간했다.[10] 여러 글을 찾아 모아 만든 것이다. 다음 해 2권을 출간했다. 그 다음 해에 또 다른 책을 저술했다. 니체는 볼테르福祿特爾[11]를 추앙했다. 《인생관》의 출판은 볼테르 100주년에 즈음하여 볼테르를 기념하기 위한 것이었다. 또한 이때는 니체가 영국 사상에 감화되었던 때이다. 그러므로 영국인의 책을 다독했고, 쇼펜하우어의 영국풍을 보고 더 감탄을 멈추지 못했다. 그러나 그 문체로 보면 영국보다는 프랑스의 몽테뉴派蒙呑派에 더 가깝지만, 여전히 예술가의 근본정신을 잃지 않았다. 니체는 그 책에서 (1) 어떤 나라의 국민인지 상관없이 너는 사랑해서도 미워해서도 안 된다. (2) 정치를 직업으로 삼아서는 안 된다. (3) 부유한데 구걸해서는 안 된다. (4) 명성과 세력을 가진 자는 피해야 한다. (5) 본국 인종의 여자와 결혼하기 보다는 타국인을 골라라. (6) 친구에게 아이를 가르치도록 해라. (7) 교회의 의식을 복종해서는 안 된다. (8) 후회해서는 안 되지만 선을 장려해야 한

---

10 이 책은《인간적인 너무나 인간적인Menschliches, Allzumenschliches》을 말하는 것이다. 1879년에《혼합된 의견들과 잠언들Vermischte Meinungen und Sprüche》이, 그리고 1880년에는《방랑자와 그의 그림자Der Wanderer und sein Schatten》가 출판되었는데, 나중에 이 세 권의 책들을 묶어《인간적인 것, 너무나 인간적인 것 I·II》로 출판했다.《인간적인 것, 너무나 인간적인 것 I》은 646개의 단편적 글들로 이루어져 있으며,《인간적인 것, 너무나 인간적인 것 II》는 765개의 단편들로 이루어져 있다.

11 프랑스의 계몽주의 사상가로 널리 알려진 볼테르를 의미한다. 본명은 프랑수아마리 아루에François-Marie Arouet(1694~1778)다.

다. (9) 스스로 세계를 방어하고 세계가 자신을 방어하도록 해라. (10) 진리를 추구하고 친구 이외에는 전하지 마라. (11) 진리를 원한다면 유배의 죄를 행하지 않을 수 없다.

위의 11개의 명령은 니체가 창조한 것은 아니다. 슐라이어마허休來哀爾馬海爾[12]를 본받아 만든 것이다. 그 시대 아포리즘阿福利士姆[Aphorismen](즉 단문)이 유행했고, 니체의 작품 또한 그 형식을 많이 따랐다. 그의 《인생관》이란 책은 여러 단문들을 모은 것이다. 이제 다시 제2기 사상에서 주의할만한 것은 다음과 같다. 제1기는 상상을 위주로 감정상의 생활을 많이 얘기했다. 제2기는 지식과 오성悟性을 중시하였다. 그 사이의 문제가 귀착되는 것 또한 문화 비판으로 귀결되었다. 그러나 여기서의 문화라는 것과 제1기의 문화의 의의는 완전히 다르다. 이전의 문화는 예술美術을 문화라고 보았고, 지식과 거의 동일시했다. 그리하여 곧 "문화는 곧 지식"이라는 견지로 여러 문제들을 해석했다. 제1기와 같은 것은 그 시기의 사상 또한 많은 모순점을 갖고 있다는 것이다. 그것은 진리에 대한 설에서 알 수 있다. 또는 진리가 무엇인가는 보통 말하자면, 사물과 관념의 일치를 말한다. 그러나 니체는 왜 그런지 말하지 않았다. 니체의 견해에서 보면 사물은 하나의 관념의 표현일 뿐이다. 또한 진리라는 것은 표심表心이 조화된 상태이거나 논리법의 사상에 부합되는 것이라고 한다. 니체는 모두 아니라고 생각했다. 왜 그런가. 니체는 진리라는 것을 절대적인 것으로 볼 수 없다고 말했다.

---

12 슐라이어마허Friedrich Daniel Ernst Schleiermacher(1768~1834)는 독일 개신교 신학자이자 철학자로, 교리를 중심으로 하는 정통주의 신학의 해석이 아니라 신앙을 받아들이는 인간의 경험을 바탕으로 직관과 감정에 근거한 성서해석학의 새로운 신학방법론을 구축해 자유주의 신학의 아버지로 불린다.

또한 한편으로 절대적인 진리가 어디나 없는 곳이 없다고도 했다. 앞에서 말한 것과 상대적으로 얘기하자면, 니체의 진리개념이 매우 애매하다고 하지 않을 수 없다.

니체는 또한 잘못된 지식이 인생에 매우 유익하다고 말했다. 인생의 복지는 오류에서 생기지 진리에서 생겨나는 것이 아니라고 했다. 과거에서 증거를 찾는 역사는 여러 잘못된 언어에서 비롯된 사업으로 유익한 효과(功效)를 거두어들인다. 그러므로 오류라는 것은 필요한 것이다. 인간의 감정과 언어를 보면 늘 불합리한 지식이 포함되어 있다. 즉 오류의 일부이다. 종교와 예술美術 또한 하나의 오류라고 할 수 있다. 즉 지식의 법칙에 부합하지 않는다. 그러나 또한 배척할 수 없다. 그로부터 보면 오류가 진리보다 훨씬 귀하지만, 인간이 진리를 귀히 여기는 이유는 그 뜻에 따라 진리라고 하는 것이 항상 이익이 지금이 아니라 미래에 있기 때문이다. 그러므로 진리의 절대적 기준을 우리는 발견할 수 없다. 스피노자斯披諾若의 본체와 칸트漢德의 물 자체는 진실의 세계라고 하는 것을 공허(虛誕)한 세계로 본다. 즉 칸트의 현상세계의 지식에서 가장 긴요하고, 가장 적절한 것은 인간 혹은 인간됨(爲人)으로서의 요구이다. 그러므로 그러한 주장은 오래 가지 못한다고 할 수 있는데 왜 그런가. 진리를 구하는 것을 진리로 믿는 것은 사실과 크게 반대되기 때문이다. 또한 세계에 존재하는 자는 존재의 이유가 있어야 한다는 주장도 성립할 수 없다. 요약하자면, 세계에 절대적 진리가 있는지는 알 수 없다. 그러나 우리는 이 경험계에서 여러 지식을 얻는 것으로 만족할 수 있다. 그러므로 제1기에 쇼펜하우어의 형이상학을 그처럼 숭배하였는데, 그것을 전적으로 버리고 실증철학 사상이 이 시기를 차지한다. 이 시기의 중심점은 니체가 한편으로 세상에 진리는 없으며,

다른 한편으로는 또한 지식은 인생을 위해 존재하는 것이 아니라 인생이 지식을 위해 존재한다고 한 것이고, 또한 세상에 이로운 것은 진리가 아니라는 점이다. 그 설의 진의는 파악할 수 없는 것이다.

대체적으로 보면, 이 시기 지식을 인생의 중심으로 본 것 또한 제1기의 예술을 인생의 중심으로 본 것과 같다. 모든 의론은 이로부터 비롯된다. "인생은 지식을 위해 존재한다"는 것이다. 그러나 그 소위 지식이라는 것은 초경험적 지식이 아니라 경험이 내재된 지식이다. 파울保羅은 도덕적 인물이 초경험계를 아는 것은(칸트의 예지계叡智界는 누구나 알 수 없는 것이다) 자연적 인물을 넘어설 수 없다고 했다. 그것은 니체가 가장 찬성하는 말이다. 그로 인해 형이상학과 음악의 관습을 철저하게 고치고 그것을 회복하였다. 이 시기를 회복기라 부른다. 그가 중시한 것은 일체의 압제를 벗어버리고 지력으로 만물을 관찰한 지식적 문명(즉 과학적 문명)이다. 인생의 극치를 위해 이 문명을 대표하는 것을 자유정신이라 그는 부른다. 이 자유정신이 어떻게 생기는 것인지 물으니, 답하기를 (1) 사람들은 모두 항상 움직이고 멈추지 않으며, 항상 투쟁하고 평화에 머물지 않고 고상한 상태를 지향한다. (2) 노동하는 자와 한가한 자 두 계급이 있어야 하고, 한가한 자가 없다면 자유정신이 생겨날 수 없다. 그러나 양자는 또한 상호 교체되어야 한다. (3) 사회 일부의 타락, 사회의 큰 걱정은 각각 평균에서 정체되어 움직이지 않는 데 있다. 그러므로 미약한 자와 경솔한 자(狂躁)가 있어야 비로소 격렬하게 고상의 영역으로 나아갈 수 있다. 이 세 가지가 없다면 자유정신이 생겨날 수 없다.

그는 자유정신의 특징에 강고한 성질과 그 반대의 성질이 있다고 하였다. (1) 그가 사물(物)을 택하는 데 힘쓰지 않는 것은 왜인가? 자유정신은 최고의 자유를 선택한다. 그러므로 그 결정이 매우 느리다. (2) 여러 차례 그 사상을 바꾸어 하나의 설에 빠지지 않는다. (3) 독립하여 스스로 이러한 의론을 견지한다. 니체는 그러나 스스로 믿는 것을 말하고 그 도덕상의 가치가 어떻게 지식의 목적이 있는지, 다른 목적은 없는지 따지지 않았다. 그러므로 그가 말하는 자유정신은 일종의 지력을 가리킨다. 최고의 인물이 사회의 모든 측면을 비판하거나 파괴하고 거리낌 없고 또한 한 사물에 정체되지 않는 것이 그 극치이다. 그러나 한 국가의 국민 중에서 자기의 설이 또한 나아가 인류를 위한 설법이라고 주장한다. 니체의 이 이론의 결론을 도출하면, 스스로를 선량한 독일인이 아니라 선량한 유럽인이 되고자 한 것이다.

니체는 또한 이러한 견지로부터 천재를 논하였다. 천재란 하나의 자유정신으로 사회의 타락과 함께 태어난다. 즉 천재는 사회와 멸망과 관련이 있지, 사회의 행복(福祉)과 서로 일치하는 것이 아니다. 만약 사회가 공리주의를 지지하면 사회의 습관이 정체되어 나아가지 못하고, 자유정신이 태어날 여지가 사라진다. 즉 천재가 태어날 기회가 사라진다. 그러므로 천재란 결코 사회의 행복과 결합된 것이 아니다. 이 시기의 니체의 논지는 이러했다.

(번역: 김현주)

니체 씨의 학설(속續 제10기)[1]

王國維, 〈尼采氏之學說(續第十期)〉, 《教育世界》 第79期, 1904. 7., pp. 13~26.

왕궈웨이

니체는 나아가 이러한 사상을 개진하여 종교와 도덕을 논하였다. 그는 종교가 학술과 전혀 무관하다고 했다. 종교는 인간의 우환, 즉 감정에서 생겨나는 것이지 정당한 지식에서 생겨나는 것이 아니다. 그 후에 여러 철학적 이치哲理가 신학을 만들게 되고, 종교의 도구가 절대 종교의 본래의 면목이 아니라고 변호한다. 종교의 교의이든 그 부호로 보든, 그 속에는 진리가 포함되어 있지 않지만, 세상 사람들은 그것을 진리라고 여긴다. 이것이 곧 종교가 진리가 아닌 이유이다. 왜인가? 허망하여 믿을 수 없는 것이 아니라면, 사람들이 요구하는 것은 종교의 세력이다. 오늘날에는 이미 고갈되었다. 그저 과거의 일일뿐이다. 옛 사람은 자연계의 사물이 변화무쌍하지만, 사람은 어떤 시기에 존재하고 변

---

1 이 글은 왕궈웨이가 일본의 구와키 겐요쿠桑木嚴翼의 저서 《니체씨 윤리학일반ニーチェ氏倫理學一斑》(育成會, 明治 35年(1902))의 제3장 〈학설의 큰 요지學說の大要〉 52~57쪽을 중국어로 번역한 것이다.

하지 않는다고 여겼다. 그러므로 변화무쌍한 자연은 확정적 법칙을 요구한다. 그리하여 소위 신이 곧 법칙이라고 가정한다. 이것이 종교가 생겨난 이유이다. 또한 숭배하여 희생을 제공하여 기도한다고 가정하면, 점차 의문이 생겨난다. 그러므로 승려[성직자]라는 하나의 계급으로써 그것을 해결한다. 이렇게 종교가 과거 시대에 세력을 얻게 된 것이다. 그러나 오늘날은 고대와 달리 사람을 변화무쌍하다고 보고, 자연계는 과학의 진보로 일정한 법칙을 발견하였다. 그러므로 오늘날의 세계에서 옛 종교는 세력이 없다. 또한 지식의 측면에서 보면 종교는 어떤 가치도 없다. 그러므로 옛 종교가는 타인을 속이고 그로 하여금 자신을 믿는 것이 신앙이 있는 것처럼 한다. 그러나 이것은 자신을 속이는 것이다. 자신을 속이고 믿으며 타인으로 하여금 이렇게 믿도록 한다. 이렇게 인간들끼리 서로 전염된다. 이것이 종교가 성한 이유이다. 그러나 종교는 인심에 대해 군건하고 깊은 뿌리가 없다. 그러므로 종교적 신앙은 모두 멸절되고, 종교적 감정이 인간의 마음에 남을 뿐이어야 한다.

이상은 일반적 종교설에 대한 것이다. 기독교에 대한 비판이라면, 기독교는 허위라고 할 수 있다. 기독교가 진실이라면, 오늘날 누구도 그 종교를 따르지 않을 것이다. 지금 상세히 말하자면, 기독교는 원래 잠깐의, 일시적 종교일 뿐이다. 기독교에서 말하기를, "누구나 믿으면 복을 얻는다." 이것은 절대 틀린 말이다. 또한 기도가 이루어지는지는 신의 의지가 기도로 바뀐다거나 기도하는 사람이 기도로 구제받는다는 설을 가정하지 않을 수 없다. 그러나 기독교는 모두 이를 부정한다. 그는 기도가 우리들의 일종의 위로라고 한다. 그 말에 의하면 교묘하다고 말하지 않을 수 없지만, 기독교는 또한 사람은 모두 죄가 있다고 한다. 이 말로 사람이 책임 사상을 덜 갖도록 한다. 또한 교묘한 말이다. 기독교에서 사랑을 말하고 사랑이 유쾌하다고 하여, 사람들이 안심하도록 한다. 그러므로 기독교는 마취약이지, 약이 아니다. 단지 감정의 종교일 뿐이다. 기독교와 그리스 종교를 비교하자면, 그리스 종교는 신과 인간이 평등하다고 생각하지만, 기독교는 신은 인간과 주종관계라고 본다. 그러므로 기독교는 한때는 좋았지만, 오늘날의 인민들에게 특히, 북유럽 인민에게 노예의 종교로, 일찍이 이미 그 효력을 잃었다. 그러므로 기독교는 만세에 보편적 진리(常眞)가 아니라면, 반드시 기독교가 진리이고 오늘날 기독교도가 많은 것은 이해할 수 없다. 기독교는 어째서 사람들이 모두 승려[성직자]나 은자라고 하지 않고, 신앙을 주장해도 승려가 되지 않는다고 하는가. 이것이 어찌 신앙의 실행인가. 니체의 제2기는 종교 사상에 대해 이렇다. 그러나 이러한 사상은 니체가 새롭게 제기한 주장이 아니다. 18세기 합리론자가 이미 이런 뜻을 가졌다. 니체는 단지 그것을 약술했을 뿐이다. 그는 도덕에 대해서 오늘날 도덕사상이 모두 잘못이라고 했다. 오늘의 도덕은 동정을 매우 중시한다. 동정이란 우리들이 약하다는 신호이다. 사람들이 모두 강인하면 동정이 무슨 소용이 있겠는가.

(번역: 김현주)

쇼펜하우어와 니체

王國維, 〈叔本華與尼采〉(1904. 11.), 《王國維文集》, 北京: 燕山出版社, 1997, pp. 279~280.

왕궈웨이

19세기 독일 철학계에는 두 명의 위인이 있다. 쇼펜하우어와 니체이다. 두 사람은 세계적 글재주를 통해 자신들의 학설을 고취한 점이 같다. 그 학설이 한 세기를 풍미했다가 명성을 절반이나 잃은 점도 같다. 그 학설에서 의지를 인성의 근본으로 여긴 점도 같다. 그러나 한 사람은 의지의 소멸을 윤리학의 이상으로 삼았고, 또 다른 한 사람은 정반대였다. 한 사람은 의지는 같다는 가정하에 절대적 박애주의를 부르짖었고, 또 다른 한 사람은 절대적 개인주의를 부르짖었다. 니체의 학설은 쇼펜하우어로부터 나왔는데, 어째서 그 끝은 정반대일까? 니체는 왜 스승을 져버렸을까? 쇼펜하우어의 학설에 본래 그것을 깨는 것이 있는 것인가? 내가 보기에, 니체의 학설은 모두 쇼펜하우어로부터 나왔다. 그의 첫 번째 시기의 학설은 예술시대에 대한 것인데, 그 모든 것이 쇼펜하우어로부터 비롯되었다는 것은 말할 필요도 없다. 두 번째 시기의 학설 또한 쇼펜하우어의 직관주의를 발휘한 것에 지나지 않는다. 그 마지막 시기의 학설은 비록 쇼펜하우어와 상반되지만, 쇼펜하우어 미학의 천재론일 뿐이고, 그것을 윤리학에 응용한 것일 뿐이다. 두 사람의 학설을 비교하면, 이들이 학문을 좋아하는 군자들이라는 것을 알 수 있다.

쇼펜하우어는 예리한 직관과 심오한 연구를 통해 우리 인간의 본질이 의지이며, 그 윤리학의 이상이 또한 의지의 소멸에 있다는 점을 증명했다. 그러나 의지의 소멸이 가능한지는 풀 수 없는 의문이다(그에 대한 비판은 〈홍루몽평론〉 4장에 실었다). 니체 또한 의지를 인간의 본질로 보았으나, 쇼펜하우어 윤리학의 소멸설에 대해 의구심을 가졌다. 그는 의지를 소멸시키고자 하는 것 또한 의지라고 보았다. 따라서 쇼펜하우어의 윤리학에서 비롯했지만 반대 방향으로 나아가게 되었고, 다행히 쇼펜하우어 윤리학에 만족하지 못한 자들이 니체의 미학에서 모방할 점을 발견하게 되었는데, 그것이 천재론과 지력知力의 귀족주의이며, 참으로 초인설의 표본이라고 할 수 있다. 간단히 말하자면, 니체의 학설은 머리부터 발끝까지 철저하게 미학적 견해를 발전시켜 윤리학에 응용한 것이고, 하르트만赫爾德曼[1]의 무의식의 철학이 그 윤리학의 견해를 발전시킨 것과 같다.

쇼펜하우어는 우리 인간의 지식은 충족이유율을 따르지 않는 것이 없는데, 미술[2]의 지식은 그렇지 않다. 그는 다음과 같이 말하였다:

일체의 과학은 충족이유율이라는 모종의 형식을 따르지 않는 것이 없다. 과학의 제목은 그러나 현상일 뿐이고, 현상의 변화와 관계일 뿐이다. 지금 하나의 사물이 있으면, 일체의 변화관계를

---

1 에두아르트 폰 하르트만Karl Robert Eduard von Hartmann(1842~1906)을 말한다.
2 여기에서 사용한 미술은 쇼펜하우어에게서 예술을 뜻한다.

초월하여, 현상의 내용이 되며, 그것을 이름 부를 수 없지만, 이름을 붙이자면 "순수이념〔實念〕"이라고 할 수 있다. 이 실념의 지식이 무엇인가라고 묻는다. 답하기를, "미술일 뿐이다". 미술이라는 것은 실로 조용히 관찰하여 얻어질 수 있는 순수이념이고, 모든 하나의 사물에 기탁하여 재현된다. 그것이 기탁한 사물의 차이로 인해 조각이라고 부르기도 하고, 회화라고 부르기도 하고, 시나 음악이라고 부르기도 한다. 그러나 그 유일한 연원은 순수이념의 지식에 있고, 이 지식을 전파하는 것이 유일한 목적이다. 일체의 과학은 모두 이유를 충족시키는 형식으로부터 비롯된다. 하나의 결론에 도달한 이유가 다른 사물을 이유로 여겨질 수 없고, 그 이유 또한 그렇다. 예를 들면 계속해서 흘러가는 강물은 영원히 고이는 법이 없다. 예를 들면 모든 여행은 지구를 몇 바퀴나 돌아도 하늘의 끝과 땅의 모서리를 볼 수 없다. 미술은 그렇지 않다. 참으로 어디에나 있고, 쉬는 법이 없다. 그것은 강물이기 때문이고, 그 조용히 바라본 대상을 가지고 우리 앞에 고립시키면, 이 특별한 대상은 과학 속에 있게 되지만, 아주 작은 전체의 일부분일 뿐이다. 그러나 미술에서라면 곧 그 사물의 종족 전체를 대표하고, 공간과 시간의 형식은 이에 대해 그 효과를 상실하며, 관계의 법칙은 여기에서 쓸모가 없게 되므로, 이 시간의 대상은 하나의 사물이 아니라 그 순수이념이다. 우리는 그러므로 미술의 정의를 다음과 같이 내릴 수 있다. 미술이란, 이유를 충족시키는 원칙에서 벗어나 사물을 보는 방법이다. 이 것은 바로 이 원칙을 가지고 사물을 보는 것과 정반대이다. 후자는 지평선과 같고, 전자는 수직선과 같다. 후자는 무한히 연장되지만, 전자는 어떤 지점에서 나눠진다. 후자는 합리적 방법으로, 생활과 과학에 응용되고, 전자는 천재적 방법으로 미술에 응용된다. 후자는 아리스토텔레스의 방법이고, 전자는 플라톤의 방법이다. 후자는 폭풍과 호우와 같아서 만물을 흔들지만, 처음과 끝이 없고, 목적도 없다. 전자는 아침의 검은 구름 사이의 틈과 같아서 금빛 직사광선이지만 비바람에도 흔들리지 않는다. 후자는 폭포의 물과 같아서 순식간에 변화하고 밤낮을 가리지 않는다. 전자는 계곡의 무지개와 같아서 콸콸 흐르는 곳에 있지만, 그 색채를 바꾸지 않는다.(《의지 및 관념의 세계》[3] 138쪽부터 140쪽까지의 번역.)

충족이유율은 우리 지력의 가장 보편적인 형식이다. 천재가 아름다움을 볼 때 그것에만 연연하지 않는다. 이런 주장은 비록 실러Schiller의 유희충동설에서 비롯되었지만, 쇼펜하우어 미학의 중요 사상이 되었다는 것은 의심의 여지가 없다. 니체는 그것을 실천에까지 확대하여, 초인의 도덕률로 삼았고, 충족이유율을 천재에 적용했다. 쇼펜하우어의 학설은 충족이유율이 천재에 무익할 뿐만 아니라, 천재라는 것은 그것으로부터 사물을 볼 뿐이라고 보았다. 니체의 학설에 의하면, 도덕률은 초인에 무익할 뿐만 아니라 도덕을 초월하여 행동하는 것이 초인의 특성이다. 쇼펜하우어의 학설에 의하면, 최대의 지식은 지식의 법칙을 초월하는 것에 있다. 천재는 제약을 벗어난 지식에 있고, 초인은 제약

---

3 이 책은 쇼펜하우어의 주저인 《의지와 표상으로서의 세계Die Welt als Wille und Vorstellung》를 말한다.

을 벗어난 의지에 있다. 그러나 우리의 지력을 제약하는 것은 충족이유율이다. 우리 의지를 제약하는 것은 도덕율이다. 그러므로 니체는 지식의 무제한설로부터 전환하여 의지의 무제한설을 주장하였다. 그는《차라투스트라》제1편 첫 장에서 영혼의 세 단계 변화설에 대해 다음과 같이 서술하였다.

> 차라투스트라는 얼룩소〔五色牛〕 도시[4]에서 다음과 같이 말했다: 내가 너희들에게 영혼의 세 가지 변화를 말하겠다. 영혼이 어떻게 낙타가 되는지, 또 낙타가 어떻게 사자가 되고, 사자가 어떻게 어린아이가 되는지 말이다. 여기 무거운 짐이 있고, 힘센 낙타가 그것을 메고 가다, 싣고 싶어 더는 실을 수 없을 지경에 이르면, 이것을 영광이며 즐거움으로 여긴다. 이렇게 물건을 싣는 것은 무엇인가? 가장 무거운 물건은 무엇인가? 낙타를 힘이 빠지도록 하여 그 고귀한 곤룡포와 면류관을 더럽히는 것이 아닌가? 그 어리석음을 드러내도록 하여 아는 것을 숨기는 것이 아닌가? 지식의 도토리를 줍도록 하여 배고픔과 추위로 진리를 죽이는 것이 아닌가? 친애하는 자상한 어머니를 떠나 귀가 어둡고

---

4 니체의 주저인《차라투스트라는 이렇게 말했다》에서 차라투스트라는 산에서 내려와 도시로 들어가는데, 그 도시 이름이 얼룩소이다. 이 책의 제1장과 제3장에서 주인공 차라투스트라가 활동하던 주무대인 '얼룩소die bunte Kuh'라는 도시는 부처가 방문하여 활동한 도시 칼마사달미아Kalmasadalmya(팔리어로는 캄마수다맘 Kammasuddamam)를 독일어식으로 의미 번역하여 사용한 것이다. 니체는《차라투스트라》에 대한 주석서의 성격을 지니고 있다고 본 저서《선악의 저편》에서 불교를 '선악의 저편'에 서 있는 종교로 이해하고 있는 등 불교로부터 지대한 영향을 받았다.

눈이 보이지 않는 동반자와 함께 하는 것이 아닌가? 세상에는 진리의 물이 있는데, 그가 물에 들어가 개구리와 거북이를 벗으로 삼는 것은 이것이 아닌가? 그가 적을 사랑하여 사납고 악한 신과 손을 잡도록 하는 것이 이런 것이 아닌가? 무릇 이런 이치라면, 영혼이 그 힘이 미치는 바를 본다면 짐을 지지 않을 수 없다. 낙타가 사막을 걸어갈 때 그 힘이 미치는 바를 보아도, 짐을 지지 않을 수 없다. 곧 바람이 크게 불고 날이 어두워지고 모래바람이 불자, 어제 유순했던 낙타가 변해 사납고 흉포한 사자가 되고, 지던 짐을 다 버리고 스스로 사막의 주인이 되어, 적인 큰 용을 찾아 그와 싸운다. 그러므로 어제의 주인은 오늘의 적이다. 어제의 신은 오늘의 악마이다. 이 용의 이름은 무엇인가? "너는 해야 한다〔汝宜〕(Du sollst)"라고 부른다. 사자의 이름은 무엇인가? "나는 원한다(Ich will)"이다. 한 나라의 형제들은 반드시 사자이고, 낙타가 아니다. 어찌 너희들이 짐을 지던 날이 아주 짧고, 짐이 아직 무겁지 않은가? 너희들이 옛 가치(도덕)를 파괴하고 새로운 가치를 만드는데, 사자는 어떠한가? 파괴하면 충분하다고 말하고, 만드는 것은 아직이라고 한다. 그러나 다른 사람이 창작의 자유를 갖도록 하는 것은 그의 힘이 아닌가? 너희들은 어찌 사자가 되지 못하는가? 나라의 형제여, 사자가 변하여 어린아이가 되는 것은 어째서인가? 사자가 할 수 없는데, 어린아이가 할 수 있는 것은 무엇인가? 어린아이는 광기와 같고, 망각과 같으며, 만사의 원천이고, 놀고 있는 모습이고, 스스로 도는 바퀴이고, 최초의 운동이고, 신성한 자존이다. 나라의 형제들의 영혼이 낙타가 되고, 낙타가 변하여 사자가 되고, 사자가 변하여 어린아이가 된다고 나는 너희에게 말한다.(《차라투스트라》영역본 25쪽에서 28쪽까지의 번역.)

그 어린아이 이야기는 또한 우리에게 쇼펜하우어의 천재론을 생각나게 한다:

천재란 어린아이의 마음을 잃지 않은 자이다. 무릇 인생 70년이면, 지식의 기관 즉 뇌의 질량이 완전한 경지에 이르게 되지만, 생식 기관은 아직 발달하지 않았으므로 어린아이처럼 느낄 수 있고, 생각할 수 있고, 가르칠 수 있다. 지식에 대한 사랑은 비교적 성인이 깊지만, 지식을 얻는 것도 또한 성인이 쉽다고 할 수 있다. 한 마디로 말하자면, 그의 지력이 의지보다 왕성할 뿐이다. 즉 지력의 작용이 의지가 필요한 것보다 더 클 뿐이다. 그러므로 어떤 측면에서 보면, 어린아이는 모두 천재이다. 또한 무릇 천재는 어떤 관점으로 보면, 모두 어린아이이다. 옛날 헤르더Herder 는 괴테Goethe에게 다음과 같이 말했다. "큰 어린아이이다." 음악의 대가 모차르트Mozart 또한 어린아이 같은 기질을 평생 버리지 못했고, 슐리히테그롤[5]은 그에 대해 다음과 같이 말했다. "음악에 대해서는 어리지만 어른들을 놀라게 하고, 그 밖의 모든 일에 대해서는 어른스럽지만 항상 어린아이의 마음을 갖고 있다."(《의지 및 관념의 세계》영역본 제3책 61쪽부터 63쪽에 대한 번역.)

---

5 프리드리히 슐리히테그롤Friedrich Schlichtegroll(1765~1822)은 모차르트에 대한 전기를 처음으로 쓴 전기 작가이자 학자다.

니체가 초인과 중생[무리]을 구별하고, 군주[주인]도덕과 노예도덕을 구별한 것에 대해, 독자들은 그것이 쇼펜하우어 윤리학의 평등박애주의와 서로 반대된다는 것에 놀라지 않은 적이 없다. 그러나 쇼펜하우어가 윤리학 및 형이상학에서 동일한 의지의 발견으로 본 것을 지식론과 미학에서는 여러 계급으로 나누었으므로 고금에서 천재를 숭배하는 자 중 쇼펜하우어만큼 심한 자는 아마 없을 것이다. 그가 자신의 대저작 중 첫 책의 부록에서 지력에 있어서의 귀족주의에 대해 다음과 같이 말했다:

지력이 모자라는 자는 보편[常]이다. 우수한 자는 특수[變]다. 천재는 신의 드러남[示現]이다. 그렇지 않은가? 팔백조의 인민이 있고 6000년의 세월이 흘러도, 후대 사람들이 알아내어 사색하는 자가 또한 그렇게 많은가! 무릇 큰 지혜라는 것은 하늘이 아끼는 것이고, 하늘이 아끼는 것은 인간의 행운이다. 왜 그런가? 작은 지혜는 매우 협소한 범위에 대해서이고, 매우 간단한 관계를 헤아리며, 큰 지혜가 우주와 인생을 명상하는 것에 비하면, 그 일이 편하고 쉽다. 벌레가 나무에서는 한 자 남짓을 보는 것은 우리에 비해 정밀한 것 같지만, 다섯 걸음 밖의 사람을 볼 수 없다. 그러므로 보통의 지력은 실제 생활을 유지하기에 충분할 뿐이다. 실제 생활에 대해서라면 보통의 지력으로도 또한 충분하고 유쾌하며, 천재는 그에 있어서는 천문경으로 공연을 보는 것과 같아서 무익할 뿐만 아니라 방해가 된다. 그러므로 지력으로 얘기하면, 인류는 참으로 귀족도 있고 계급도 있다. 이렇게 지력의 계급은 귀천과 빈부의 계급보다 우수하다. 비슷한 것은 백성이 만 명일 때 처음에 제후는 하나이고, 백성이 조兆에 이르면 비로소 천자가 하나 생긴다. 백성이 경京이 되고 해垓가 되어야 비로소 천재가 하나 나온다. 그러므로 천재라는 것은 언제나 고독감을 이기지 못한다. 바이론Byron은 〈단테의 예언시〉에서 다음과 같이 읊었다.

나 적요하게 친구도 없이, 아 황제의 정원에 홀로 서있다. 옥관을 쓰니 높고 커서, 구부리고 조심조심 걸어도 견딜 수 없네.(큰 뜻에 따라 간략하게 번역함.)**6**
이렇게 말하였다.(앞의 책, 제2책 342쪽)

이렇게 지력의 귀족과 평민을 구별하는 것 말고도, 나아가 대인과 소인에 대해 구별하였다:

모든 속인들은 그 지력이 의지에 의해 구속되고, 일신의 목적에 따른다. 이러한 목적에 따르므로, 세속적인 그림이 되고, 냉담한 시가 되고, 세상에 아첨하는 철학이 된다. 왜 그런가? 그것은 그것만의 가치를 갖지만, 한 사람 한 가정의 복지에 대한 것이지, 진리에 대한 것이 아니기 때문이다. 오직 지력이 가장 높은 자만이 그 진정한 가치가 있고, 실제에 머물면서도 이론에 머물고,

---

6 원문은 다음과 같다. "To feel me in the solitude of kings Without the power that make them bear a crown." 予岑寂而無友兮, 羌獨處乎帝之庭, 冠玉冕之崔巍兮, 夫固踽踽而不能勝(略譯其大旨)

주관에 머물지 않고 객관에 머물며, 간신히 우주의 진리를 힘써 찾아 그것을 재현한다. 그러므로 그 가치는 개인을 초월하고, 인류의 자연적 성질과도 다르다. 그것은 과연 자연이 아닌가? 초자연이라고 하는 편이 옳다. 그 사람이 큰 이유는 또한 이것에 있다. 그러므로 그림도, 시도, 사색도, 그에게는 목적이 되고, 타인에게는 수단이 된다. 그가 그 일생의 복지를 희생하여, 객관적인 목적을 위해 몸을 바치면서, 조금이라도 바꾸고 싶지만 그럴 수 없다. 왜 그런가? 그 진정한 가치는 실로 이것에 있지 그것에 있지 않기 때문이다. 다른 사람은 반대다. 그러므로 사람들은 모두 작고 그만 홀로 위대하다.(앞의 책, 제3책 149쪽부터 150쪽)

쇼펜하우어의 천재숭배가 이와 같은 것은, 천재가 아니면서 이런저런 비방을 하는 모든 이들에 대해서이다: 속인Philistine, 범인populase, 서민Mob, 비천한 자들Rabble 말이다. 니체는 나아가 그들을 중생[무리]Herd, 군중Far-too-many이라 한다. 그가 다른 점은, 오직 쇼펜하우어가 지력의 계급이 도덕과 연결되어 있다고 말한 점이고, 니체는 이 계급이 지력과 도덕에 대해 절대적이며, 조화를 이룰 수 없다고 하였다.

쇼펜하우어는 지력의 귀족주의를 견지하여, 윤리학에 있어서는 비록 자신을 낮추는 겸손Humility을 말했지만, 미학에서는 겸양Modesty의 덕을 갖지 않았다.

사람이 사물을 보는 깊이와 명도는 다르다. 그러므로 시인 계급도 다르다. 그가 본 것을 묘사할 때, 사람들은 모두 영사靈蛇

의 구슬을 갖고 있고, 형산荊山의 옥을 품고 있다고 생각한다.6 왜 그런가? 그는 대시인들의 시 속에서 묘사된 것이 자신보다 뛰어나다고 생각하지 않기 때문이다. 대시인의 시가 과연 그런 것이 아니라, 그의 육안이 미치는 바가 실은 이에 멈추어서, 예술을 보기 때문이고, 자연을 볼 때에도 이를 넘어설 수 없기 때문이다. 오직 대시인은 타인의 견해의 천박함을 보고, 그밖에 더 많은 여지를 묘사하고, 스스로 다른 사람이 보지 못하는 바를 보고 알고 다른 사람이 말할 수 없는 것을 말한다. 그러므로 그의 작품은 당시대 사람들을 기쁘게 하기에는 부족하고, 오직 혼자서만 감상할 뿐이다. 만약 겸손으로 가르치면, 혼자서 감상하던 것도 또한 빼앗긴다. 그러나 사람 중에 공적이 있는 자는 자신이 잘 알고 있는 것을 숨길 수 없다. 예를 들면 키가 8척이 되는 자는 금방 도시를 가로지르고, 당당한 뒷모습으로 사람들에 앞에 간다. 높은 산은 홀로 우뚝 서 산기슭을 보고, 산기슭뿐만 아니라 그 봉우리도 본다. 호라티우스Horace, 루크레티우스Lucretius8, 오비디우스Ovid와 모든 고대의 시인들은 스스로의 글에서 잘난 체한 기색이 없을 수 없다. 단테Dante도 그렇고, 세익스피어Shakespeare도 그렇고, 베이컨Bacon 또한 그렇다. 그러

---

7 영사의 구슬과 형산의 옥이란 귀중한 보배를 의미하는 것으로, 이것들을 품은 사람이란 뛰어난 글재주를 지닌 사람을 의미한다. 출처: 三國·魏·曹植의《與楊德祖書》: "사람마다 영사의 구슬을 가졌다고 하고, 집집마다 형상의 옥을 갖고 있다고 한다〔人人自謂握靈蛇之珠, 家家自謂抱荊山之玉〕."

8 왕궈웨이는 Lucletius라고 썼으나, 로마의 시인 루크레티우스Lucretius를 의미한 것으로 보인다.

므로 대인이면서 스스로의 위대함을 보지 못하는 경우는 거의 없고, 오직 세인細人만이 평생 아무 것도 갖지 못한 것을 생각하고, 겸손이라는 말로 스스로 위로한다. 그렇지 않다면 그는 오직 바다에 몸을 던져 죽는 것뿐이다. 어떤 영국인이 이렇게 말한 적이 있다: "공적Merit과 겸손Modest은 두 글자에서 첫 자음 빼고는 같은 점이 없다." 괴테格代(Goethe) 또한 다음과 같이 말했다: "오직 뛰어나지 않은 것은 겸손뿐이다." 특히 겸손으로 사람을 가르치고 혼낸다면, 괴테의 말에 의하면 내가 속인 것이 아닌가.(앞의 책, 제3책 202쪽.)

우리들은 또한 니체의 〈소인의 덕〉이라는 편의 몇 절과 비교할 수 있다.[9] 그는 다음과 같이 말하였다:

차라투스트라가 멀리 유람하다 돌아와서, 나라의 입구에 이르렀다. 입구가 너무 작아 개구멍 같아서 기어서야 들어갈 수 있었다. 들어가고 난 후 집들을 보니 마치 인형의 집 같았고, 비늘처럼 빽빽하고 빗살처럼 나란히 있어 탄식하며 말하였다: 조물주라는 자가 이처럼 융통성이 없는가. 내가 알기로는, 그들이 이런 모습이 되도록 하는 것이 덕성의 교육이 아닐까? 그들은 겸손을 좋아하고 절제를 좋아하는데, 왜 그런가? 그들은 평범한 것을 좋아하기 때문이다. 무릇 평범으로 말하자면, 겸손의 덕보다 더

---

9 이 구절은《차라투스트라는 이렇게 말했다》의 제3부 〈왜소하게 만드는 덕에 대하여Von der verkleinernden Tugend〉 2번의 글이다.

한 것은 없기 때문이다. 그들은 일찍이 걸음마를 배우지만, 걸을 수 없으니, 한 발로 뛴다. 그는 한 발로 뛰면서 되돌아보고, 되돌아보다 또 한 발로 뛰는데, 그의 발과 눈은 나를 속이지 않는다. 그들의 절반은 원할 수 있지만, 절반은 원하도록 요구된다. 그 절반은 본연의 동작이고, 절반은 그렇지 않다. 그것은 모두 제멋대로의 동작이 아니고, 의식적인 동작이다. 그것이 자발적인 동작이 되는 것은 보기 드물다. 그 남편도 그렇고, 여자도 모두 남자 스스로 처리한다. 오직 남자만 그 남자의 모든 것을 가질 수 있고, 여자의 위치를 여자로 돌려놓을 수 있다. 가장 불행한 것은, 명령하는 군주로, 노예의 도덕에 복종하지 않을 수 없다. "나는 섬기고, 섬겨야 하고, 그도 섬긴다." 이것은 도덕이 명령하는 것이다. 슬프구나! 최고의 군주가 최고의 노예가 되도록 하는 것인가? 슬프구나! 그 인仁이 클수록, 그 약함도 크고; 그 의義가 클수록 그 약함도 크다. 이 도덕의 바탕은 한 마디로 다음과 같다: "한 사람도 해치지 마라." 오! 도덕인가? 비겁하구나! 그러나 그들이 도덕이라고 생각하는 것은 그들이 겸손으로 길들이고자 하지만, 늑대를 양이 되도록 하고, 사람이 사람을 가장 잘 길들이도록 하는 것이다.(《차라투스트라》248쪽부터 249쪽까지.)

니체가 겸손을 싫어한 것이 이와 같다. 그가 쇼펜하우어의 미학을 윤리학에 응용했다는 것을 분명하게 볼 수 있다. 쇼펜하우어는 형이상학의 결론에서 모든 무생물의 사물(無生物之物)도 우리와 동일한 의지를 발현한다고 말했다. 그러므로 윤리학의 박애주의는 금수와 초목에까지 널리 확대될 수 있지만, 지력에 있어서만이 금수와 인간이 다를 뿐이다. 즉 천재와 보통 사람들, 남자와 여자 모두 넘을 수 없는 경계가 똑같이 있다. 그러나 그와 니체가 다른 점은 하나는 지력을 전적으로 다루었고, 하나는 그것을 의지로 확대하여 논한 것이지만, 귀족주의라는 것은 같다. 또한 쇼펜하우어는 기독교를 공격하며 말하였다: "오늘날의 기독교는 기독교의 본뜻이 아니라 부활한 유태교일 뿐이다." 그와 니체가 다른 점은 하나는 그 낙천주의를 공격한 것이고, 다른 하나는 그 염세주의도 함께 공격한 것이지만, 무신론이라는 것은 같다. 쇼펜하우어는 열반涅槃을 얘기했고, 니체는 전멸轉滅[10]을 얘기했다. 하나는 소멸하여 다시 태어나지 않는다고 했고, 다른 하나는 소멸하는 것을 초인을 낳는 수단으로 보았다. 그 주장의 귀결은 다르지만, 옛 문화를 파괴하고 새로운 문화를 창조하고자 한 것은 같다. 하물며 초인설은 천재설을 모방한 흔적이 역력하다. 그러나 내가 보기에 니체는 쇼펜하우어에 반대하는 자라기보다는 쇼펜하우어의 계승자이다.

또한 쇼펜하우어와 니체 두 사람의 유사점은 학설뿐만이 아니라, 고금 철학가 중 성격과 행적이 유사한 사람으로 이 두 사람만한 이가 없다. 파울센巴爾善[11]의《윤리학 체계System der Ethik》(1889)와 빈델반트文特爾朋[12]의《철학사Geschichte der Philosophie》(1893)에서, 두 사람

---

10 여기에서 전멸이란 생성변화하며 우주가 변하는 이치, 즉 니체의 영원회귀를 말한다.
11 프리드리히 파울센Friedrich Paulsen(1846~1908)은 독일 신칸트주의 철학자이며 교육자이다.
12 빌헬름 빈델반트Wilhelm Windelband(1848~1915)는 독일 철학자로 철학사를 학문의 한 분야로 연구한 철학자로 알려져 있다. 그는 여러 학문을 자연과학과 역사과학으로 구분했는데, 이러한 구분이 이후 리케르트에 의해 자연과학과 문화과학으

의 학설과 성격 및 행적의 관계를 서술하였는데, 매우 흥미롭다. 그것을 인용해보고자 한다. 파울센은 다음과 같이 말하였다:

쇼펜하우어의 학설은 그 생활과 참으로 일치하는 곳이 하나도 없다. 그의 학설은 세계를 벗어나 일체의 생활의 의지를 거절하지만, 그 성격과 행적은 그렇지 않다. 그의 생활은 브라만非婆羅門교나 불교의 극기라기보다는 에피쿠로스伊壁鳩魯의 쾌락이다. 그가 베를린柏林을 떠난 이후, 일체의 이해에서 벗어나 프랑크푸르트 암 마임法蘭克福特曼亨姆 등지에 은거했다. 학설로 말하자면, 심미적이고 연민어린 덕이라 할 수 있지만, 그 스스로는 아무 것도 없었다. 예부터 지금까지 학문적으로 공격하는 적 중 그만큼 가혹한 자가 없다. 그는 공격에 가혹하지만, 진리를 변호함으로써 스스로를 변호한다. 그런데 어찌 어머니와 누이와의 관계를 보지 못했는가? 그의 어머니와 누이는 안타깝게도 파산 지경에 이르게 되었으나, 그만이 자신의 재산을 지켰다. 그는 평생을 노심초사 타인의 손실을 분담하고 타인의 고통까지 나누게될까 걱정했다. 요약하면, 그의 성격과 행적이 냉혹하다는 것은 말할 필요도 없다. 그렇다면 그의 인생관은 사람을 기만하는 것인가? 말하건대 "아니다." 그는 비록 그의 이상적인 삶을 실천하지는 못했지만, 삶의 가치를 깊게 알았던 자이다. 인성의 두 요소에서 이성〔理〕과 욕구〔欲〕라는 것은 반대되는 두 극단으로 양자는 그의 일생에서 격전을 벌였다. 그는 아버지의 유산으로 인

로. 딜타이에 의해 자연과학과 정신과학으로 구분된다.

해 우울한 성격을 갖게 되었지만, 사물을 볼 때에는 작은 것〔小〕
에서 큰 것〔大〕을 보고, 보편〔常〕으로 특수〔奇〕를 보았으며, 한
치의 마음으로도 천성적 욕구를 메우기 충분했다. 우환, 노고,
손실, 질병이 연달아 찾아와서 공포의 대상이 되었고, 세상 사람
들〔天下人〕을 신뢰할 수 없게 된 것이다. 무릇 이런 이유 하나만
으로도, 삶을 힘들게 하고도 남았다. 이것이 그의 생활의 한 측
면이고, 다른 측면에서는 큰 지혜〔大知〕를 보였다. 천재란 직관
력이 풍부하고 지식의 즐거움을 추구하는 것에 있어서, 옛 사상
가들보다 지나치면 지나쳤지 못할 것이 없다. 이때에는 희망과
공포에서 벗어나 순수한 사색을 추구하였고, 그의 생활에서 가
장 위로가 되는 시간이었다. 그가 정욕에 다시 사로잡히자, 옛
날의 평화가 깨지고 그의 생활이 다시 우환과 공포로 가득 찼다.
그는 상실감에 어찌할 바를 모를 때마다 말하였다: "의지의 잘
못을 알지만 고칠 수 없다. 이것은 의심스러우면서도 의심할 여
지가 없는 사실이다." 그러므로 그의 윤리설은 사실 죄악의 자유
라고 할 수 있다.(파울센,《윤리학 체계》, 311쪽부터 312쪽.)

파울센의 주장은 틀리지 않다. 그러나 그 학설에서 지력의 요소〔元
質〕 이외에 의지의 원소도 있다는 것은 깨닫지 못했다(아래 글을 참조하
라). 그러나 쇼펜하우어의 지력과 의지가 반대라고 한 서술은 매우 흥미
롭다. 빈델발트가 니체를 논한 것과 비교하면 다음과 같다:

그의 성격에서 투쟁의 두 요소는 니체가 디오니소스Dionysus라
고 말한 것과 아폴론Apollo이라고 말한 것이다. 전자는 주의론主

意論이고, 후자는 주지론主知論이다. 전자는 쇼펜하우어의 의지이고, 후자는 헤겔의 이념이다. 그 지력의 수양과 심미적 창조력은 모두 최고의 경지에 달하였고, 역사와 인생을 심도 깊게 보고, 시인의 수완으로 그것을 재현했다. 그러나 그 성격의 근저에는 무한하고 커다란 욕구〔大欲〕로 가득 차 있다. 그러므로 과학과 예술로 그것을 구하기에는 충분하지 않다. 그 의지〔志〕는 전제군주이고, 그 몸은 대학교수다. 그러므로 그의 이상은 사실 지력의 쾌락과 의지의 세력 사이에서 방황했고, 그는 곧 일신이 심미적 직관과 예술적 창작에 빠졌고, 곧 그 의지를 보이고, 그 본능을 보이고, 그 정서를 보이고자 했으며, 예전에 소중히 감상하던 것을 하루아침에 버렸다. 그 인격의 고상함과 순결함으로 보면, 눈과 귀의 욕구는 그에게 어떤 가치도 갖고 있지 않다. 그가 추구한 쾌락은 지적인 쾌락이 아니라 힘의 쾌락이다. 그의 일생은 양자의 투쟁으로 지쳤고, 말년에 이르러서는 지식, 예술, 도덕 등 일체가 개인이든 개인을 초월하는 가치든 그를 만족시키기에 충분하지 않았고, 그는 오히려 실천적 삶 속에서 개인의 무한한 힘을 발전시키고자 했다. 그러므로 이 전쟁의 승리자는 아폴론이 아니라 디오니소스였다. 과거의 전설이 아니라 미래의 희망이었다. 한마디로 말하자면, 비이성적인 의지다.(빈델발트, 《철학사》, 679쪽.)

이로써 보자면, 두 사람의 성격과 행적이 얼마나 비슷한가! 강한 의지가 비슷하다. 풍부한 지력도 비슷하다. 자유를 좋아한 것도 비슷하다. 비슷하지 않으면서도 비슷하고, 비슷하면서도 비슷하지 않은 것은 왜 그럴까?

　오호! 천재란 하늘은 아끼지만, 사람으로서는 불행이다. 어리석은 백성은 배고프면 먹고, 목마르면 마시고, 자신이 늙으면 아들은 자라고, 그렇게 삶의 욕구를 따를 뿐이다. 그들의 고통은 삶의 고통일 뿐이다. 그들의 기쁨은 삶의 기쁨일 뿐이다. 이밖에도 큰 의문과 큰 우환이 있지만, 그 마음을 어지럽히기에는 부족하다. 사람은 영원히 이렇게 무지한 상태이고, 그 사람의 행복은 실로 하늘이 후하게 베푼 것이다. 만약 천재라면, 그도 결함이 있는 것은 다른 사람과 같지만, 홀로 그 결함이 있는 곳을 꿰뚫어 볼 수 있다. 그는 어리석은 자들과 함께 살지만, 홀로 살아가는 이유를 의심한다. 한 마디로 그의 삶도 다른 사람과 같지만, 삶을 하나의 문제로 삼는다는 점이 다른 사람과 다르다. 그가 세상에서 산다는 것은 다른 사람과 같지만, 세계를 하나의 문제로 삼는 것은 다른 사람과 다르다. 그러나 이런 문제들을 그 스스로 명령하고 스스로 해결하니, 또한 얼마나 불행한 것인가? 그러나 그 또한 사람일 뿐이고, 의지(志)가 세상 밖에까지 이르지만, 몸은 7척 안에 매여 있으니, 인과 법칙이란 공간과 시간의 형식으로 지력을 구속할 뿐만 아니라, 무한한 동기와 민족의 도덕이 그 의지를 안에서 억압하는데, 그의 지력과 의지는 부인의 지력과 의지가 아닌가? 그는 사람들이 알 수 없는 것을 알고, 사람들이 감히 욕구하지 못하는 것을 욕구한다. 그러나 속박되고 억압되는 것은 다른 사람과 같다. 천재의 크고 작음은 그 지력과 의지의 대소와 비례한다. 그러므로 고통의 대소도 천재의 대소와 비례한다. 그의 고통이 클수록, 반드시 위안을 받는 방법을 구하지만, 이 세상의 유한한 쾌락으로는 그를 위안하기에는 부족하다는 것은 분명하다. 그러므로 그의 위안은 오히려 자기 자신에게서 구하지 않을 수 없다. 그는 스스로 군왕처럼, 상제처럼 생각한다. 그는 타인을 개미처럼, 똥처럼 생각한다. 그는 자연의 아이이지만, 항상 그 어머니가 되고자 한다. 또한 자연의 노예이지만, 그 주인이 되고자 한다. 자연이 그의 지력과 의지를 속박하면, 그것을 허물고, 가르고, 태우고, 버리고, 풀을 베듯 그들을 사냥한다. 그가 할 수 없다는 것은 망언일 뿐이다. 또한 사람들에게 말하고 싶은 것이 아니라, 말하여 스스로 오락으로 삼을 뿐이다. 왜 그런가? 그의 지력과 의지가 이러하므로 고통도 그만큼이고, 그가 스스로 위로하는 방법도 여기에서 나오지 않을 수 없기 때문이다.

쇼펜하우어와 니체는 세상을 넓힌 천재라고 할 수 있지 않은가? 두 사람은 지력의 위대함이 비슷하고, 의지의 강렬함이 비슷하다. 매우 강렬한 의지로써 매우 위대한 지력을 보조하였고, 정신계에 대한 큰 야심과 모략은 실로 진시황이나 한 무제가 북면하여 칭기즈 칸, 나폴레옹이 원한 바대로 간 것이다. 9만 리 지구와 6천 년 문화로는 그 무한한 욕구를 덮기에 부족하다. 쇼펜하우어에 있어서는 다행히도 칸트가 있어서 진승陳勝, 오광吳廣[13]이 되고, 이밀李密, 두건덕竇建德[14]이 되어 선구자로 길을 이었다. 그러므로 세계 현상에 있어서 칸트의 지식론의 결론을 보면 "세계란 나의 관념이다"라고 말할 수 있다. 본체에 있어서는 "세계 만물은 그 본체가 모두 나의 의지와 같고, 우리와 세계 만물모두 동일한 의지가 발현한 것이다"라고 할 수 있다. 다른 각도에서 말하자면 다음과 같다. "세계 만물의 의지는 모두 나의 의지다." 그러므로

---

13 진승陳勝(?~기원전 208)과 오광吳廣(?~기원전 208)은 기원전 209년 진나라에서 농민 반란을 주도한 지도자들이다.

14 이밀李密(582~618)과 두건덕竇建德(573~621)은 수나라 말기, 당나라 초기의 최대의 반란집단의 수장들이다.

나의 모든 세계는 현상으로부터 본체로 확대된 것이지만, 세계는 나의 지력의 측면으로부터 의지의 측면으로 확대된 것이다. 그러나 오늘날의 세계로는 부족하고, 나아가 가장 완전한 세계를 추구하므로, 그 설은 의지의 소멸로 귀결되지만, 대작 제4편의 끝에서는 여전히 소멸해도 다 소멸되지 않고(滅不終滅), 죽어도 죽지 않는다(寂不終寂)는 설로 돌아온다. 그의 "박애"설도 세계를 사랑하는 것이 아니라, 그 자신의 세계를 사랑할 뿐이다. 그가 "소멸"을 말하는 것도 정말 소멸을 원하는 것이 아니라, 오늘의 세계에 만족하지 못할 뿐이다. 그의 주장이 어찌 석가모니가 말한 "하늘 위와 땅 아래 오직 나만이 귀하다(天上地下 惟我獨尊)"는 것일 뿐이겠는가. 반드시 "하늘과 땅 아래 오직 나만이 존재한다(天上地下 惟我獨存)"고 한 후에야 통쾌하다고 해야 한다. 이때 그는 스스로가 마치 대지의 아틀라스阿德拉斯(Atlas)를 짊어지고 있는 것 같고, 우주의 브라마婆羅麥(Bihama)[15]를 잉태하고 있다고 생각한다. 그의 형이상학이 여기서 필요하고, 스스로의 위로도 여기서 끝이 나므로, 고금의 의지를 주장하는 자 가운데 쇼펜하우어보다 더한 이는 없다. 그러나 미학의 천재론 속에서 우연히 그 진면목을 드러낼 뿐이다. 니체는 실증철학을 신봉하여 형이상학의 공상에 만족하지 않았다. 그러나 그 힘에 불타는 욕구를 저세상(彼岸)에서 잃어버린 자는 이 세상(此岸)에서 찾고자 하고, 정신에서 잃어버린 자는 물질에서 회복하고자 한다. 그러므로 쇼펜하우어의 미학이 그 첫 시기의 사상을 차지하였는데, 말년에 이르면 부지불식간에 윤리학의 모범이 되었다. 그는 쇼펜하우어의 천재를 모방하여 초인을 얘기했고, 쇼펜하우어가 충족이유율을 포기한 것

---

15 왕궈웨이는 Bihama로 적었지만 Brahma라고 생각된다.

을 따라서 도덕을 포기하고, 고개를 높이 들고 활보하며 그 의지의 유희에 몸을 맡겼다. 우주에 지력과 의지가 그를 앞서거나, 그의 지력과 의지를 속박하기에 충분하면, 그는 달갑지 않았다. 그러므로 그 두 사람은 무신론자였던 것도 같고, 의지의 자유를 주장한 것도 같다. 한 그루의 나무를 예로 들면, 쇼펜하우어의 설은 그 뿌리가 땅에 뿌리를 잘못 내린 것이고, 니체의 설은 그 줄기와 잎이 파란 하늘로 곧게 뻗쳐나간 것과 같다. 니체의 설은 태화산의 세 봉우리처럼 높기가 하늘을 찌르지만, 쇼펜하우어의 설은 그 산골짜기의 화강암이다. 방향은 다르지만, 성격은 같다. 그들이 그렇게 말한 것도 다름이 아니라 스스로 위로하기 위한 것일 뿐이다.

요약하자면, 쇼펜하우어가 스스로 위로하는 방법은 그 미학에만 있는 것이 아니라 그 형이상학에도 있다. 그는 이들 학문에서 그 의지가 없는 곳이 없다는 것을 발견했으나, 7척의 나를 아낌없이 우주의 나에게 바쳤으므로, 고대의 도덕과 모순이 없는 것이다. 그러나 그 개인주의를 줄기와 잎에서 잃어버리고 뿌리에서 보상을 받았다. 왜 그런가? 세계의 의지는 모두 그의 의지로 인한 것이기 때문이다. 만약 의지동일설을 확대하면 세계의 지력은 모두 그의 지력이라고 할 수 있지만, 반대로 세상 사람들의 지력의 결함을 천재에 합하면, 그의 영광이라기보다는 그의 치욕이고, 그의 위로라기보다는 그의 고통이다. 그가 지력에 대해서는 귀족주의를 견지하였지만, 그의 윤리학과 서로 모순된 것은 이 때문이다.《열자》에서 다음과 같이 말하였다.

주나라 윤씨가 크게 재산을 늘렸는데, 그 아래에서 일하는 자는 새벽부터 밤까지 일하고 쉬지 못했다. 늙은 하인이 힘이 다 빠졌

는데도 계속해서 일을 시켰고, 낮에도 신음하며 일을 하고, 밤에
는 혼미할 정도로 지쳐서야 잠이 들어, 밤마다 꿈에서 군주가 되
어 사람들 위에서 일국의 일을 총괄하였고, 궁궐에서 연회를 하
고, 하고 싶은 대로 하였는데, 깨면 다시 일을 했다.(〈주목왕편周
穆王篇〉)**16**

　　쇼펜하우어가 느끼는 천재의 고통은 하인의 낮과 같다. 미학에서
의 귀족주의는 형이상학의 의지동일론과 함께 군주의 밤과 같다. 니체
는 그렇지 않다. 그는 쇼펜하우어와 같은 천재이지만 쇼펜하우어처럼
형이상학에 대한 신앙이 없어서, 낮에도 하인이고, 밤에도 하인이며, 깨
어나도 하인이고, 꿈에서도 하인으로, 그 짐을 내려놓으려면 모든 가치
의 전복을 도모할 수밖에 없었다. 쇼펜하우어가 꿈속에서 스스로 위로
한 것은 낮에 그것을 실현하고자 했던 것이다. 이렇게 쇼펜하우어의 설
은 보편적 도덕에 반하는 것이 아니지만, 니체는 그 반역을 하는데 거
리낌이 없었다. 그것은 다른 것이 아니라, 그가 스스로 위로하는 방법
은 참으로 여기에서 나오지 않을 수 없다. 세상 사람들은 대개 니체 말
년의 주장이 쇼펜하우어와 상반된다고 여기는데, 특히 그 유사한 점과
유사하면서도 유사하지 않은 점을 꼽아보면 이와 같다.

(번역: 김현주)

---

16 원문은 다음과 같다. 周之尹氏大治產, 其下趣役者侵晨昏而弗息. 有老役夫筋力
竭矣, 而使之彌勤, 畫則呻吟而即事, 夜則昏憊而熟寐, 昔昔夢爲國君, 居人民之
上, 總一國之事, 遊燕宮觀, 恣意所欲, 覺則復役.(〈周穆王篇〉)

제4부

대한제국과 식민지 시기의 니체

윤리총화[1]

필자 미상, 〈倫理叢話〉, 《西北學會月報》 第11號, 1909. 4. 1.

필자 미상

1. 애기愛己와 애타愛他의 뜻

우리가 어떻게 도덕의 기초를 세울까 하는 것에 대해서는 두 가지
견해가 있으니, 즉 (1) 영국의 홉스와 독일의 니체 등이 주창하는 사랑
〔愛〕으로써 기초를 만드는 것과 (2) 독일의 훼더슌 페헬[2] 등이 주장하
는 애타로서 기초를 삼는 것이다.

전자는 모두 도덕이라는 것은 자기를 사랑하는 마음(애기심愛己
心)과 이기심利己心에서 생겨난다고 이르는 것이다. 박애博愛와 동정同

---

1 대한제국에서 '니체'라는 이름이 처음 언급된 것은 《서북학회월보》 제11호(1909.
4. 1.)에 실린 〈윤리총화倫理叢話〉와 《서북학회월보》 제12호(1909. 5. 1.)에 게재된
〈윤리총화 속倫理叢話 續〉이라는 두 개의 글이었다. 《서북학회월보》는 박은식, 장지
연, 안창호 등이 애국계몽운동을 하며 활동했던 서북학회의 잡지였다. 1909년에 이
잡지에 니체가 처음 언급되고 있는데, 이는 일본사상가이자 정치학자 법학자였던
우키타 가즈타미浮田和民가 쓴 《윤리총화倫理叢話》라는 책의 일부를 번역한 것이었
다. 이 책은 모두 16개의 장으로 구성되어 있는데, 그 가운데 앞의 4장까지를 번역
한 것이 이 글이다. 번역자는 누구인지 밝혀지지 않았다.

情 또한 이것에서 기인하는 것인데, 나는 능력이 미치는 대로 자존자위自存自衛의 본능을 자유롭게 발달케 하고 마음껏 만족케 하는 것이 있을 수 있다는 것이요, 후자는 도덕이라는 것은 타인을 사랑하는 것(애타愛他)을 말하는 것이니 타인을 사랑하지 않으면(不愛) 도덕은 이미 존재하지 않는 것이라 말하는 것이다.

그러므로 이 두 가지는 모두 극단에 이른 반쪽 진리(半面的 眞理)라 할 수 있다. 대체로 내 행동은 순전히 타인만을 위할 수도 없고, 완전히 자기만을 위할 수 없다는 것은 엄밀한 사실이다. 그러므로 혹 극단에 이른 경우에는 완전히 다른 사람을 잊기도 하고 혹은 자기를 살펴보지 않기도 하지만, 그러한 예외 경우로 일반화해 도덕의 기초를 세우려 하는 것은 있을 수 없으며, 사실상 자기와 타인[의 관계]이자 사회와 개인의 관계는 물고기가 물에 대한 관계와 동일하게 존재하는 것은 있을 수 있으나 분리해 반목되는 것은 있을 수 없다. 한 사람의 행위는 그 결과가 자신에만 미칠 뿐만 아니라 그 영향이 타인 즉 일반사회에 미치

우키타 가즈타미는 도시샤대학同志社大學을 졸업 후 목사로 활동하다가 1892년 미국 예일대학에 유학했고, 일본지성사의 중심에 있는 정유윤리회丁酉倫理會에 참여했으며, 도쿄전문학교(지금의 와세다대학교)의 교원이 되어 서양사, 정치사, 사회학, 종교, 철학, 국가론, 국제관계론 등 다양한 주제의 강의를 했다.《윤리총화》와 더불어 1909년에 나온 저서《윤리적 제국주의倫理的帝國主義》는 그의 대표 저작으로 꼽힌다.
《서북학회월보》에 나오는《윤리총화》의 내용에 대한 분석으로, Kim, Jyunghyun, "Nietzsche und die koreanische Geistesgeschichte am Anfang des 20. Jahrhunderts", *Nietzscheforschung*, Bd.23(2016), pp. 225~244; 우키타 가즈타미의 생애와《윤리총화》의 내용, 그리고 윤리적 제국주의에 대해서는 유지아,〈우키타 가즈타미의 애기/애타 해석과 윤리적 제국주의론〉, 김정현 외,《동북아, 니체를 만나다》, 책세상, 2022, 105~135쪽을 참조하기 바란다.
2 원문에는 피히테, 쇼펜하우어로 소개되어 있다.

게 되는 것은 무슨 까닭인가. 그러므로 모두 자기에 대한 의무의 한 면은 즉 타인에 대한 의무다. 예를 들어 성욕이 발동하는 대로 이것을 과도하게 불규칙을 만족케 하는 결과는 반대로 본능을 파괴할 뿐만 아니라 영향이 미치는 바, 자기 한 개인뿐만 아니라 사회의 질서가 이로 인해 문란하고 인류의 풍속이 이로 말미암아 타락하는 것이니, 요컨대 내 행위는 전혀 자기만을 위하는 것도 아니요 전혀 타인을 위한 것도 아니다. 자기와 타인[의 관계]이자 개인과 사회의 관계는 유기적 관계를 지닌 것이며, 봉건적 관계가 있는 것은 아니니, 즉 자기는 군주가 되고 타인은 신복臣僕이 되는 것이나 혹은 타인은 군주가 되고 자기는 신복이 되는 관계가 아니요, 사지오체四肢五體가 상호 신뢰하고 상호 조력할 뿐 아니라 상호 방편이 되고 상호 목적이 되는 것이며, 전적으로 한 쪽은 목적이고 다른 한 쪽은 방편이 되는 것은 아니다. 즉 순환적循環的 관계關係가 있는 것이니, 행위의 동기가 이것과 다른 이유가 만무하다. 그러므로 본능에는 두 종류가 있기에, 내 생활에도 자연히 두 방면이 생겨나는 것은 당연한 것이다. 자존자위自存自衛의 본능이 작동해 소화를 시키며 호흡을 하고, 생식본능生殖本能이 작동해 자기의 생명을 타인에게 전달하기에 협의의 가족과 광의의 사회를 조성하는 것에 이르는 것이니 이것은 천성天性이다. 이것을 완전케 하는 자는 꽃이 피고 이것을 완전케 하지 못한 자는 쇠하게 되니, 맹수와 같은 자는 강력만 유지하고 사회적 본능이 없기 때문에 쇠하는 것이다. 그러므로 이 두 가지 천성은 평등하게 발달한 후에야 즉 애기나 애타에 편벽되는 것이 없어야 중용中庸 중진中眞의 도덕을 얻을 수 있다.

2. 사회의 참뜻

앞 절에서 사회와 개인이며 자기와 타인에 대한 관계를 사지오체에 비유하는 것과 같이 사회라 하는 것은 자아의 반대가 아니라 자아 본성의 대부분이지만, 만약 사회가 없고 내 한 사람이 지구 위에 독립하였다고 가정하면 도덕을 행한 기회가 없을 뿐만 아니라 자기의 가치까지도 거의 소멸케 되는 것이다. 그러므로 사회가 없는 자리(處)는 도덕의 가치가 없으니, 즉 사회가 성립한 후에야 도덕을 다스릴 수 있고(修) 필요도 있으며, 사회가 없으면 지식도 없고, 부富도 없고 명예도 없고 환락도 없고 기쁨과 분노(喜怒)도 없는 바, 즉 자기를 속박한 것 같은 사회는 (즉) 인류의 천국이요 인류의 복당이며, 사회가 없는 자리는 실로 지옥보다도 참혹한 자리다. 인류의 천성天性은 천성으로 사회본능을 구유하기에 단독 고립할 수 없으니 그러한 즉 최초의 자아는 개인적 자아요 육체적 자아이기에 생각(思想)함과 일하는 것(働作함)이다. 열등劣等되는 자신의 개체(自個)를 위할 뿐이나 최후의 자아는 사회적 자아이기에 생각함과 일하는 것이 자기와 사회를 위하며 자아를 발전해 대아가 되는 것이오 자타평등천인일여(自他平等天人一如)의 묘한 경계에 들어서서 성인聖人의 지역에 도달할 수 있으니, 즉 사회가 있어야 자아가 발전되어 인격이 이것에서 생기거니와 사회가 없으면 인격을 만들 수 없으니 안으로는 부모父母, 자매姊妹, 형제兄弟, 처자妻子의 관계와 밖으로는 군신君臣, 사제師弟, 붕우朋友의 관계가 모두 인격을 형성하는 요소이다. 사회가 있은 후에야 인격이 있는 바, 즉 사회를 떠난 사람은 인류가 아니다. 그러므로 사람이 생겨나는 것은 있는 그대로의(天然) 자연이지만 사람을 만드는 것은 즉 사회다. 사람이 생겨남에서 심신의 능력이 있다고 인류가 되는 것이 아니라, 사람은 육체도 타 동물과 비교하면 불완전하지만 생겨난 후에 부모의 보육保育을 기다려야 육체는 약간 완전한 듯 하나 그 정신은 항상 저 완비한 것이 아니기 때문에 이것을 교육해 인격을 부여하는 것은 가정이요 학교요 사교계요 국가요 세계이다.

금수를 보면 그들은 모두 본능적 생활이니 즉 본능이 명[령]하는 대로 즉 때에 맞추어 행행해서 유형의 이익을 알뿐이오. 무형의 이해는 알지 못하며 또한 역사도 없고 발달도 없으나, 인류에는 이성이라 하는 것이 있어 다만 본능의 발달에 맡기지 않고 유형의 이해를 아는 동시에 무형의 이해도 알기에 앞선 사람이 행한 일을 뒤의 사람이 이어받아 특히 좋게 나아가며 아버지의 실패한 것을 자식이 끊어졌다 이었다 하여 무한한 진보로 발달하므로 결국에는 역사가 생겨나니 이는 인류가 금수와 다르기 때문이다. 나는 최초의 자아 즉 소아小我요, 이름은 사회의 나를 말하는 것인데 최후의 내가 대아大我 즉 참된 자아(眞我)이며 인류는 사회에 의해 인격이 있기에 인격 즉 사회적 자아는 영원히 생사의 작은 마을(陋巷)을 초탈하여 천당에 오르기에, 그러므로 자아의 진보는 사회와 서로 맞추어야 하며(相俟) 일순간도 분리치 못할 것이다. 아리스토텔레스阿里士多德가 말하기를

인간은 천성으로 정치적 동물이기에 우연함이 아니오 천성으로 국가에 있지 않는 자는 인간 이상이나 혹은 인간 이하이다.[3]

---

3 원문에는 다음처럼 대문자로 영문 병기가 되어 있다. MAN IS BY NATURE A POLITICAL AMMAL, AND HE WHO BY NATURE AND NOT BY MERE ACCIDENT IS WITHONT A STATE IS EITHER ABOVE HUMANITY, OR BILOW IT.

또 말하기를

사회 안에서 생활할 수 없거나 혹은 자족하다 하여 사회를 필요
하지 않는 자는 신이거나 금수이다.[4]

3. 인간은 사회적 동물

인간은 천성으로 정치적 동물이라 말하는 것에는 두 가지 뜻이 있
다. 첫째, 인간은 자연히 사회적 동물이라 말하는 것인데, 사람은 벌꿀
과 개미보다 정치적 동물이라는 아리스토텔레스의 말은 즉 이것을 의
미하는 것이다. 둘째, 사람은 필연코 결국에는 국가를 세우고 자기는
국가의 일원이 되어 생활하는 것이 아니면 충분히 인류의 천성을 발전
할 수 없다는 뜻이니 이 두 번째 의미는 첫 번째와 취지가 다르지 않으
나 이것은 후에 해설하기로 하고 우선 첫 번째의 사람은 자연히 사회
적 동물이라 하는 것에 대해서는 이는 시간상의 고금과 땅의 동서를 물
론하고 인류에게 말할 만한 진리다. 17~18세기 유럽의 학자는 인간이
최초에는 자연 상태로 단독 고립하게 생활하고 또 사람들마다 서로 적
이 되어 전쟁을 쉬지 않고 했던 것으로 사고했으나, 고대의 아리스토텔
레스는 그렇지 않다 하여 인간은 인간에 대해 제일 쾌락한 자라고 하는
것은 그의 격언이다. 근세에 역사와 인류학과 사회학이 발달된 결과에

---

4 원문에는 다음처럼 대문자로 영문 병기가 되어 있다. HE WHO IS UNABLE
LIVE IN SOCIETY, OR WHO HAS NO NEED BECAUSE HE IS SUFFI-
LENT FOR HIMSELF, MUST BE EITHER A BEAST OR GOD.

의해 관찰하건대, 인류가 어떠한 하등 문명 정도에 있던지, 어떤 고대 미개를 거슬러 올라가 살펴봐도(溯究) 사회는 반드시 형성되었을 것이다. 단독 혹은 일가족으로 다른 사람과 교제를 하지 않는 사람은 없으니, 이는 인류가 천성으로 사회적 동물인 이유요 또 이는 쟁론爭論치 못할 사실이라. 어찌 다른 사람에게 관여하지 않는다 하는 것은 실로 타인에게 크게 관여하는 자이며 세상(世間)의 비방과 칭찬(毁譽褒貶)을 돌아보지 않는 인간은 오히려 그것을 크게 신경 쓰는 자이니 이것은 인류의 천성이요 결코 나무랄 바 아니며, 이것을 선도하면 선덕善德에 나갈 요소다.

사회가 얼마나 나에게 필요한가 하는 것은, 우선 의식주가 타인에게 의존하지 않고 스스로 만들 수 있는 것이 얼마나 많은가를[5] 연구하면 안다. 만약 사회의 도움(幇助)을 받지 않고 세상에서 생활하려고 하면 나는 지금까지 태고의 야만인(蠻民)과 같이 동굴에 살고 나무 위에서 잠을 자며 몸에는 나뭇잎과 짐승 가죽을 두르며, 식재료는 과실과 금수 어류를 바라보며 보낼 것이다.[6] 저 로빈슨 크루소는 성인이 된 후 무인도에 표류하였던 자이나 만약 출생할 때부터 무인도에서 성장하면 어땠을까? 개는 개의 무리를 떠나서도 개의 성질을 변치 않으며 원숭이는 원숭이의 무리를 떠나도 원숭이의 털이 없어지지 않는다는 말이 있으나, 사람은 인간을 떠나면 인간의 성질이 변하고 없어져 점차 소멸할 경향이 있다. 이전 세기 독일의 한 청년이 있는데, 그는 어렸을

---

5 우키타 가즈타미의 원문에는 "적은가를"로 되어 있다. 이 책 76쪽의 번역을 참조하라.
6 이 글에는 우키타 가즈타미의 원문에 있는 다음 문장이 생략되어 있다. "얼마나 비참한 모양이란 말인가, 실로 상상할 수 있는 수순이다."

때부터 지하 감옥(土牢)에 갇혀 양육된 자이기에 처음부터 백치가 되었다는 일도 있거니와 대저 인류는 인류의 중간을 떠나면 인격이 없어지게 된다. 우리의 인격은 부모 자식, 형제자매, 친구 사제의 관계와 국민으로 각종 관계로 움직이는 것이다. 그러므로 부모 형제 친구 사제 국민 등의 관계를 떠나면 인간은 다만 두발 달린 짐승이다. 형체만 있고 품성은 영零이 될 것이다. 아리스토텔레스가 인류는 개미나 꿀벌보다 나은 정치적 동물이라 하는 것은 의미가 심오한 진리라 할 수 있겠다. 그러므로 사회 안에서 생활하며 의무와 책임을 지는 것은 사람을 막고 잘라 자유롭게 발전하는 것을 방해하는 것과 같으나 실은 이것에서 우리의 인간됨을 얻는 것이다. 우리가 태어난 때는 단지 고등동물이요 사람되게 하는 것은 사회다. 그러므로 사회가 부패하면 내가 부패하고 사회가 흥성하면 내가 흥성하니 우리가 진력해야 하는 바는 사회를 위하는 일 이외에는 다시 없다.[7]

(번역: 김정현)

---

7 우키타 가즈타미의 원문은 다음과 같다. "사회가 부패하고 국가는 추락해도 여전히 사회를 위해, 국가를 위해 그리고 인류를 위해 진력을 다해야 하는 것은 이 도리가 있기 때문이다."

윤리총화 속續

필자 미상,〈倫理叢話〉,《西北學會月報》第12號, 1909. 5. 1.

필자 미상

4. 톨스토이주의와 니체주의(니-체주의)

자아 즉 자성自性에는 두 개의 방면이 있으니 이는 개인적이 되는 일과 사회적이 되는 일이다. 사회는 혹 자아를 구속하는 일이 있으므로 '사회적'과 '개인적'은 모순되고 충돌되는 줄로 알기 쉬우나 만일 사회가 없으면 어떤 영향이 있으며 자기 일신만 있다면 어떤 이해利害가 있는가. 혹 사회가 없다면 도덕의 속박이 존재할 리가 만무하기 때문에 무한한 자유를 즐기고 무상의 유쾌를 얻을 줄로 생각하는 사람도 전무치 아니할 터이나 실제로는 결코 그렇지 않아 단독 고립은 우리에게 비상한 고통이 있어 도저히 감내치 못할 바이니 사회를 떠나서는 하등 유쾌도 없을 뿐만 아니라 자아를 멸망케 함에 이르며 또 개인을 떠나서는 사회가 성립치 못함은, 즉 전자가 후자의 집합체가 되기 때문이다.

생명을 보존하려는 성욕은 개인적 본능의 기초요, 생명을 홍하려는 성욕은 사회적 본능의 연원인데, 자아는 이 두 가지가 각기 요구하는 바를 조화함으로 성립되니 즉 개인과 사회와는 하나요, 또 자아의 본성이다. 만일 일방으로 치우칠 때는 자아의 파멸을 일으키니 그러한 즉 개인적과 사회적은 조화하는 경우를 당하여 자아의 진상을 실현하고 분리하는 경우나 치우칠 때에는 반면적 진리됨에 불과하고 오류적 사실됨을 면하지 못한다.

전술한 개인적은 자애自愛가 되고 사회적은 타애他愛가 되었는데, 세상에 니체주의(니-체주의)라 칭하는 것은 전자의 극단에 이르는 것이요, 톨스토이주의라 하는 것은 후자의 과격을 행하는 것이다. 이미 극단적이고 과격한 이상에는 두 사람을 함께 진리라 하기 어렵다.

니체(니-체)는 결국 정신병원(顚狂院)에서 죽은 독일의 광열狂熱한 시인인데, 현재 사회가 번극한 형식적 도덕에 표류하여 필경 무의미한 제재에 속박됨에 이르러 이에 반동되는 것이다. 그는 말하기를 세계의 도덕은 노예의 도덕이요 박애는 독립할 능력이 없는 자가 환영하는 바이니 궁구하여 따지면 즉 약자의 도덕이다. 독립한 사람에게는 박애의 필요가 없고 단지 자연으로 완전한 사람만 되면 족하다 한다. 그는 즉 보통의 도덕을 무시한다. 오류가 없다고 말하지 못할 것이다. 보통의 도덕은 형식적 도덕이므로 그 가운데는 취하기 충분치 않은 것도 있으나 개괄해 논하면 이에 따르는 것은 진정한 자아가 발전하는 이유이며, 진정한 자유는 형식에 의해 비로소 얻는 것인데, 방약무인하게 자애만 숭상하여 진행하면 자기 개인을 크게 하고자 하다가 오히려 작게 함이니 한 마디로 말하자면 이분의 일의 진리이다.

톨스토이는 러시아의 전제 정치 아래 태어나 과격한 타애설他愛說을 주장하던 사람인데, 그가 말하기를 다른 사람이 내 오른쪽 뺨을 때리거든 나는 왼쪽 뺨을 다시 향하고 결코 저항하지 말며, 다른 사람을 죽이는 것은 대 죄악을 만드는 것인 즉 결코 군인이 되지 말라고 하여 절대적 비전(絶對的 非戰論)을 주창하였는데, 진실로 악의나 사욕을 품고 사람을 죽이는 것은 과연 죄악이나 전쟁하는 경우에 이 사람이 저 사람을 죽이고 저 사람이 이 사람을 죽이는 것은 사적 원한이 아니다. 국가에 대한 의무이며 또한 악의를 품은 바가 아닌 즉 죄악이 아니며 전쟁은 사회가 진화하는 도중에 피치 못할 사정이다. 소수를 희생해야 전부의 명맥을 보존함이며 애국의 의무가 없으면 국가의 근저가 동요하여 사회가 파멸됨에 이르니, 이는 다가가려는 이상이 이에 이르러 오히려 멀어지게 되니 이상과 현실을 혼동하면 부도덕이라고 하는 증명은 이에 실현되었다. 우리의 이상은 일체 평등 자타 무별無別의 경계에 도착한 것이라도 지금 타인의 사물과 내 사물의 차별을 무시하는 것은 부도덕이요 사회의 해악이다. 가령 우리의 이상이 평화롭다고 말해도 평화의 이상에 도달하기에는 전쟁도 의무가 되는 것이니, 즉 평화와 의무를 위해 불평, 불화, 부정, 불의와 전쟁이 필요하다 말할 것이다. 만약 평화의 이상을 위해 무저항주의를 시행하라 하면 정의로운 인간은 멸망하고 부정의한 인간은 생존하여 세상은 점점 더 타락함에서 벗어나지 않기에 즉 무저항주의는 오히려 저항주의로 변형된다.

니체주의(니-체주의)는 자애에 치우쳐 야만을 이루고,[1] 톨스토이주의는 무정부주의가 될 뿐 아니라 이것이 만일 일반에게 행해지면 인류를 약하게 하고 멸망하게 할 것이다. 오늘날 톨스토이주의가 가치가 있음은 세상에 침략적 전쟁 또는 부정의한 전쟁을 오로지 하고 타인을 돌이켜 보지 않는 것을 경계하며, 톨스토이주의 일파의 사람은 그들에

---

1 우키타 가즈타미의 원문에는 이 글 다음에 다음 문장이 나온다. "부도덕이 된다." 이 책 78쪽의 번역을 참조하라.

게 저항하여 정의를 주장하는 것이다. 그들의 소위 무저항주의도 여론과 가짜 애국자를 향해 비상히 큰 저항을 행하는 것이다. 그러나 톨스토이주의가 다른 사람을 약하게 하며 쇠망하게 하는 경향은 오늘날까지는 드러나지 않았으나, 만일 인류가 일반으로 무저항주의화하는 날에는 인류가 멸망하는 때이다. 우리가 건전한 유기체로 있는 동안에는 있는 그대로 저항하고 생존 경쟁하며 점차 정의 박애를 실현하는데 힘써야 할 것이다.

도덕은 중용에 있고 과격 극단에 있지 않으니 요약하건데 참된 자아(眞我)는 사회적이 되는 동시에 개인적이 될 것이다. 인류의 참된 가치는 사회에서 실현하며 사회에 의해 생겨나며 사회를 위해 성립하므로 우리는 다만 사회에 맹종하지 말고 자기를 전애(專愛)하지 말고 중용을 취해[야] 자아가 발전하고 사회가 진흥한다.[2]

(번역: 김정현)

---

2 우키타 가즈타미의 원문에는 이 글 다음에 다음 문장이 덧붙어 있다. "개인의 참된 가치는 정신계에 독립하고 자존하는 것을 필요로 한다. 이 점에서 온갖 박해, 압력에 견디고 소신을 단행하고 거리낌 없이 톨스토이를 높이려는 것이다. 그의 설은 취해서는 안 되지만 그의 인격은 존중해야 한다." 이 책 78~79쪽의 번역을 참조하라.

새해를 맞이하여 유학생 제군에게 드림

朱鐘建, 〈新年을 當하야 留學生 諸君에게 呈홈〉, 《學之光》 第4號,
1915. 2. 27.

주종건[1]

    아, 세월이 가는구나. 거성巨星이 한번 회전하니 춘추가 서로 바
뀌는구나. 갑인년[2] 봄이 엊그제 같은데〔如昨在念〕, 지금 또 을묘년[3] 봄

---

1 주종건朱鐘建(1895~1935)은 함경남도 함흥 출신으로, 일제강점기에 조선청년총
동맹 중앙검사위원 및 조선공산당 중앙집행위원 등을 역임한 사회주의 운동가다.
1912년에 함흥공립농업학교를 졸업하고, 1917년에 도쿄제국대학을 졸업한 뒤
귀국하여 함경남도 도청에서 근무했다. 1922년에 일본으로 건너가서 사회주의
를 연구했다. 1923년에 물산장려운동을 둘러싸고 논쟁이 벌어지자 물산장려운동
에 반대하는 입장에 서서 《동아일보》에 〈무산계급과 물산장려〉라는 글을 발표했다.
1923년 7월에 귀국했고, 같은 해 9월에 정백·이성태·최창익 등과 민중사民衆社를
조직하여 대표로 활동하면서, 칼 마르크스의 《임금 노동과 자본》과 《임금·가격·이
윤》을 번역 출판했다.(《민족문화대백과사전》, '주종건' 항목 참조.)
이 글은 주종건이 도쿄제국대학에 재학 중이던 시절에 쓴 것이다. 주종건의 이 글은
《학지광》 제4호에 1915년 2월 27일 자로 게재되었고, 최승구의 글 〈불만과 요구〉는
《학지광》 제6호에 1915년 7월 23일 자로 게재되었다. 그러나 최승구는 글의 말미
에 그의 글을 1914년 4월 6일에 쓴 것으로 적고 있다. 출판된 일자를 기준으로 보면
주종건의 니체에 대한 언급이 최초이지만, 한국인으로서 당 시대를 비판적으로 보
며 니체를 언급한 기록으로 보면 최승구가 최초라 할 수 있을 것이다.

을 강호의 객사에서 맞이하는구나. 고향의 산천을 버리고 부모의 슬하를 떠나 풍속이 다르고 습관이 같지 않은 객지에서 고향 생각의 절절함은 우리 모두 마찬가지라 [생각]하노라. 제군들이여, 이와 같은 고초와 간난艱難을 맛보면서 갑인년 1년 동안 우리의 소득은 얼마이며 성취한 바는 얼마인가? 우리는 과연 조선 사회가 기대하는 우리의 책임을 다하였다 할 [수 있을]지 심히 의문이라 하노라. 세계의 문명은 실로 나날이 진보하여 쉼 없이 달려가니 이 1914년 중에서 우리의 이목을 놀라게 하는 기묘한 사건과 예술(奇事妙藝)이 실로 적지 않거니와 우리 반도半島의 오늘은 과연 어떤 지위에 있는고, 모든 문물이 타인의 이목에 부끄러움이 없으며 생존을 경쟁하는 생활세계(活世界)에 내놔도 손색이 없다 말할 수 있는가? 제군이여 금일 우리 반도에 참신한 사조思潮가 있으며 생명 있는 예술이 있는가, 산업이 흥기하며 학문이 진보하는가? 이르기를, 없다 하노니 아! 이는 모두 과거의 인과因果이다. 우리는 과거를 한탄하고 성공(遂成)을 동경하고자 함은 아니나 세계가 한 걸음 나아가면 반대로 한 걸음 물러나는 반도를 강 건너 불구경하듯이 보는 것은 실로 우리가 차마 하지 못하는 바가 아닌가. 갑인 연간에 세계의 일대 성사成事는 유럽 대륙의 전쟁이라 하노니 반도의 동포 중에 그 원인을 아는 자 그리고 알고자 하는 자가 몇 명이나 있으며, 장차 닥칠 일을 탐구하는 자 그리고 반도에 미친 영향을 아는 자가 몇 명이나 있을까, 아니다. 이것은 지나치게 원대하다 하노니 반도의 인사人士 중에서 삶을 알며 자기를 알고 생활을 알며 조선을 아는 자가 과연 몇 명이나

---

2 갑인년甲寅年은 1914년이다.
3 을묘년乙卯年은 1915년이다.

될는지?

　나는 반도에 충만한 것은 죽음뿐이라 생각하노니, 산업이 죽었고 생활이 죽었으며 정신이 죽었고 반도 자신이 죽었으니 이것이 죽음의 통일이 아니고 무엇이라 말하리오.—제군이여 제군의 친우 친척에 죽음에 임박한 자가 있을 때에 제군은 이것을 즉시 매장하는 것으로는 만족하지 않을 것이오. 반드시 인공호흡과 같은 응급수단을 실시하리니—제군은 제군 향국〔故土〕의 죽음에는 어떠한 수술을 하고자 하는가? 이것을 영원히 죽어서 썩게 내버려 두는 것은 제군이 차마 할 바가 아닐 것이니 죽음〔死〕의 반도를 삶〔生〕의 반도로 변화시키는 것이 실로 누구의 책임이며 누구의 임무인가? 또 그 가장 시급한 구제책이 어디에 있는가? 이는 반드시 산업의 발전과 교육의 보급을 도모함이 아니면 구제의 희망이 없으리니 발분할지어다. 선각자 되신 유학생 제군이여.

　제군은 청년이라 청년된 책임을 다할지어다.—연소자는 반드시 장년과 노년을 섬길지며 창조적 행동은 물론이거니와 연장자의 행사에 참관하는 자—있으면 곧 공손하지 못한 자이니 불손하고 불량한 자이니 욕하고 악평하는 것은 반도의 악습관이라 하거니와, 우리는 청년인고로 장년이 아닌 것인가? 나는 청년이 오히려 장년이라 하노라. 나폴레옹〔나폴네온〕은 무력적 제왕이라 실로 전술 전기戰機에 대한 선배라 할지나 나폴레옹이 금일 사용하는 비행기, 잠수함을 알았을까 물으면 반드시 모른다 답할 것이니, 42센티의 거포巨砲를 알았을까 물으면 또 모른다고 할지나, 그 후인後人된 독일제국의 군대가 이들의 이기利器를 사용하는 일은 기록에 의하여 우리가 모두 아는 바이거니와, 이것이 실로 후인이 그 경험과 지식에 대하여 선인先人을 초월하는 예가 아닌가? 역사와 기록에 의하여 전인前人의 지식을 알 뿐만 아니라, 그것을 연구 정정할 새로운 지혜(新智)를 얻는 것은 후인後人된 자의 행복인 동시에 후인된 청년은 경험에 대한 연장자가 아닌가. 그렇다면 연장자 된 청년 제군이여 구습을 고수하지 말지어다. 불량한 습관이 있을 때 이를 타파함에 하등의 주저할 필요가 있으리오, 제군은 건설에 노력하는 동시에 파괴에 용기를 낼지어다. 세계 인류적 견지에서 볼진대 조선 민족 같은 사회의 약자는 완전히 멸망함이 도리어 이익이 아닐런지!, 조선 민족이 세계에 공헌하는 바는 다만 퇴보의 기록과 멸망의 역사뿐이고 무위한 2000만 민족이 광활한 삼천리강산을 점유 기거하여 천연의 부富의 자원으로 이용하지 아니하고 타인 활동의 장해물이 될 뿐이거늘 니체(니이체)로 하여금 평하라 할진대 이와 같은 민족은 완전히 멸망함이 초인超人 출현에 필요하다 단언할지로다! 그러나 자아 발현상發現上 개체 본위로서 우주를 관측하고자 하는 우리는 우리의 종족이 멸망함을 방관할 수는 없다 하노니 이는 곧 개체 생존의 안위가 종족 세력의 성쇠에 지대한 관계가 있기 때문이다. 조선 민족된 제군이여! 하등동물의 개미와 꿀벌도 계통적 사회조직이 있으며 종족을 보안하기 위하여 그들의 제일 귀중한 생명을 희생하거든, 하물며 반만년의 혁혁한 문명 역사를 가진 우리의 민족이리오? 오늘 죽음에 임박한 형제를 구제할 책임이 우리 청년에 있지 아니한가? 사랑하는 제군이 을묘의 신년을 맞이하는 동시에 우리의 활력을 길러야 우리의 힘으로 빈사瀕死의 형제를 구제하며 우리의 참 생활을 얻을 수 있도록 노력할지어다.

(번역: 조성환)

너를 혁명하라! "Revolutionize yourself!"

崔承九, 〈너를 혁명하라! "Revolutionize yourself!"〉,《學之光》第5號,
1915. 5. 2.

최승구[1]

'혁명'이라 하면 일반적으로 17세기 중엽에 영국의 찰스 1세를 죽
인 크롬웰[2]의 철완[巨腕]이나, 호국경護國卿[3] 지배하의 장기의회長期議
會[4]의 살풍경을 연상하거나, 18세기 후반에 프랑스의 루이 16세를 무

---

1 최승구崔承九(1892~1917)는 일제강점기의 문인이다. 보성전문학교普成專門學校를
졸업하고, 1910년 무렵 일본으로 건너가 게이오대학慶應大學 예과 과정을 수료했
다. 그러나 학비 난에 폐결핵까지 겹쳐 학업을 중단했다. 귀국한 뒤에 전라남도 고
흥 군수로 있던 둘째 형 최승칠崔承七의 집에서 요양하다가 26세의 젊은 나이로 요
절했다. 최승구는 이 글 〈너를 혁명하라〉에서 니체의 '자아'와 '권력의지' 개념을 인
용하면서, 조선인들은 잠자고 있던 자신의 자아를 각성시켜서 선진 문명을 하루 빨
리 따라잡아야 한다고 주장하고 있다.
2 올리버 크롬웰Oliver Cromwell(1599~1658)은 17세기 잉글랜드의 군인 겸 정치가
이다. 호국경으로 잉글랜드와 스코틀랜드, 아일랜드를 다스렸다.
3 원문은 '프로텍터'인데, '호국경Lord Protector'을 말한다. 호국경은 1649년에 올리
버 크롬웰이 찰스 1세를 처형하고 세운 연방국The Commonwealth 수장의 공식 명
칭이다. 이에 대해서는 원광대학교 동북아시아인문사회연구소의 권의석 교수로부
터 도움을 받았다.
4 장기의회Long Parliament는 찰스 1세가 스코틀랜드 배상 문제로 1640년에 소집했

찔렀던 공화국[레퍼플릭칸]의 단두대나, 산악파山嶽派[마운테인][5] 격려하의 공안위원회公安委員會[6]의 아수라장을 의미할 터이다. 허나 이것이 Revolutionize yourself는 아니다.

혁명의 중심사상이 레볼트이든지, 로얄티이든지, 디스트럭티브이든지, 콘스트럭트브이든지, 여하간 그것이 실현된 결과에, 사상의 변천으로부터 제도의 변화까지 생기는 것은 한결같은 법칙[一揆]이다. 리볼루션이 혁신을 의미함과 같이, 혁명에 파괴가 있고 건설이 있는 것은 한 물체가 다른 물체의 고정된 위치를 동일점에서 범하지 못하는 것이나, 물체가 위치를 변동할 때에는, 거의 동일한 시간에 같은 용량의 다른 물체가 그 위치를 점령하게 되는 진리와도 의미가 같은 것이다. 혁명의 결과에 퇴화나 진보의 차이는 있을지나, 시간의 경과는 있는 바이며, 순서가 있거나 문란의 상태를 불문하고, 전후前後 모양[式樣]의 모순은 생기는 바이니, 영불英佛의 전일前日 혁명이 혁명인 것은 명확하다.

같은 이유로, 전제專制가 입헌立憲으로 변하거나, 입헌이 공화共和로 변하는 것은 통치권統治權의 혁명이요, 부용국附庸國이 독립국獨立國으로 변하는 것은 국체國體의 혁명이다. 식민지가 자립하게 되면 민족의 혁명이요, 사서士庶의 구별이 평등으로 되면 계급의 혁명이다. 분

다가 1660년 왕정복고 때 해산된 의회를 말한다. 크롬웰 시기에 공백이 있긴 하지만 장기의회가 소집된 기간 동안 크롬웰이 프라이드 숙청Pride's Purge을 하기도 하고, 의회를 군대 통제하에 두었다. 그래서 바로 이어서 "장기의회의 살풍경"이라는 표현이 나오고 있다.

5 '산악파La Montagne'를 말한다. 이에 대해서는 권의석 교수로부터 도움을 받았다.
6 공안위원회는 프랑스혁명 이후에 수립된 국민공회Convention의 중앙조직을 말한다. 산악파는 당시 공안위원회와 공민공회의 최대 세력이었다.

자설이 원자설로 변한 것은 과학의 혁명이요, 사실파의 인상파에 대對함과 이상주의의 유실물론唯實物論에 대對함은 예술의 혁명이다. 자연부화가 인공부화로 변한 것은 생식의 혁명이요, 파충류의 혈거穴居가 수초水草를 쫓아내게 될 때에는 거주지(奠接)[7]의 혁명이라 할 것이거니와, 혁명의 발생은, 사상의 변천이 동기가 되고, 진보의 경향은 핵이 되어, 내부로부터 외형에 미치는 것도, 부동의 진리라 할 것이다.

시간과 같이 물체의 존재를 인식할 때에는, 혁명―발전―을 인식을 할 것이요, 역사와 같이 인류가 생활을 경영할 때에는, 혁명―진보―을 연속하는 것이다. 완만한 진행과 일시에 폭발되는 차별은 있으나, 혁명이 있음으로 역사적 운동이 있는 바이며, 계속이 있음으로 폭발이 있는 것이다.

우리는 어떤 혁명을 요구하는가.―나의 혁명을 요구하는 바요, 너의 혁명을 요구하는 바이니, 이것이 즉 개인적 혁명―Revolution of Individuality를 요구하는 것이다.

"Revolutionize yourself!"를 굳세게 느끼다.

1

―깨어라.

시간은 벌써 많이 경과되었다. ―잘 때가 아니다. 해가 중천에 떠서 창살이 환하고, 뒷동산 대나무 숲에서는 참새가 짹짹거린다. 동쪽 이웃집[東鄰]에서는 집안일을 시작했고, 서쪽 이웃집(西鄰)에서는 밭

---

7 전접奠接은 "자리 잡고 살만한 곳을 정한다"는 뜻이다.

일이 반이 넘었으며, 온 천지가 밝게 비치고 온 동네가 소란스럽다. 잘 만큼 잤으면 깰 것이다. 어젯밤에 초저녁〔初更〕[8]부터 취침했고, 한밤중에 수차례 재난이 있었던 것도, 전혀 몰랐었다.

잠이라고 하는 것이 깨기 위하여 자는 것이지, 자기 위하여 자는 것은 아니다. 만일 자기 위하여 잔다고 하면 영원히 자고 말 것이니, 이것은 영면永眠이다—사체死體이다. 사체라 하면 북망산北邙山[9] 기슭에 매장을 당하거나, 박물관 안에 미라[10]로 내놓일 것이니, 이러한 불행〔所遭〕[11]과 같이 우리의 희망은 사라지고, 역사는 묻힐 것이다.

우리의 희망은 높고, 역사는 길며, 미라〔木內伊〕될 노정路程은 가장 먼저 앞에 있는 것이요, 공적이 없고 휘광이 없이, 그대로 묻히기에는 너무 애석한 일이다. 영악한 유령이 우리를 누르고, 숭엄崇嚴한 비평이 우리를 찌른다.—우리는 억압과 공포로 인해, 잠으로부터 깨어나는 혁명을 안 할 수 없게 되었다.

—일어나거라.

평화를 요구하고, 행복을 요구하나, 오색 베개〔繡枕〕[12] 옆에 평화가 있는 것이 아니며, 보석 담요〔寶褥〕[13] 위에 행복이 있는 것이 아니다.

---

8 오후 7~9시 사이를 말한다.
9 베이망산北邙山은 중국 허난성河南省 뤄양의 동북쪽에 위치한 산으로, 한대漢代 이후부터 묘지로 사용되었다. 그래서 묘지가 있는 곳을 '베이망산'이라고 일컫게 되었다.
10 원문은 '목내이木內伊'인데 '미라'를 말하는 것 같다.
11 소조所遭는 "고난이나 치욕을 당한다"는 뜻이어서, 여기에서는 '불행'이라고 번역했다.
12 수침繡枕은 직역하면 '수놓은 침대' 또는 '오색 침대'가 된다.
13 보욕寶褥은 직역하면 '보물 담요'라는 뜻이다.

우리의 평화는 전투 뒤에 있고, 우리의 행복은 퇴치의 뒤에 있는 것이다. 전투가 아니면 패배요, 퇴치가 아니면 멸망이나, 무장武裝하고 출마함도 기상起床 후의 일이거든, 하물며 우리는 오색 베개와 보석 담요에 누워 있는 것이 아니고, 삼척의 냉방[三尺冷突][14]에 풀로 된 돗자리 한 장[一立草蓆]을 덮었을 뿐이겠느냐.

천정에 붙어 있던 쉬파리가 날아가는 것을 보아라. 대청마루 밑에 누워 있던 누렁이가 뛰어다니는 것을 보아라. – 밤에 주려 있던 먹을 것을 찾기 위해서이다. 우리도 허기와 추위를 느낄 때가 되었고, 몹시 느낄 때가 되었으나, 열량이나 음식을 섭취하려고 해도, 기상起床한 후가 아니면 할 수 없을 것이다.

정靜하는 것은 동動하기 위하여 정靜하는 것이며, 휴식하는 것은 동작하기 위하여 휴식하는 것이니, 정靜하는 물체에는 잠재력이 있고, 휴식하는 인생에는 준비가 있는 것이다. 강철이라도 고정시킬 때에는, 산화酸化로 인하여 부식됨을 면치 못하고, 준비라도 이용利用이 아니면, 가라앉고 말 것이거든, 하물며 우리의 본질이 강철이 아니며, 침상에서 잠시 편안을 취함이 준비가 아님이겠느냐.—우리는 부식과 허기와 추위를 피하기 위하여, 일어나는 혁명을 안 할 수 없게 되었다.—광선光線을 받아라.

물동이 뒤에서 자란 콩잎이 부드럽겠지만, 엽록소[葉綠素]가 없으며, 심산유곡에서 열매 맺은 복분자가 클지라도, 단맛은 없는 것이다.

---

14 삼척三尺은 '길이가 석 자'라는 뜻이고, 냉돌冷突은 '몹시 찬 방'을 말한다. 참고로 '삼청냉돌三廳冷突'이라는 사자성어가 있는데, "금군禁軍의 삼청三廳은 방에 불을 때지 않아서 몹시 차갑다"는 뜻이다.

햇볕을 받지 못한 콩잎이, 비록 진미의 대열에 참여한다 할지라도, 동화작용을 하지 못한 것은, 식물이 양분을 기르는 본의가 아닐 것이며, 태양열을 받지 못한 복분자가, 비록 축의祝儀에 외관은 훌륭하다 할지라도, 산酸이 당분으로 변하지 못한 것은, 과실의 완전한 성숙이라 할 수 없는 것이다.

머리(頭角)를 들고 기립起立함으로(써) 말뿐이 아니라, 광선을 이용하여 물체를 관찰해야 할 것이니, 먼저 우리가 나체임을 볼 것이요, 우리의 모형模型이나 체적體積을 보아야 할 것이며, 다음에 다른 아름다운 색채와, 미묘美妙한 조직을 보아야 할 것이다. 컴컴한 동굴에서 손으로 더듬어 옷과 음식을 취하고, 은둔으로 적을 피할 때가 아니요, 훨씬 동굴 입구로 나와서, 손으로 더듬는 데에 관찰을 겸해야 하겠고, 관찰에 탐험을 겸해야 할 때이다.

관찰하는 안목은 연습을 계속함으로써, 작용이 활발하게 되는 바이나, 만일 오랫동안 정지할 때에는, 축軸에 고장이 생겨서 결국은, 회전하지 못하는 것 이상의 경우에까지 이르는 것이다. 런던[15]의 어느 다리[16] 밑에서 유영遊泳하는 물고기가 안구眼球는 뚜렷할지라도, 방향을 보지 못하는 것은, 다리가 가설된 이래로, 오랫동안 빛을 받지 못하여 실명이 되었기 때문이라고 한다. 이것을 듣고, 우리는 런던이 멸망하기 전, 그 다리가 무너지기 전까지는, 그 물고기가 점점 퇴화하여 결국은, 기괴한 눈 없는 물고기가 동물학의 새로운 표준이 되리라 추측할 것이다.

열을 받은 해면의 수분은 자유롭게 증발되는 것이고, 관찰이 명석

---

15 원문은 '론돈'이다.
16 원문은 '쁘릿지'다. 이하도 마찬가지다.

한 자연계의 인생은 구속받지 않는 태도가 생기는 것이나, 음냉陰冷하면 응결되는 것이고, 관찰이 없으면 외축畏縮되는 것이다. 응결하여 그치지 않으면, 빙하가 점점 증가하여, 여기서 세계의 말기가 이를 것이요, 외축하여 물러서기만 하면, 추구追究와 속박이 갈수록 심해져서, 여기에서 인생의 말로에 이르는 것이다.—우리는 색과 열을 받기 위하여, 광선光線 받는 혁명을 안 할 수 없게 되었다.

  —풍향風向을 맞아라.
  우리가 거처하는 곳은 감옥과 다름없어, 북창北窓 밖에는 문호門戶가 없으며, 창밖으로 오직 회색의 일광日光이 투사됨을 볼 뿐이요, 건조한 공기에 씻기지 못하여, 습한 것은 건강에 핍박을 가하고, 호흡은 질식하게 된다. 신선한 공기의 호흡이 아니면, 신선한 심리작용이 일어나지 못할 것이며, 풍력風力에 접촉되지 못하면, 강경한 내구력을 갖지 못할 것이다. 대기의 변화는 연풍과 강풍이 있는 것이거니와, 강풍을 당해 보지 못한 자는, 강풍에서 행진하지 못할 것이요, 평온한 수면에서만 노를 젓던 자는, 험악한 해양을 항해하지 못할 것이다. 성권成卷[17]의 역사와 각지의 보고는, 우리에게 기압계를 보이는 바이니, 이것으로, 우리 생활의 경로에는 평온함보다 파도가 많고, 청명함보다 풍우가 많은 것을 확실히 알 것이로다.
  풍향은 대기의 이동뿐만 아니라, 사상의 조류까지 포함하여 오는 바이니, 시베리아(사이쎄리아)와 만주(만츄리아)를 넘어서 오는 삭풍朔

---

17 오늘날 지구과학에서 말하는 '성충권成層圈'을 말하는 듯하다.

風은 러시아 사람의 위대한 의지(意思)[18]와 장족의 진보이며, 광활한 평원에서 군마群馬가 난명亂鳴하고 풀피리[19]가 슬피 우는 것을 느낄 수 있으며, 오스트레일리아(오스트렐니아)로부터 필리핀(필닙핀) 군도群島를 건너서 오는 훈풍薰風은, 미개지未開地의 침략과 비미比美[20]의 관계를 짐작할 수 있는 것이고, 아시아마인어[21]와 티베트(티쎗트)고원高原을 넘어 들어오는 서풍西風은, 게르만족(껠만族)의 발흥과 전 유럽의 동란動亂이며, 터키족의 쇠약과 반월기半月旗[22]의 무색이었던 것을 연상할 수 있으며, 태평양에서 하와이를 썻어서(싯쳐서) 들어오는 동풍東風은, 신대륙 인민의 열광과 만여동족萬餘同族의 갈망하는 것을 자극받을 수 있는 것이다. 원인이 있었기에 결과가 있는 것이니, 사소한 변태變態인들 어찌 의식하지 않고 간과할 것이냐. - 우리는 흥기하고 사조思潮받기 위하여, 온[23] 풍향風向을 맞는 혁명을 안 할 수 없게 되었다.

---

18 '意思'는 보통 생각이나 의사라는 뜻인데, 뒤에서 니체를 소개하면서 '권력의사權力意思'라는 표현을 쓰고 있고, '자유의지'라는 철학 용어도 '自由意思'로 표기하고 있어서, 여기에서는 '의지'로 번역했다.

19 원문은 '胡茄'인데 '胡笳'의 오기誤記인 것 같다. 호가胡笳는 한나라 때에 서역에서 중국에 전래된 악기로, 태평소나 풀잎피리를 말한다. 호가와 관련된 작품으로는, 한나라 때 음악과 문학에 뛰어난 재능을 지닌 채염=채문희이 자신의 기구한 일생을 노래했다고 전해지는 〈호가십팔박胡笳十八拍〉이라는 서사시가 유명하다. 이외에도 두보杜甫의 「우청雨晴」이라는 시에 "胡笳樓上發"호가소리 누대 위에서 들려오네이라는 구절이 나온다.

20 '비미比美'는 필리핀과 미국을 말한다.

21 '아시아마인어'는 지명을 가리키는 것 같은데, 구체적으로 어느 지역인지는 모르겠다.

22 '반월기半月旗'는 터키의 국기 '월성기月星旗'를 말하는 것 같다. 월성기는 빨간 바탕에 흰 초승달과 별로 이루어져 있다.

2

─자기를 찾아라.

우리는 자연으로부터 공간이 없이 포위되어 있고, 사람으로부터 연쇄와 같이 접촉되어 있어서, 거의 자아를 인식하지 못하게 되었고, 자아의 존재를 망각하게 되었다. 허나, 우주는 개체의 단위로부터 조직되었고, 개체는 개성[24]의 특수한 것으로 조직된 바이다. A와 B가 있을 때에는, A와 B가 개체되는 동시에 A와 B가 같지 않으며, 혼동되지 못할 것이요, 피彼와 아我가 있을 때에는, 피彼와 아我가 개체되는 동시에 피彼와 아我가 같지 않으며, 혼동되지 못하는 것이다.

우리는 육체나 뼈의 본질─화합化合된 원소─이 같고, 구조되는 양식이 같다 할지라도, 세포의 조직이나 섬유의 접착면이 같지 않을 것이요, 장단이나 비중이 또한 다를 것이다. 우리에게는 유전과 습관에 공통되는 점이 있다 할지라도, 감각[覺官]과 본능이 다르고, 윤리적이나, 논리적이나, 미적 양심良心이 다를 것이며, 이것을 통일하여 적극 혹은 소극으로 단행하는 권위가 또한 다를 것이다. 만물[萬有物體]의 실재를 인식하는 것도, 자기를 중심으로 하는 의지에서 나오는 것이요, A를 변함없이[變치 안이하고] A로 보는 것도, 자기를 중심으로 하는 통일성에서 나오는 것이다.

그 사이에 우리는 어떤 상태로 지나왔나.─쓰려[고] 해도 써지지 않는 것이 아닌가. 우리의 육체[肉]와 영혼[靈]은 속박을 당하였다. 우리는 피정복자가 되었다. 우리는 노예가 되었다. 그래서, 우리의 감각

---

23 원문은 '웬'인데, 문맥을 고려하여 '온'으로 번역했다.
24 원문은 '固性'인데 '個性'의 오기誤記가 아닌가 생각된다.

〔覺官〕은 움직이지 못하고, 본능은 발동하지 못하며, 양심은 껍데기만 남게 되었고, 통일성은 잃어버리게 되었다. 고통을 느끼지 못하게 되었고, 자유의 운동을 얻지 못하고, 치욕을 기억하지 못하게 되었으며, 조상이나 재산을 주장하지 못하게 되었다. 인격의 권위는 땅에 떨어져 완전히 유린을 당하였고, 구제하지 못할 파멸이 풍전등화와 같이 임박하였다.

니체〔니-지에〕가 말하기를 "나의 벗이여, 너의 감정과 너의 사상의 배후에는, 어떤 힘센 주인—보지 못하는 철인—이 있다. 그 이름은 자아自我라고 한다. 그것은 너의 신체에서 살고 너의 신체에 있다"[25] 하였다. 그 이른바 자아—fulbft—self는[26], 감정이나 사상을 분배하는〔配하는〕 권력의지[27]를 의미하였었다. 우리는 각각 우리 자아—ownself—yourself—의 힘을 빌리지 않으면 안 될 것이다. 직접 전선〔戰鬪線〕에 내놓지 않으면 안 될 것이다. 그것을 내세우기 전에 먼저 구해야 할 것이오, 환기하지 않으면 안 될 것이다.

우리는 이 자아와 교섭하지 않은 지 오래됐기 때문에, 하루아침에 환기하려면, 절규하지 않으면 안 될 것이요, 강력으로 일으키지 않으면 안 될 것이다. 환기하여, 우리는 이전과 같이 빈껍데기의 우리가 되지 말고, 내용이 충실한 우리가 되어야 할 것이요, 부분의 우리가 되지

---

25 이 인용구는 니체의 《차라투스트라는 이렇게 말했다》 제1부의 〈신체를 경멸하는 자들에 대하여Von den Verächtern des Leibes〉에 있는 글이다.

26 여기에서 표기된 '자아'는 현재 '자기'로 번역되어 사용된다. 니체는 자아Ich와 자기Selbst를 개념적으로 구분한다. 'fulbft'는 독일어 'Selbst'의 오기다.

27 원문은 '권력의사權力意思'다. 참고로 《학지광》 6호(1915.7.23.)에 실린 최승구의 〈불만과 요구〉에는 '권력의지權力意志'라고 표현되어 있다.

말고, 전체의 우리가 되어야 할 것이다. 우리가 우리된 후에, 육체와, 감정과, 양심과, 본능을 통일하여 권위를 떨치며, 생활의 길로 나아갈 것이다.

　―생활하여 가거라.

　주장을 알고, 퇴치를 알고, 수용[攝取]을 알았으나, 아는 것을 희망으로 하여, 희망을 실현하지 않으면 안 되는 것이니,―즉 우리는 우리 성격에 적합한 생활 법칙을 발견하여, 현실 세계에서 생활하여 가지 않으면 안 될 것이다.

　역사가 법칙을 표방하고, 전철前轍도 법칙을 암시하는 바이나, 생활의 법칙은 시대를 따라서 변하고, 사람을 따라서 다른 것이니, 전前에는 전前의 법칙이 있고, 그에게는 그의 법칙이 있을 터이나, 우리에게는 우리의 법칙이 있는 것이다. 쇄국시대에는 도덕의 법칙을 행하였다 할지라도, 문호를 개방하여 이민족이 침입할 때에도, 고착된 도덕만 지킬 수는 없는 것이며, 강하여 고위高位에 선 자가 평화를 부르는 것이지, 약하여 저급으로 떨어진 자까지 평화를 찾을 수는 없는 것이다.

　우리가 우리의 경우로 생활 법칙을 발견하고자 할 때에는, 자유의지[自由意思]의 자각으로 발견할 것이요, 부단히 충동적으로 일어나는 [衝起] 실감으로 발견할 것이며, 흠결이 있는 대로 창조할 것을 발견할 것이다. 자각이 아니면 견고하지 못하고, 실감이 아니면 열렬함과 계속적이 되지 못하며, 창조가 아니면 완전하지 못한 것이다. 척도가 구부러진 것을 보았으면, 곧게 할 것이요, 자기의 소유가 다른 사람의 점유가 된 것을 깨달았을 때에는, 즉석에서 환수할 것이며, 남에게는 창이 있고 나에게는 방패만 있을 때에는, 나도 창을 만들어야 할 것이다.

우리는 앞 시대의 사람보다, 생활을 지극히 존중하여야 할 것이며, 이상보다 행위를 존중하여야 할 것이다. 일생을 구차히 보내려 하거나, 생명의 유지에만 만족할 것이 아니라, 생生으로부터 사死에까지 풍요한 생활은 힘쓸 것이요, 더욱 영원히 원만한 생활을 힘쓸 것이다. 관망이나, 추이나, 의뢰가 없을 것이요, 자기의 일은 자기 자신이 정확히─굳세게─실행하여야 할 것이다. 보수보다 전진을 요구하고, 존재보다 향상을 요구하는 것이나, 전진과 향상에는 목적하는 처소處所가 있는 것이니, 우리의 표적은 우리가 아는 바이거니와, 그 표적을 일직선으로 향하지 않으면 안 될 것이다.─똑바로 과녁을 겨냥하는 궁수는, 비록 하늘〔雲漢〕이 살아 있는 그림처럼 장관일지라도, 그곳에 눈을 흘길 수 없는 것이며, 꿩〔火雉〕이 수풀더미에서 비약한다 할지라도, 그곳에 미혹될 수 없는 것이다.

─열 배의 속도를 더하라.

문화의 정도는 공통점에서, 하나의 선을 그을 수 있는 것이니, 오늘날 열국列國의 상태가 대부분 서로 대등한 점에 의거하여, 소위 문명의 선을 긋고 보면, 각국의 인민은 이 경계선 밖에서 활약함을 알 수 있을 것이다. 종족 간의 진보는 선의 단위로부터, 혹은 십여간十餘間, 혹은 이십여간二十餘間의 거리를 표시하여 들쑥날쑥하나, 여전히 미치지 못할까 걱정하여 전력으로 선두를 경쟁하는 바이니, 최근 민주주의 승리자 윌슨〔윌손〕은, 자국의 법률이 사회상태의 변화와 나란히 가지 못하여, 인민의 진보된 정도가 출발점에서 우물쭈물함을 개탄했고, 세계에서 희망하고 표시하는 점까지 도달하려면, 합리적 진행의 예정보다, 두 배의 속도가 요구됨을 절규했다.

이 절규는 우리로 하여금 송구스럽고, 부끄럽게 한다. 보아라, 우리의 위치는 어떤 지점에 있나…. 이들은 문명의 선線에서, 더 나은 문명 더 높은 문명을 요구함이거니와, 우리는 더 못한 문명, 더 얕은 문명의 선까지 가기에도 전도前途가 아직 멀었고, 문명선文明線 이내─제2선第二線의 출발점에도 아직 도달하지 못했다.

선線은 고정된 것이 아니고, 움직이는 바이며, 하나에 한정된 것이 아니고, 여럿이 있는 것이니, 유치원이나, 소학, 중학, 대학 운동회의 경주선이 다를 것이요, 출발점도 따라서 다를 것이라. 우리는 대학운동회에 참가할 나이를 먹었고, 신체도 가졌으나, 주위에서는 우리를 성년成年으로 인정하지 않으며, 완전한 인격을 허락하지 않는다. 이들은 대학 운동회의 회원이거니와, 우리는 중학의 도보 경주에서 낙선하였다. 이로부터 우리는, 대학의 선수 경주까지 하여야 할 터이나, 먼저 대학운동회에 참가하기 위한 선수 경주─성인成人을 선언하는 경주─를 하여야 할 것이다. 이 선이 점에서 출발하여, 목적점에 이르러 성인을 선언한 후에, 그 선 그 점─대학운동회의 경주선─에서, 또 질주하여야 할 것이다.

하면, 우리는 이 선이 점에서, 그 선 그 점을 들러 최고급선까지 도달하기에, 몇 배의 속도를 요구하겠는가. 적어도 열 배의 속력으로 질주하여야 한다. 우리는 매진할 것이니, 하등의 규범이 없고, 하등의 제한이 없는 것이다. **정의의 앞에는 공포가 없고, 확신의 앞에는 용기가 생기는 것이다.**

1915년 5월 4일

(번역: 조성환)

불만과 요구 – 가마쿠라로부터[1]

최승구, 〈不滿과 要求 – 鎌倉으로붓허〉, 《學之光》 第6號, 1915. 7. 23.

최승구

—H형,

형과 그 때에 작별한지 삼일 후에 이곳으로 왔소. 재작년 늦가을
에 한 번 방문하였던 곳을. 지금 다시 寒□[2] 묻게 되니, 반갑기도 하고,
친숙하기도 하오.

고적古蹟이 많은 이곳이라 하오. 공연한 호사적好事的 기벽氣癖을
가진 인생이, 왕왕 기괴한 흔적을 만든다 한들, 어찌 자연을 도둑질하
거나, 오욕할 수 있겠소. 산하는 점유자가 생긴다 할지라도, 그것의 자
연은 처분하지 못하고, 암석층은 연대를 나타낸다 할지라도, 그것의 자
연은 항상 신선하오. 들판은 농아聾啞이나, 종달새는 노래하고, 어초漁
礁[3]는 부동의 님〔不動尊〕[4]이나, 해양은 울부짖소.[5] 하자 없이 맑고 깨끗

---

1 가마쿠라鎌倉는 일본의 요코하마시 남서쪽에 위치한 도시로 휴양지와 관광지로 발
전했다.
2 '寒' 다음 글자가 잘 보이지 않는다.
3 어초漁礁는 '물고기가 많이 모여드는 유리한 조건을 갖춘 어장'을 말한다.

한 것을 내가 좋아하고, 악의없는 자연은 차별 없이, 진객珍客을 환영하오. 들판에 발을 디디고 해면海面으로 향할 때에, 나는 환희의 빛이 얼굴에 작렬하고, 온정의 기류가 가슴 속에 용솟음치는 것을 느끼었소.

형아. 땀나는 육신을 녹균綠菌이 펼쳐져 있는 방초제芳艸堤에서 시원하게 말리고, 과거의 눈물을 자줏빛 이끼〔紫苔〕가 깊숙이 부유하는〔暗浮〕 해면海面에서 씻어내리니, 상쾌도 한 가득이고〔滿襟〕 비애도 한 웅큼이다〔一掬〕.

"벗아 가자 벗아 가자,—
너 힘쓰고 나 애쓰자
구름은 담백하고 바람은 가벼운데
한낮도 이미 가까웠으니
꽃구경하며 버드나무 따라
전천前川으로 쫓아가며
회포를 풀며 위로하자
맛있는 시도 회자하며."

이렇게 하자고, 그때에 K형과 우리 두세 사람의 후일을 언약하였던 것이, 지금까지 귓가에 창창한데, 유독 나의 노고도 없었거니와, 계절〔良辰〕이 비록 아름다우나 좋은 벗을 동반하지 못하였으니, 슬퍼하는

---

4 '不動尊부동존'은 불교 용어로, '부동명왕不動明王'의 존칭이다. '부동명왕'은 중앙을 지키며 일체의 악마를 굴복시키는 왕으로, 보리심이 흔들리지 않는다 해서 '부동'이라는 이름이 붙었다.
5 원문은 '嘯하다'이다. 소嘯는 '꾸짖다', '울부짖다', '휘파람을 불다'라는 뜻이다.

〔悵昂〕심정을 금하기 어렵소. 다만, 이때 나의 심장의 고동을, 동거하는 〔連床한〕 두 형에게 전하고자 하고, 망연茫然한 나의 감회는, 형의 명민한 묘사를 요구하오. (4월 3일.)

　　—H형,

　쇼난湘南[6] 일미一味라 하는 도미조림〔黑鯛煮〕에 산해진미를 곁들여서, 하녀의 극진한 시중으로, 흰쌀밥에 저녁을 두둑이 먹고 나서, 책상에 의지하여 녹차를 마시고 앉았으니, 피가 덥고, 마음이 즐겁소. 동경 하숙 구석에서, **된장국**에 **노란무** 쪽만 빨던 것보다는, 엄청난 귀족적 생활이오. 반항적 태도의 횡강목[7]이 가슴에 가로 뻗치어, 불시에 귀족적 생활을 하고 싶은 생각도 없지 않소.

　형아, 이것을 만족이라 하겠는가, 불만족이라 하겠는가. 배가 부르고 사지가 풀리니, 만족하지 않는 것도 아니오만, 작은 만족이 어찌 큰 불만을 이기겠소. 나는 더 큰 불만을 가지고 이곳에 왔거든.

　산수에 의지하여 앉으니 여관은 매우 정적하오.—늦여름〔暑季〕이 아닌 임해臨海의 나그네는 매우 희귀한 듯하오. 어부는 그물을 거두어 마을로 돌아가고, 부엌에서 일하는 소녀는 그릇을 치우고 화로 옆에 앉은 때인 듯하오. 바람은 처량하고 비는 소소한데, 파도의 성난 소리만 들릴 뿐, 홀몸에 그림자만 벽을 비추오. 형아, 사방에 대한 묵상은, 자아의 혼동混同으로부터 분리, 분리로부터 혼동, 자아의 심령은 혼동과

6　쇼난湘南은 가마쿠라시에 인접한 지역을 말한다.
7　원문은 '橫扛木'인데 '橫杠木'의 의미로 쓴 게 아닌가 생각된다. 횡강목橫杠木은 "입관入棺할 때에 관 위에 가로 걸쳐 놓는 세 개의 가느다란 막대기"를 말한다.

분리 사이에서 고투하게 되었소. 다시, 어떤 불만으로 내가 이곳에 왔나.—우연히 전날 이곳에 머물렀던 L군이 선사한 시를 그리워하였소. 문구대로 다 암송하지는 못하나,

"만수萬樹가 합창하니〔同聲〕
골짜기가 구르고,
천파千波가 싸우니〔作戰〕
바다가 뒤집힌다."

함이오. 침엽의 동요가 천둥의 소리를 짓고, 소분자小分子의 불평이 산악의 물결을 일으키는구려. 흩날리는 모래와 내달리는 돌멩이에 획- 획-, 협곡을 소탕하기까지 이를지라도, 침엽의 원모습이 다시 회복되지 않으면, 맹풍猛風이 잠잠해지지 않을 터이오. 배가 부서지고 선박이 뒤집혀서 쏴-쏴- 분지盆地까지 노출될지라도, 소분자의 평준이 아니면, 파도는 영겁 동안 쉬지 않는 것이오.

소분자의 세력과 운동이 미약하다, 멋대로 판단하던 인생으로 하여금, 심산(深林)의 앞이나 대양大洋의 면面에서, 저들의 이러한 단련과 시험을 목격하게 하면, 얼마나 그 위대함을 감각하게 될까.—불평의 기세와 운동의 계속이, 얼마나 위대함을 실감하러 왔나 보오.

형아, 우리의 모임에는 어떠한 기세와, 어떠한 운동이 표현되는가…. 묻고자 함이 아니오, 단련과 시험을 보이고자 함이오. (4월 3일 밤.)

—H형,

그 사이에 나는 형을 자주 생각하게 되었소. 만나는 대로 토론하

는 것도 생각나는 중, 혹은 순서적으로 생각된 듯한 것은, 개략을 발췌하여 고감高鑑을 청하오. 우리 모임에 '자아의 실현'과 '공공의 도리圖利'의 이대二大 사상에, 회의하는 태도를 왕왕 목도한다 하였소.―물론, 자아와 공동公同이 구별되는 경계선이 어디까지인지, 실현과 도리圖利의 명확한 범위가 어디까지인지(원래도 엄격한 설명은 없다 하오), 충실한 내용이 없고 윤곽의 생각뿐인 나로서, 이러한 큰 문제를 구필口筆로 표시하기에는, 실로 주저를 면치 못하는 바이지만, 나에게는 한편으로 주저를 타파하는 대담함이 있소. 대담함이라 하면서도 자신이 있소. 즉 나의 이 문제에 대한 생각의 결과가, 비록 요구하는 많은 내용을 포함하지 못하였으나 어느 정도 담겨 있고, 또 윤곽만으로는 분명히 착오가 없다 하오. 또 내가 대담해지는 이유는, 어떠한 모임에서 자극받은 일이 있고, 또 나도 실로 어느 편이든지 인력引力이 있는 것을 느끼기 때문이오―.

이와 같은 회의懷疑가 만일, 격렬한 공공사업가에게 접촉되면, 곧 쇠뭉치를 가지고 분쇄하려 들터이나, 하나, 두 사상의 절대적 주장은, 암지暗地 충돌이 생기지 않을 수 없을 것이오, 또 지식의 진보적 방면으로 보면, 진기하게 여길 가치가 있지 않은가 하오. 대집념大執念이 잡혀질 일정한 시기에 도달하기 전에는, 회의懷疑와 해결이 생각의 진행 중에 왕래하는 것이나, 집념이 된 신앙으로 자아의 실현을 주장하여, 완전한 형체를 이룬다 하면, 다만 그것 뿐으로서도, 사상계의 견식으로서는, 경앙敬仰의 도리(誼)를 표하지 않을 수 없는 것이라 하겠소. 하나, 사업 방면으로서는 추호도 가치없는 것이라 할 것이니, 회의懷疑가 있다고 해서 공동共同의 힘이 생길 수 없고, 공통점으로 향하는 연락이 없으면 애정이 없고, 비난과 괴리만 생기게 될 터이오. 실로 공공公共과

배치하여, 자아의 실현을 완전히 할 수 없는 것은, 명약관화하거니와,[8] 절대로 주장하는 자는, 사업의 파괴자로 간주하는 것도 지나친 것이 아니라 하오.

근대에 대두된 **니체**(닛–제)[9]의 사상이, 비록 개성의 수습收拾에는 적절하다 할지나, 당사자로서 임박한 공공의 문제를 포기하고, 절대적 개인주의만 주장할 수는 없다 하오. 불가하다 단언하는 것보다, 실제로, 사회 생활하는 우리 인류에게, 그와 같은 박정한 생각이 있을까 의문이오,

니체를 '개인주의자'라 부르는 것보다 '행위의 선전자宣傳者'라 논평함과 같이, 그의 주장에 감화를 받은 **게르만** 민족이, 오늘날 하나가 되어 쉬지 않고 달리는〔一致驀致〕[10] 세력을 보면, 개인주의자의 사회에 대한 관련도, 그렇게 적은 것이 아니거니와, 그의 태도도 경솔히 판단할 수 없는 것이라 하오.

그가 주장하는 **권력의지**[11]라 하는 것도, 나는 감히, 자아의 적에게만 향하는 것이라 하지 말고, 자아의 친류親類의 적에게도 향하는 것이라 해석하고자 하오 – 오늘날 게르만 민족의 표징이 아닐까. – 해석으로 구차한 합치〔苟合〕를 원하는 것이 아니라, 실제에, 인류나 동물에게는 이성보다 더 강한 힘나는 이 힘을 충동적 – 정情에 쏠리는 – Impulsive로

---

8 원문은 "前鑒이 昭然하거니와"이다. '前鑒昭然전감소연'은 "거울에 비춰 보는 것처럼 앞으로의 일이 아주 분명하다"는 의미의 사자성어이다.

9 원문은 '닛–제(Nietzsche)'라고 표기되어 있다.

10 '맥驀'은 '말을 타다', '곧장', '쉬지 않고', '갑자기', '쏜살같이' 등의 의미이다. 그래서 "일치맥치一致驀致"를 "하나가 되어〔一致〕쉬지 않고 달린다"고 의역했다.

11 '권력의지'는《학지광》5호(1915.5.)에 실린 최승구의 〈너를 혁명하라〉에서는 '권력의사權力意思'라고 표현되고 있다.

형용하고자 하오. 이 있어서, 공동共同을 방조幇助한다 하오. 양주楊朱[12]
가 만일, 어린아이가 기어서 우물에 들어가는 것을 본 일이 있었다 하
면, 반드시 구제하였을 것이라 하오. 만일 수수방관하였다 하면, 그것은
자기 주장의 이성으로, 이성보다 강한 힘 – Impulsion을 억제하기에,
무서운 고통을 느꼈을 것이오, 전율하였을 터이오, 이무기가 참새 둥지
를 습격하여 새끼 참새를 삼키고자 할 그 순간에, 어미 참새는 사력死力
으로 저항하오. 당장에 삼키고자 할 그 순간에, 어미 참새는, 자기의 능
력이나 자기의 생명을 생각하는 이성보다, 과거나 미래의 향락을 생각
하는 이성보다, 다만 새끼 참새가 위험에 희생이 되려 하는—앞서는 강
한 힘—Impulsion이 발동되는 것이오. 더 엄격히 말하면, 어미 참새에
게는 "희생이 되겠다"하는 생각의 힘이 아니라, "저놈의 **주둥이**를 곧 쪼
아 부수겠다" 하는—곧 덤비는 힘이라 할 것이오.

하면, 사회생활의 가치를 부인하고, 공공公共을 배척하는 자의 내
용이, 얼마쯤이나 충실한 것을 간파할 수 있다 하오. (4월 4일.)

최근에는, 사회개량社會改良에 노력하는 이에게 '제 것 보존'과 '남
의 것 수입'의 두 가지 의견이 있겠다 하였소. 이에 대해서는 더욱, 실무
에 적합하지 않은 우리가, 무책임한 논란을 해 보고자 함은 아니오. 다
만, 형도 나의 의사意思와 공명共鳴이 있는 듯하기에, 쓰는 길에 마저 표
명(表白)하여, 그리고 형과 나의 통신의 일부에 참여케 함이오.

두 의견이 현 사회에 동일하게, 절대적으로 필요하다든지, 이 주의

---

12 고대 중국의 사상사로, 자기만을 위하는 '위아주의자爲我主義者'라고 《맹자》에 묘
사되고 있다.

主義의 실행이, 언제든지, 사회 진보에 수반한다, 하는 것은 길게 제기하지 않겠소. 요컨대, 순서의 선후가 귀중[13]한 문제일 터이오. 30년 이전부터 논구하였을 이 문제가, 오늘까지 어떤 개인의 노력과, 작은 부분의 개량改良은 있다 할지라도, 전부 일치되는 실적을 볼 수 없는 것은, 실로 큰 유감이라고도 하려니와, 생면부지(生面)처럼 인사人事하게 된 것은, 차라리 변괴變怪라 하겠소.

나는 감히, '남의 것 수입'이 제일 순서로 있을 것이라 하오. 위치의 교환뿐만 아니라, 신속하게速步的으로 실행이 있어야겠다 하오. 부호의 생활을 직접 목격하지 않으면, 근검저축하여 자기도 부호가 되겠다는 각오가, 강하게 생기지 못할 터이오, 박람회를 실제로 관람하지 않으면, 문명의 생활제도가 얼마나 부러운 것이며, 자기네 노력은 얼마나 있어야겠다는 결심이, 열렬하지 못할 것이라 하오. 실제로 관람하지 못할 경우에는, 표본이 필요한 것이니, 교사의 서너 시간 강설이, 학생에게는 한 번 보는 표본품과 같이, 강한 기억력을 주지 못할 것이며, 비교의 대상이 있어야, 자기의 강약이나 장단을 알 수 있는 것이니, 신新을 알아야, 구舊됨을 알 것이오, 남(他)을 알아야, 나(我)의 어떠함을 잘 아는 것과 같이, '남의 것 수입'은 문명을 증진하는 표본을 만드는 것과 같은 동시에, 자타문명自他文明의 정도를 비교하는 척도라 하오.

'남의 것 수입'이라 함은, 남이 못하는 것을 수입함이 아니오, 남이 잘하는 것 ― 문명을 수입함이니, 수입에 반드시 해가 수반한다 하는 것도 공론空論으로 치닫는 것이 아닐까 하며, 극렬한 직접 수입의 결과에, 쓸데없는 비용이나 사치며, 풍속 문란의 폐해까지 발생하지 않는

---

13 원문은 '貫重한'인데 '貴重한'의 오기가 아닌가 생각된다.

것은 아니나, 사업의 **긴급** 문제에는, 적은 부분의 하자를 신경쓸 수 없을 것이오. 사업 진보의 시간문제에도, 또한 하자를 피하지 못할 것이니, 수입을 먼저 장려하여야, 자존자만自尊自慢하는 보수가 적게 되고, 향상 진보하는 경향이 강할 것이며, 더욱 **귀중**[14]한 문제가 되는 것은, **제 것**만 가지고 향상 발전하는 것보다, **남의 것**을 비교하여 향상 발전하는 시간이 두 배로 빠를 것이라 함이니. 인류에게는 모방성의 신속한 발달[發作]이 있으므로.

오늘 일은, 사회의 진보가 문제거리가 아니오, 사회의 생명 문제이니, 순서를 등한시하고, 시간을 망각하는 것은 사회의 생명을 등한시하거나, 망각하는 것과 마찬가지가 아닐까 하오. 우선 사회의 생명과 활력을 유지하여, 상당한 진보—참작, 타협하는. 즉 진보를 비교하는 능력까지, 사회의 생명을 갖게 된 연후라야. 여기에서 참작이니, 타협이니, '제 것 보존'이니 하는 주장이 입소문으로 퍼지고, 실행이 있을 줄 아오.

나는 실로 노령의 어르신에게 불평[苦情][15]을 사뢰고자 하오. 먼저 어떠한 것이 **제 것**이오. 제일第一의 **제 것**이오? 제이第二의 제 것이오? 제일第一의 **제 것**은 분뇨로 매장하고, 제이第二의 **제 것**[은] 한학漢學을 주장함이 아니오? 관혼상제가 이치에 어긋나고 복잡한 유교의 도덕을 고수함이 아니오? 또, 어떠한 것이 그 사이의 수입이오? 벼슬살이 열풍[仕官熱]의 수입이오? 어른을 능멸하고 사람을 멸시하는 수입이오? 차와 말을 타고 거만하게 돌아다니는 수입이오? 교육기관의 설치가 없었

---

14 원문은 '貫重한'인데 '貴重한'의 오기誤記가 아닌가 생각된다.
15 '고정苦情'은 한자어로는 '괴로운 심정'이라는 뜻인데, 일본어에서는 '불평'이라는 뜻으로 쓰인다. 여기에서는 〈불만과 요구〉라는 제목의 의미를 감안하여 '불평'이라고 번역하였다.

고, 사회제도의 개량이 없이, 무엇을 수입하였다 하겠소? 또, 어떠한 것이 폐단이라 하겠소? 알아들을 수 없는 이상한 언어를 배우는 것이 폐단이라 하겠소?[16] 사회교육을 배우는 것이 폐단이라 하겠소? 자주 자립의 생활력을 추구하는 것이 폐단이라 하겠소? 큰 사랑채에서 노복奴僕을 질타하고, 작은 사랑채에서 동몽선습重蒙先習에 欠□[17]하는 것이 폐단이라 하겠소? 사회의 생명과 활력을 생각하지 않고, **제 것 제 것**[18]만 고수하자는 것은, 또한 고수에 생명이 없는 것이오.

　　형아, 과하다 하지 마오. 신체를 가두고〔囚人身〕 신체를 없애는〔滅人身〕 데야, 어찌 불평〔苦情〕이 없으며, 우리의 사회 우리의 어르신에게야, 어찌 불평〔苦情〕의 고백이 없겠소. (4월 5일.)

　　―H형,

　　이것도 언제쯤인지, B관館 C형兄에게 설득〔說及〕되었던 바인 듯한데, 지금 마저 연상되오마는, 전날의 동양철학이 과도하게 **생활**을 멸시하였던 것은, 실로 통절히 느끼는 바요. C형은 유물론의 폐해도 서양에 있었다, 하던 말을 들은 듯 하오만은, 나는, 우리 사회에 대해서는, 오히려 전날에 유심주의가 행해졌던 것보다, 유물주의가 행해졌더라면, 지금의 해독이 어느 정도 가볍지 않을까 하오. 중국〔支那〕의 상고 시대

16　원문은 '南蠻鴃舌之言'인데 《맹자》〈등문공(상)〉에 나오는 '만남격설지언南蠻鴃舌之人'을 이렇게 쓴 것 같다. '南蠻鴃舌之人'은 "알아들을 수 없는 새 소리를 말하는 남쪽 오랑캐 사람"이라는 뜻이다.
17　欠 다음의 글자가 빼처럼 보이는데, 전후 문맥 상 의미는 "빠져들다" "몰두하다"인 것 같다.
18　원문은 '게것'인데 '제 것'의 오기가 아닌가 생각된다.

에 대현大賢이라 하던 이는,

"일단사—簞食와 일표사—瓢食로도 즐거움이 거기에 있느니라樂
在其中"[19]

라고 말하였고, 중고中古 시대에 석유碩儒라고 하던 이는,

"부귀富貴에 빠지지 말고, 빈천을 즐겨라"

불렀던 것을 생각하였소. 저들은 실로 부귀를 혐오한 것이 아니
오, 탐오貪汚를 혐오한 것이며, 빈천을 즐긴 것이 아니오, 주의主義를
즐긴 것이었소. 저들은 깨끗한 덕을 존중하여, 늦가을[20]의 쓸쓸함과,
눈 내린 들판의 적막함과 같은—간결한 일생을 추앙하였소. 후생이
여기 집착한 결과는, 이름[名]만 존중하고, 실질[實]을 무시[21]하였으
며, 의관을 정제하고 무릎 꿇고 앉아서 벽을 보고 책을 읽을 때에, 눈이
3척이나 쌓여서 문 앞을 지나갈 수 없어도, 아랑곳하지 않았으며, 비가
억수같이 내려서 양식이 전부 떠내려갈지라도, 아랑곳하지 않았소. 처
자가 얼어 죽고 굶어 죽어도, 태연하였으며, 옷을 백 번 기워 입어도[22]

---

19 《논어》〈옹야〉편에 나오는 공자孔子의 말 "一簞食, 一瓢飮. 在陋巷, 人不堪其憂"가
출전이다.
20 원문은 '풍진楓辰'인데, 단풍이 한창 물드는 음력 9월을 가리킨다.《한국민속대백
과사전》'풍신楓辰' 항목 참조.
21 원문은 '母視'인데 '毋視'의 오기誤記인 듯하다.
22 원문은 '懸鶉이 百結일지라도'이다. '백결百結'은 '백결선생'으로 유명한 말인데,
《삼국사기》〈백결선생〉전기에 "衣百結若懸鶉"(옷을 백 번이나 기워 입어서 마치 메

자약自若하였소. 만일 저들에게 우연히 풍부한 재산이 있었다면, 십중 팔구는 방치할 뻔하였고, 벼슬보다 은둔을 주장하였으며, 무엇보다도 청백을 추앙하였소.

이 사상의 감염을 받은 우리 사회는, 조선〔李朝〕에 들어서는 본 발원지보다도, 한층 더 생활을 경멸하였으니, 포의布衣, 은일隱逸, 산림山林, 도덕가道德家, 청백리清白吏의 숫자를 역사적으로 고증한다 하면, 우리의 앞 시대와 같이 많은 곳이 없을 것이라 하오. 물론,[23] 이 중에 사상가나 사업가가 없었던 것도 아니나, 일반적으로 교슬膠瑟[24]의 폐단에 몰락하여, 전날에는 생활에 하등의 불만이 없으므로, 정신적으로나 물질적으로, 반항이 없고, 향상의 발전 및 외부로 확장이 없었으며, 그 폐단이 누적되어 온 오늘에는, 나약이 극도에 달하고, 미술은 전부가 거의 인멸되었으며, 물질적 생활의 압박에 대한 반동은, 최근 5-60년 이래로, 탐관오리의 학정이 극심함에 이르렀고, 지금의 무기력한 인민은 생존욕에만 집착하게 되었으니, L군의 "저급의 생존욕"도 그러하거니와, 농민이 더욱 심한 상태에 있는 바이니, 어떠한 치욕이든지 아랑곳하지 않고, 어떠한 조악粗惡이든지 관계없이, 1시간 1일 동안의 생명 지속에만 급급하게 되었소. 저들은 무신경적으로 움직이며, 나체와

추리를 거꾸로 매단 것 같았다)는 표현이 나온다. 본문의 "懸葛이 百結일지라도"는 이 표현을 축약한 것 같다.

23 원문은 '毋論'인데, '毋論'의 오기인 듯하다.

24 교슬膠瑟은 '아교로 붙인 거문고'라는 뜻으로, 교주고슬膠柱鼓瑟의 준말이다. 비파나 거문고의 기러기발을 아교로 붙여 놓으면 음조를 바꾸지 못하여 한 가지 소리밖에 내지 못한다는 뜻으로, 고지식하여 융통성融通性이 전혀 없거나, 규칙에 얽매여 변통할 줄 모르는 사람을 비유할 때 쓰는 말이다.

구육垢肉[25]으로 뛰어다니며, 조강糟糠[26]이나 조포粗布[27]를 구하러 혈주血走하게 되었소.

형아, 실로 비참하지 않습디까. 나도 농가의 자식의 한사람이므로, 산촌山村의 마을 입구에 들어설 때마다, 탄식을 금하지 못하는 바이오. 저들에게는, 생존이 무엇인지 실로 최고의 고통이오, 최고의 증오할만한 것인 줄로 느낄 때가 멀지 않았소. - 우리의 급한 일은, 저 농민을 생활의 토대로 인도하는 것이니, 저들로 하여금, 자립의 생활과, 풍요한 생활과, 구속없는 생활의 미감味感이 어띠한가, 절실히 맛보게 하는 것을 재촉할 것이라 하오.(4월 5일 밤)

—H형,

오늘은 날씨가 유난히 화창하오. 동경의 벚꽃 버리고, 이곳으로 바닷가에 오는 사람도 많은 듯하오. 나는 短□[28] 하나 얻어 끌고, 느럭느럭 소요한다는 것이, 무던하게 7리 [거리의] 강에 인접한 섬까지 갔다 왔소.

나는 파도 꼭대기에 우뚝 솟은 거대한 암초를 보았소. 겉면은 움푹 들어갔으나, 굴조개[29]가 둥지를 지은 곳은 돌출하였습디다. 천길 낭

---

25 구육垢肉은 '때 묻은 육체', '지저분한 몸'이라는 뜻이다.
26 조강糟糠은 조강지처糟糠之妻라고 할 때의 조강으로, '지게미와 쌀겨'라는 뜻이다. 가난한 사람이 먹는 변변하지 못한 음식을 의미한다.
27 '조포粗布'는 거칠고 성기게 짠 베를 말한다.
28 '단短' 다음 글자가 잘 보이지 않는데, 문맥상 간단한 교통 수단을 말하는 것 같다.
29 원문은 '모려牡礪'로 되어 있는데 '수컷 숫돌'이라는 뜻이 되어 의미가 잘 통하지 않는다. 비슷한 글자로 '굴조개'를 의미하는 '모려牡蠣'가 있다. 여기에서는 '모려'로 읽었다.

떨어지의 가파른 단애斷崖를 보았소. 내부[30]는 모래가 벗겨졌으나〔頹沙〕, 모사茅莎[31]가 터를 잡은 곳은 지지되었습니다. 험한 파도가 개펄에 끊임없이 침범하고, 굴조개가 몸집이 작다 할지라도, 무리를 이룬 석회 껍질〔石灰殼〕의 힘은 강한 것이며, 비바람의 도태淘汰가 점점 심하고, 모사茅莎가 약하다 할지라도, 구불구불 휘감긴 가느다란 뿌리의 힘은 강한 것이더이다. 이것으로 인하여 연상되는 것이 있소.―또 공동共同의 힘과 번식의 힘은 실로 위대한 것이라고.―남미 해안에 오뚝 솟은 조분산鳥糞山[32]을 보거나, 태평양 한가운데에 돌출한 산호초를 볼 때에, 누가 그 작고 약한 새와 곤충의 공적을 경멸하며, 누가 그 대사업을 찬탄하지 않겠소.

이민족과 충돌됨으로 인하여, 발생되는 성쇠의 흔적이나, 역사적 건물의 시간에 의해, 축성築成되는 고도高度도 이와 같다 하였소. 섬과 대륙 사이에 끼인 우리 민족은 예로부터, 북방은 굳세고 날래며, 남부는 문약文弱하다는 한 짝의 평偶評이 있는 것과 같이, 발해 고구려의 북쪽에 대건국大建國이 있었으나, 이에 비해 탐라 유구琉球의 남쪽 진출은 미약하여, 한쪽은 불쑥 튀어나오고 한쪽은 움푹 들어간〔―凹―凸〕 기묘한 모습을 띤 것은, 기록이 증명하는 바이며, 가장 오래된 이집트의 **피라미드**〔피라믿드〕―Pyramid가, 가장 최신의 합중국〔合州國〕의 **화이트 하우스**〔화잇트하우스〕―White House에게, 고도高度를 양보하게 된 것은, 민족의 건축적 계승자가 없어서, 고도高度의 증가를 받지 못해서,

---

30 원문은 '肉部'인데, '內部'의 오기가 아닌가 싶다.
31 '모사茅沙'는 "제사 지낼 때에 모래와 짚묶음을 그릇에 담은 것"을 말한다.
32 '조분석鳥糞石'은 "바닷새의 배설물이 바위 위에 쌓여 굳어진 덩어리"를 말한다. 따라서 '조분산'은 "바닷새의 배설물이 쌓인 바위산"을 말하는 것 같다.

다만 황량한 사막에서 순례자의 감회를 일으키게 하거나, 대상隊商의 지점指點을 부를﹙呼﹚ 뿐이오. 하나는 민족의 건축적 계승자가 왕성하여, 고도高度의 증가를 날로 받으므로, 번영한 거리에서 정치계의 최고 희망처가 되고, 평등의 구가와 공화의 축복에 쌓이었소. 일진일퇴하면, 힘이 분산되어 필패必敗를 암시하고, 일고일저﹙一高一不高﹚하면, 매몰과 탱천撑天을 표징하는 것이로구려.

왼쪽에 부딪히면 오른쪽이 반응하고, 오른쪽에 부딪히면 왼쪽이 반응하며, 가운데에 부딪히면 좌우가 반응하는 것은, 장사진長蛇陣의 특색이오, 머리를 때리면 꼬리가 반응하고, 꼬리를 때리면 머리가 반응하며 몸통을 때리면 머리와 꼬리가 반응하는 것은, 방울뱀의 본능이오. 구불구불한 행렬이 이향耳鄕에 친숙하고, 선망하는 생각도 간절하오.

형아, 우리는 어서, 삼랑성三郎城[33] 위에 한 줌의 흙도 얹어야겠고, **판, 코리안**—Pan-Corean의 요구도 절규해야겠다 하오. (1914년 4월 6일)

(번역: 조성환)

---

[33] 삼랑성三郎城은 경기도 강화군 길상면의 정족산鼎足山에 있는 옛 성城으로 '정족산성'이라고도 한다. 전설에 의하면, 단군이 세 아들에게 명하여 성을 쌓게 했다고 해서 '삼랑성'이라는 이름이 붙여졌다.

강력주의와 조선청년

玄相允,〈强力主義와 朝鮮靑年〉,《學之光》第6號, 1915. 7. 23.

어떻게 하면 우리가 다시 살고 어떻게 하면 조선이 다시 새로워질까? 우리의 생각이 이 한마디에 지나지 않고, 우리의 문제가 이 한 가지를 벗어나지 않는도다. 그러므로 지금은 벌써 눈물로 한숨으로 이미 깨진 시루를 돌아보며 애석하게 생각할 시대가 아니고, 오직 무엇으로든지 우리의 소신을 끝까지 관철할 오늘이니, 환언하면 우리의 눈앞에 해결하려는 수수께끼는 "어떻게 이렇게 되었는가?"가 아니고, "어찌하면 될까?"라는 한 가지 일이로다.

그런데 "어찌하면 될까?"라는 말에는 논자의 논의가 한두 가지가 아니지만, 나는 감히 대담하게 이에 대해서 절규하고자 하노니, 오직

---

1 현상윤玄相允(1893~?)은 1893년에 평안북도 정주에서 출생했다. 부친은 한학자로서 성균관 전적과 승정원 주서를 지냈다고 한다. 1909년에 평양 대성학교에 입학했으나 폐교가 되어 경성 보성학교로 전학하고 1913년에 졸업했다. 1914년에 와세다대학早稻田大學에 입학해 1918년에 졸업했다. 일본 유학 중에 조선유학생학우회 기관지《학지광》에 여러 편의 글을 기고했고, 1917년 4월에는《학지광》의 발행

제4부 대한제국과 식민지 시기의 니체 241

강력주의가 있을 뿐이라고. 한번 보아라. 멈추어 있던 우마牛馬가 전진하라는 채찍을 받을 때에는 반드시 어깨를 내밀고 강대한 힘을 짜내고, 한때 하강하였던 비행기가 다시 날아오르려 할 때에는 반드시 기수를 우右로 향하고 몇 배의 강한 동력을 가하지 않는가? 세상의 사물은 비록 만 가지로 다르지만 그 이치는 하나이니, 무엇이나 하루아침에 전복되었던 것이 다시 진흥하고자 할 때에는 어찌 강한 힘이 아니고서 진흥할 수 있으며, 한번 없어졌던 것이 다시 있으려 할 때에는 어찌 또한 강한 힘이 아니고서 있을 수 있으리오. 그러므로 힘이 어느 때인들 필요하지 않으리오만 우리 같이 멸망한(泯滅한) 사람들에게는 더욱 필요하고, 힘이 어디서나 감사하지 않으리오만 조선같이 암흑의 땅에서 더욱 그 감사한 것을 알 수 있나니, 한 올의 머리카락을 끄는 데에는 그 강한 것을 특별히 칭찬할 것도 없고, 세 척(三尺)의 어린아이를 대적하는 데에는, 그 용기를 특별히 과장할 것도 못되지 않은가?

　　슬프다. 우리에게는 오직 강한 힘이 있을 뿐이요, 오직 큰 motive power(원동력)가 있을 뿐이니, 앞으로는 우리가 생활권을 세계에 구하고 뒤로는 우리가 빛나는 역사를 영구히 보전하는 것도 모두 다 강한

인 겸 편집인을 맡았다. 최남선이 경영한 《청춘》에도 수많은 소설과 수필, 시, 논설을 발표하였고, 1918년에는 일본 유학생 단체인 '조선학회'의 간사를 맡았다. 와세다대학을 졸업한 뒤에는 귀국하여 1918년 중앙고등보통학교 교사로 부임했다. 최린과 더불어 3·1운동을 주도하였고, 그로 인해 20여 개월 동안 옥고를 치렀다. 해방이 되자 1945년에 경성대학 예과 과장에 임명되었고, 1946년에는 보성전문학교 교장에 취임했다. 보성전문학교가 고려대학교로 인가되면서 고려대학교 교수 겸 초대 총장에 취임했다. 한국전쟁 중에 납북되었다. 저서로는 《한국유학사韓國儒學史》(1949) 등이 있다. 2000년에 《기당 현상윤 문집》(경희대학교 출판국)이 간행되었고, 2008년에는 《기당 현상윤 전집》(전 5권, 나남)이 간행되었다. 현상윤은 이 글 〈강력주의와 조선청년〉에서 강자를 찬양하면서 니체의 '권력만능'을 언급하고 있다.

힘 큰 원동력에 있지 않은가? **눈물과 한숨이라도** 강한 힘이라야 없앨 것이고, **웃음과 춤이라도** 강한 힘이라야 오게 하겠도다. 그렇기 때문에 **니체**(나이치에)는 이 점에서 권력만능을 주장하였고, 몽테스키외(몬데스큐)는 이 점에서 강권強權의 절대가치를 창도唱道하였나니, 세계의 논란이 아무리 분분하더라도 나는 이 두 사람의 말을 어디까지든지 존숭하고 확신하고자 하노라.

그러므로 나는 힘 중에도 오직 강한 힘을 구가하고 원동력 가운데에도 오직 큰 원동력을 찬미하려 하노니, 힘 그 자체에는 야만성이 내재되어 있다는 설도 없지는 않지만 나는 적어도 오늘의 조선인에 있어서는 힘만 있으면 야만도 좋다고 하노니, (그런데 이와 같이 말해 버리면 힘을 완력으로만 해석하는 듯하나, 내가 말하는 강력이라는 것은 보다 넓은 광의적 해석에 속한 것이니, 이것은 물질적과 정신적 의미를 겸한 것이라 할 수 있다) 왜냐하면 강한 힘은 벌써 힘 그 자체가 범할 수 없는 성질(不可犯性)을 의미한 것이니, 남이 이미 야만으로 나를 정복하였거든 나 또한 어찌 야만으로 이에 저항하지 않으리오.

아아 애달프구나. 세상에 약자처럼 서러운 것이 어디에 있으리오! 어떤 이유가 있고 어떤 고통이 있을지라도 강자의 구복口腹과 권력의 요구를 만족시키기 위해서는 자기 이익상에서 차마 하지 못할 일이라도 참아 행하게 되고, 어떤 학대와 어떤 치욕이라도 강자의 앞이나 권력의 앞에서는 이것을 피할 수 없으니, 이는 최근의 벨기에(白耳義) 사람만 보아도 똑똑히 이 이치를 알 수 있지 않은가. 아무리 주지 않으려 하고 아무리 남의 동정을 얻고자 하지만, 무리하게 와서 빼앗는 것을 어찌하며 남이 와서 구해주지 못하는 것을 어찌하리오. 나는 오직 그 사람들을 향하여 약한 자여 너의 이름은 여자이니라[2] 한 것 같이, **약**

한 자여 니의 이름은 벨기에 사람이라 하고 싶도다. 벨기에 사람이 아무리 국제 공법公法을 명석하게 해설하고, 알베르3 황제가 아무리 세계의 동정을 한 몸에 받았다 할지라도, 퉁—하고 터지는 무심한 독일의 대포에는 조금도 합리와 불합리(理不理)를 논할 수가 없고, "앞으로—"하는 카이제르4의 철적鐵笛5같은 호령에는 조금도 효력이 없지 아니한가!? 아아 약자여 무엇을 떠들썩하게 이야기하지 말고, 세상을 이러니저러니 멋대로 평하지 말라. 너의 원망이 조금도 강자의 형세를 어찌하지 못하고, 너의 저주가 조금도 힘 있는 자의 권위를 건드리지 못하나니, 차라리 약자로 태어난 너의 운명을 한탄할망정 꿈에서라도 강자의 힘이나 기세(抑勢)를 시기하고 원망하지 말지로다. 이러한 이유로 **이 세상에는 오직 강력이 있을 뿐이니 강력 이외에 다시 무엇이 있으리오.** 시험삼아 보아라. 영국 사람의 제국주의에서 강한 힘을 제거하고 보면 그들에게 과연 무슨 신통한 특장特長을 볼 수 있으며, 독일 사람의 세계정책에서 강한 힘을 빼고 보면 또한 그들에게 무슨 웅대한 이상을 볼 수 있느냐. 그러므로 현대의 구미 제국諸國을 일컫는 대명사는 서양에 있어서는 Powers(힘 있다는 의미)며, 동양에 있어서는 열강이라 하게 됨이니, 아메리카 합중국의 부富도 강강이라 칭하고, 독일(더이취)의 학문도 강강이라 명명하게 되지 않았는가. **강한 힘이 있는 곳이라야 팽창도 있으며 저항도 있으니,** 중심에 뻗치는 힘이 없고서 어찌 표면으로 확장할 수 있

---

2 원문은 "弱한자여 네의일홈은 게집이라"이다.
3 원문은 '알베트'인데, 제1차 세계대전 중의 벨기에 국왕 알베르 1세Albert I(1875~1934)를 말하는 것 같다.
4 '황제'를 뜻하는 독일어 '카이저Kaiser'를 말한다.
5 '철적鐵笛'은 '철로 만든 피리'를 말한다.

으며, 족하足下에 철옹성 같은 근거가 없고서 어찌 외부에서 오는 적을 방어할 수 있으리오.

그렇기에 현세 문명의 공통의 구호는 The weak thats not What you are to become!(약한 놈이 되지 마라)에 있고, 근대 생활의 제일의 뜻(第一義)은 우주의 생명을 강력强力으로 표현함에 있나니, 자연과학을 연구하며 정신문제를 음미하는 것도 결국은 이와 같은 소식을 전함이며, 창칼을 두르며 포연砲煙을 날리는 것도 결국은 개중箇中의 진취眞趣를 의미함이로다. 아아 슬프구나 약하고서 어찌 '자아'를 실현할 수 있으며, 굳세지 못하고서 어찌 '생生'을 충실히 할 수 있으리오. 그러므로 나는 세상에 무엇무엇 하여도 약한 놈보다 더 불행한 것이 없고, 무엇무엇 하여도 굳세지 못함보다 더 비참한 것이 없다 하노니, 이것을 읽고 비평하는 제군諸君은 어떻게 생각할 것인가.

이것을 개괄해서 말하면, **약한 것은 만사萬死의 근본(張本)이요 백패百敗의 조짐**이라 할 수 있으니, 암흑도 이로부터 생기고 고통도 여기에서 나오는구나 우리가 마주한 오늘도 그 원인은 우리가 약한 것에 있었고, 반도문명半島文明이 이같이 침체된 것도 그 까닭은 반도半島가 남처럼 굳세지 못함에 있지 않았는가. 그러므로 나는 다시금 절규하고자 하노니 우리가 천부天賦의 생활권을 스스로 포기하고 영구히 **존재**의 가치를 몰각하고 말면 모르거니와, 진실로 인간의 생활을 의식하고 확충하여 적어도 남과 같이 의미있는 행복의 술 한 잔(一盃酒)를 나눠 마시고자 할진대, 하루바삐 약자의 탈을 벗고 광명 있고 영화로운 강한 사람의 면류관을 구하여 쓰지 않을 수 없다고.

그러면 강력이란 어떠한 것이며 굳센 사람이 되려면 어떠한 단계와 노정이 있는가? 이것을 간단히 말하면 강력이란 것은 **인간 천부의 생**

활을 가장 독립적으로 가장 행복하게 충분히 완전하게 향유하는 권능의 총량이니, 이것을 요구하여 이것을 유지하기 위해서는 정신상 혹은 물질상으로 각 방면의 시대 문명을 향하여 **최선의 노력과 최선의 분투**를 다함에 있다 할 수 있도다. 그러므로 구하여 얻고자 하는 분투가 없는 곳에는, 이 강력이 생기지 않고, 이 강력이 없는 곳에는 완전한 생활이 오지 않으니, 만일 서구 사람에게 분투가 없었던들 저와 같은 서구 사람의 강력이 없었을 것이요, 저와 같은 서구 사람의 강력이 없었던들 오늘과 같은 서구 사람의 생활이 없었을 것이다. 이를 다시 역사적으로 말하면 인쇄술 개량(발명은 조선인이 하였으나)이 저들에게 하나의 강력을 주었고, 그 후 신대륙 발견이 저들에게 하나의 강력을 더 주었으며, 수증기와 전기 발명이 저들에게 또 하나의 강력을 허락하였고, 대포 군함의 발달과 비행기 잠수함의 제작이 저들에게 다른 하나의 강력을 또 허락하였으니, 이것이 생긴 원인은 저들의 분투로부터 왔고, 이것이 생긴 결과는 저들의 생활을 풍부하며 충실하게 하였도다.

그런데 오늘 조선 반도에 강한 힘이 무엇보다 필요한 것은 번거롭게 다시 거론하지 않아도 벌써 일반인들이 다 알았을 것이고, 그 힘을 양성하기 위해서는 과연 어떤 방침이 있을까에 대해서 잠깐 누견陋見을 진술하려 하노라. 대저 이 강력을 축적하기 위해서는 여러 가지 방법이 많이 있지만, 현재 우리에게 있어서는 경우도 다르고 시대도 같지 않아서, 남이 행하는 것을 그대로 모방할 수 없는 점이 적지 않으니, 나는 이에 강해지는 법可强之法에 세 가지가 있다고 말하노니, 첫째 무용적武勇的 정신, 둘째 과학 보급, 셋째 산업혁명이 이것이로다.

무용적 정신은 힘의 symbol상징이니, 사람이 존재의 가치를 스스로 망각(沒却)한다면 모르거니와 진실로 조금이라도 의미있는 생활을 영위하기 위해서는 없어서는 안 되고 없앨 수 없는 유일한 요소라고 말할 수 있도다. "무력은 백성을 편안히 하기에는 부족하고 오히려 백성을 건강하게 할 수 있다"[6]라는 논의〔論難〕 같은 것은 상고上古의 덕치 시대에나 할만한 말이고, 결코 오늘과 같은 경쟁 시대에는 감히 입에 담을 수 없는 논법이니, 17억 가까이 번식한 인구가 하루아침에 5억이나 6억으로 줄어들거나, 6대 주에 한정된 지구가 갑자기 10대 주나 20대 주로 증가하기 전까지는 무용적 정신을 조금도 결여하지 못할지며, 적어도 지금 이후의 인류 사회(지금도 그런 것은 물론이거니와)에는 무武로 민民을 편안하게 하고 무武로 생활을 행복하게 할 날이 영원히 끊이지 않으리로다. 내가 일본에 와서 심히 놀란 것은 무적武的 정신의 왕성이니, **죽기를 가볍게 여기는 이 사람들에게 대적할 자가 누구며, 사람 즉 일 공부를 이렇게 열심히 하는 백성에게 소득이 어찌 없으리오.** 슬프다. 조선도 고구려 전성시대에는 천하 막강으로 무운武運의 찬란함을 남부럽지 않게 과장하였더니 분하구나 이러한 대조선인의 세계적 사명은 그만 백 년의 견해〔百年之見〕가 멸시한 허약한 어린이들에게 놀림거리가 되고 말았도다.[7] 이것을 생각할 때마다 분한 눈물이 오직[8] 옷깃을 적시거니와, 우리 민족의 현재와 장래를 종縱으로 보고 횡橫으로 볼 때에 나는 다시금 무용적武勇的 정신의 부활을 일반 동포에게 크게 외치고자 하노니 이것이 강해지는 기술〔可强之術〕의 하나이며.

　　과학 보급은 특별히 자연과학의 교육을 의미함이니, 혹 편견이라

---

6 원문은 "武不足以安民이오 反可以壯民"이다.
7 원문은 "이러틋한 大朝鮮人의 世界的 使命은 그만 百年之見이 蔑如한 脆々孺子輩이게 誤弄한배 되고 말앗도다."이다.
8 원문은 '한갓'인데, 문맥상 '오직'으로 번역하였다.

는 논평이 있을지 모르거니와, 금일의 조선 국면에 있어서는, 정신상 학문보다도 특히 긴급한 것은 오직 자연과학의 발달이라 할 수 있도다. 왜냐하면 현대문명의 특질이 얼핏 보면 **철학에 있고 논리학에 있는 듯하나** 실상은 **수증기에 있으며 전기에 있음을** 보았기 때문이니, 판유리(硝子板)가 종이창을 대신하고 전기등이 기름등을 대체하여 각종 문명적 이기가 우리의 생활을 풍부하게 하기 전에는 아마도 형이상학적 토론이 별로 긴급하지 않고, 예술이며 연애(전혀 없을 수는 없으나)의 로맨스가 그렇게 합리적이라고는 말할 수 없지 않을까 하노라. 그러므로 나는 열 명의 칸트와 백 명의 로셋치(전자는 유명한 철학자, 후자는 유명한 화가)보다, 한 사람의 마르코니[9](무선 전신 발명가)와 두 사람의 에치펠닌(비행선 발명가)이 하루바삐 반도半島에서 나오기를 간절히 바라는 바이며, 조선이 파리 같이 고화古畵 많고 조각품 많은 것으로 세계의 예술 중심이란 말을 듣는 것보다, 베를린(伯林) 같이 발명가 많고 물리학자·화학자 많기로 세계의 학문 중심이란 말을 하루바삐 듣게 되기를 중심으로 갈망하는 바로다. 이런 견지에 서서 기자記者는 과학 교육의 급선무를 논하노니 이것이 강해지는 기술可强之術의 둘이며.

산업혁명은 현재 조선에 있어 시대 소리 중의 시대 소리이니, 과학 교육이 보급되기 전에는 이것을 도저히 실현하기 어려운 것은 물론이거니와, 긴급하고 필요한 것은 날로 더해가고 달로 간절해지는도다. 슬프다. 지금은 벌써 반도半島에도 생존경쟁의 참혹한 활극이 도처에

---

9 1909년에 노벨물리학상을 수상한 이탈리아의 굴리엘모 마르코니Guglielmo Marconi(1874~1937)를 말한다. 1901년 12월 12일, 당시 27세의 마르코니는 영국 콘월주의 폴듀에서 대서양 건너편 3570km 지점에 있는 캐나다 뉴펀들랜드주의 세인트존스까지 무선으로 문자를 보내는 데 성공했다.

연출되어, 화화火花가 터지는 곳마다 소진되고 파멸되는 것은 모두 다 우리들의 일이니, 백로지白鷺紙 · 딱성냥〔燐寸〕· 양철 다관洋鐵茶罐 · 도자기가 한번 시장에 들어오자 조선지朝鮮紙 · 유황성냥 · 구리 다관 · 조선도자기는 비참하게도 그 자취를 거두어 쫓겨나는 최후를 맞지 않았는가. 보아라. 산업계의 이런 결과는 일국의 경제에 어떤 영향을 미치게 하였는가를—다액多額의 수입 초과는 매년 증가하여 무역 장부帳簿의 대차 평균으로 생기는 적지 않은 부족액은 조상 전래傳來의 땅값으로 메우게 되나니, 이러고도 민족이 멸망하지 않기를 어찌 보증하겠는가—. **한 나라의 부동산 재산을 타인에게 영구히 매매하고 거기서 얻은 대가로 일일이 사치품 구입에 소비한다는 나라가〔나라이〕, 조선을 버리고 다시 세계 어느 곳에나 있겠는가.** 그런데 정부가 돌보지 않고 사회가 방비책을 강구하지 않을 때에, 우리 각 개인이 스스로 나아가 이 화禍와 이〔위〕급急을 구제하지 않으면 다시 누가 이것을 할 수 있으리오. 이에 대해 소극적으로 외래의 대세를 무리하게 막으려는 것은 물론 불철저한 논의이거니와, 우리는 더 나아가 적극적으로 이 폐단을 개선하지 않으면 안 될 것이다. 이에는 오직 산업혁명이 있을 뿐이니, 만백년萬百年을 간다 해도 증기방적기가 손으로 짜는 **베틀**〔배틀〕을 대신하여, 발동기 사용하는 철공장이 손으로 **망치**〔맛치〕 두루는 대장장이를 밀어내기 전에는, 문명의 서광은 조금도 비칠 수 없고 생활의 곤궁은 조금도 덜 수 없을지니, 이 오늘에 있어서는 산업혁명이 강해지는 기술〔可强之術〕이라고 하는 바이로다.[10]

---

10 원문은 다음과 같다. "이 今日에 在하야 産業革命의 可强之術의서이라 하는배로라."

이 세 가지 강령이 실행된 후라야 비로소 우리의 **힘**이 강해지며, 이 세 가지가 체현된 후라야 비로소 우리의 "어떻게 할까" 하는 문제가 해결되리니, 그때가 진실로 조선은 조선 사람의 조선이라는 소리를 지를 때이고, 그날이 진실로 세계는 공유물共有物이니 너만 가질 것이 아니라는 말을 우리 입으로 내뱉게 될 날이라 하노라. 제군아 부활을 함부로 부르지 말고 강한 세력을 쓸데없이 말하지 말아라.**11** **힘 없는 곳에 살기는 어찌 살며 힘 있기를 도모하지 않는 곳에 세력이 강해질 리가 어디 있느뇨?** 슬프다 자강自强이란 말이 반도에 제창되기는 십수 년 이전의 일이나, 이것을 철저하게 실현하지 못하고 이것을 끝까지 관철하지 못한 것은 과연 무슨 까닭이더냐? 나는 이에 대해 말하노니, 그 원인은 그때 이 말을 제창하던 이에게 <u>스스로</u> 강해야 될 줄은 조금 알았으나, 어떻게 강해야 할 것과 이 강强을 이룰만한 정성 있는 인물이 없었던 것에 있지 않았던가 하노라. 그러므로 힘이 있어야 될 것은 알지라도 힘을 어떻게 기를 것인지를 알지 못해도 안 되겠고, 힘을 어떻게 기를 바를 알지라도 이것을 실행할만한 인물이 또한 없지 못할지니, 이것이 내가 여기에서 붓을 멈추고 목을 길게 빼서**12** 온 천하 청년 동포에게 이와 같은 괴로운 심경을 한번 부르짖고자 하는 까닭이로다.

아아 청년아 피가 있거든 생각해 보고 눈물이 있거든 살펴보라. 산하재山河在**13**의 탄식을 우리 입으로 부르게 된 지가 벌써 몇 해이던고, 세월은 이와 같이 사람을 기다리지 않는데 우리는 그동안에 과연

---

11 원문은 다음과 같다 "쓸데없시말치말아라."
12 원문은 "頸을 延하여"이다. "간절히 기다린다"는 의미로 쓴 것 같다.
13 두보杜甫의 시 〈춘망春望〉의 첫 머리에 나오는 "國破山河在", 즉 "나라는 부서졌어도 산천은 그대로이다"를 말하는 것 같다.

무엇을 하였는가―생각이 여기에 미침에 실로 가슴이 막힘을 금할 수 없도다. 제군아 우리의 좋은 모범을 멀리서 찾을 것 없이 유신시대維新時代의 일본 청년을 취하여 보라. 어떻게 저들이 그 때에 국가 일을 위하여 애를 쓰고 힘을 다하였는지를. 네델란드가 한번 핍박하면 그들은 한번 각성하고 러시아인이 한번 위협하면 그들은 한번 분기하여, 식음을 폐하고 수화水火를 잊었던 것이 저들의 당시 의기意氣가 아니었는가. 그런데 지금 조선 청년은 무엇을 하고 있는가. 볼지어다 한쪽에서는 쓸데없는 허영에 많은 청년이 남의 일官吏만을 하여 주지 않으며 한쪽에서는 비열한 공리심功利心에 적지 않은 지사志士가 비웃을만한 애들 장난을 즐겨 할 뿐이 아닌가. 아아 청년이여 우리의 상대가 되는 사람들의 무서운[미서운] **생식력**을 보지 못하며, 우리를 확 채간 두려운 손목이 나날이 **조여드는**[緊括하는] 것을 느끼지 못하는가? 이에 나는 다시금 강력의 필요를 말하고 다시금 강력주의의 선전을 포고하는 바이니, 제군이여, 제군은 어떻게 생각하는가?

　　1915년 6월 1일

　　　　　　　　　　　　　　　　　　　　　　(번역: 조성환)

먼저 짐승이 된 연후에 사람이 되라

春園, 〈爲先 獸가 되고 然後에 人이 되라〉, 《學之光》 第11號, 1917. 1. 1.

이광수[1]

생물학이 말하기를 우리의 조상은 원숭이〔猿類〕와 같은 동물이라
하며 더 거슬러 올라가면 **아메바**〔아미바〕와 같은 원시 동물이라 하노라.
원시 동물이던 우리의 조상은 가장 잘 원시 동물의 모든 능력을 발휘함

---

1 원문은 '春園'이다. 이광수李光洙(1892~1950)는 현상윤과 마찬가지로 평안북도
정주 출신이고, 와세다대학에서 유학했다. 1899년에 서당에서 한학을 수학했고
1903년에 동학에 입도해 천도교 박찬명 대령大領 집에서 숙식하면서 서기 역을 맡
았다. 1905년과 1907년에 일본으로 유학 가서 일본어로 쓴 〈사랑인가〉로 문학 활
동을 시작했다. 1910년에 《소년》에 신체시 〈우리 영웅〉을 발표하고, 1911년에 오
산학교 학감으로 취임했는데, 11월에 세계여행을 위해 그만두고 상하이에 들러 홍
명희, 문일평, 조소앙 등과 지냈다. 1915년에 김성수의 후원으로 와세다대학에 편
입하였고, 1917년에 《매일신보》에 《무정》을 연재하였다. 1926년에 《동아일보》 편
집국장에 취임하였고, 1932년에 《흙》을 연재하였다. 1937년에는 '수양동우회' 사
건으로 안창호와 함께 투옥되었다가, 전향을 선언했다. 1950년에 납북되었다가
10월 25일에 사망하였다. 1962년에 전기 《춘원 이광수》가, 1963년에 《이광수 전
집》이 출간되었다(이상, 《한국민족문화대백과사전》 '이광수' 항목 참조). 이 글 〈먼저 짐
승이 된 연후에 사람이 되라〉에서도, 현상윤과 마찬가지로 니체를 강자를 찬양하는
사상가로 소개하고 있다.

으로써 원숭이와 같은 고등동물이 되고 원숭이로 최선의 능력을 발휘함으로써 인류와 같은 영물靈物이 되었다. 원숭이가 되기 전에 우선 아메바로의 생활을 위해 전력을 다해야 할 것이요, 인류가 되기 전에 우선 원숭이의 생활을 위하여 전력을 다해야 할지니 바꿔 말하면 아메바로 원숭이가 되고 원숭이로 인류가 되는 것은 아메바나 원숭이가 원숭이나 인류가 되리라 하고 바랐다기보다 아메바나 원숭이로의 생활을 위해 그것이 구비한 기능을 가장 잘 활용함으로 인하여 원숭이가 되고 인류가 되었다 하는 것이 정당할 듯하다. 어찌하여 무수한 다 같은 아메바 중에서 원숭이만 홀로 원숭이가 되고 나머지는 수백만 년을 경과하도록 여전히 아메바라는 미물微物의 차원을 벗어나지 못하며 무수한 다 같은 원숭이 중에서 어찌하여 인류만 홀로 인류가 되고 다른 것은 여전히 원숭이의 영역을 벗어나지 못하는가. 생물학이 다시 말하되 진화는 우자優者의 특권이라 하도다. 우자라 함은 '힘' 많은 자요 '힘' 많은 자라 함은 자기의 모든 기능을 유감없이 발휘하는 자이다. 그렇다면 우리 인류는 멀리 아메바 시대로부터 끊임없는 악전고투를 거쳐서 오늘의 가장 '힘' 많은 자 즉 승리자의 지위에 도달하였다. 그러나 우리 인류가 이 영광스러운 영역에 도달한 것은 거쳐온 각 단계에서 그 단계에 있어서 가장 좋은 생활을 하려고 분투 노력을 계속함에 말미암으니 그러므로 어떤 계단에 있어서 가장 잘 분투 노력하는 자는 그 단계의 우자가 되고 어떤 단계의 우자가 되자마자 그는 벌써 그 단계에 속한 자가 아니요, 그 이상 단계에 올라야 그 앞에 있던 단계를 지배하는 권력의 소유자가 된다.

이것을 한 개인의 생장生長에 대해서 보건대 모체母體 안에 있을 때 건전하던 자여야 출생 후에 건전한 아동이 되고 아동 시에 건전하던 자여야 건전한 성인이 되는 것이니 건전한 아동만 되려고 모체 내에서 젖을 취하지 아니하고 건전한 성인만 되려고 우선 건전한 아동 되기를 □취[2]한다 하면 어찌 가하리오. 그러므로 아동 시에 가장 우수한 아동 되기에 힘쓰고 청년기에 가장 우수한 청년 되기를 힘쓰면 자연히 성년기에 가장 우수 성년이 될지라. 2~3세 되는 젖먹이에게는 모유를 공급하고 포복을 권장하고 울게 할지며 밥을 먹이고 걷기를 바라고 이론에 부합하는 언어를 발發하기를 바라지 말지어다. 이리하면 다만 그 목적을 달성하지 못할 뿐만 아니라 도리어 그 체질을 해칠 것이오. 6~7세 아동에게는 뛰고 장난하고 소리치기를 허락할지어다. 만일 그들에게 독서와 정좌와 예절을 강요하면 다만 그 목적을 달성하지 못할 뿐만 아니라 도리어 그 체질과 정신을 해칠지니라. 청년기에는 공부하고 운동하여 심신을 발달하게 할지어다. 만일 그들에게 세상일을 걱정하게 하며 사람을 가르치게 하려 하면 단지 목적을 달성하지 못할 뿐만 아니라 도리어 체질과 정신을 해칠지니라.

이것을 민족의 생장生長에 대해 말하건대 우선 그들로 하여금 힘을 늘리고 지식을 얻고 재물을 얻게 할지어다. 이제 장차 흥하려 하는 민족이 전쟁을 좋아하고 살벌을 좋아하고 완력을 귀히 여기는 것은 가장 합리적인 일이며 목마른 듯이 지식을 구하는 것이 그 다음이요 재물을 구하는 것이 그 다음이니라. 이것을 역사상으로 보건대 인류 문명의 최초 단계는 전쟁과 약탈과 이기심이라. 이것은 장차 큰 인물이 되어 큰 사업을 이루려는 어린이가 큰 사업을 성취할 신체를 기르고 완력을 단련하기 위하여 창을 뚫고 그릇을 깨트리고 부모를 때림(싸림)과

---

2 취 앞의 글자가 잘 보이지 않는다. 의미는 '포기한다'나 '게을리 한다' 정도가 될 것 같다.

같으니 이것이 가장 아름다운지라. 원시시대에 있어서 약탈, 살육을 못 하던 민족이 어찌 웅대한 문명 민족이 되며 아동 시절에 다른 아동을 때리고(따리고) 나무에 오르고 물에 뛰어들어 부모가 걱정하는 장난꾼 못 되던 자가 어찌 장성하여 천하를 호령하는 영웅호걸이 되리오. 이 아동 시대의 '장난'과 원시시대의 날쌔고 사나움(慓悍)을 나는 원기元 氣라 하노니 이 원기의 유무와 다소는 그 개인 그 민족의 전 역사의 운 명을 예정豫定하는 것이다. 튜턴족3을 볼지어다. 그들이 오늘날 세계에 웅비하는 동력이 천여 년 전 수초水草를 좇아서 동서로 전투하던 야만 (蠻的) 원기에서 나오지 아니하였는가.

　도덕이니 예의니 하는 것은 개인이나 민족이 청년 원기 시대를 거 쳐서 노년기에 들어간 후에 생기는 것이니 개인이 도덕 예의의 종이 되 게 되면 그는 이미 무덤이 가까웠고 민족이 도덕 예의만 숭상하게 되면 그는 이미 열패와 멸망을 향하는 것이라. 기마驥馬를 망하게 한 것은 야 만됨이 아니요, 도덕적으로 문명함이며 인도나 중국(支那) 또한 그러하 니라. 문약文弱이라는 말이 있으니 문약으로써 이 노쇠 상태를 나타낸 다면 나는 만강蠻强으로 그 소장少壯 상태를 나타내려 하노라.

　"이론은 약자의 신음이라", "도덕은 강자에게 복종하는 약자의 의 무라". 소년의 만강蠻强에는 자기의 의사와 완력이 있을 뿐이니 일단 자기의 의사가 움직일진댄 무슨 고려, 주저, 시비(理非), 연민이 있으리 오. 目□4가 찢어지며(裂하며) 포효가 발하고 철권鐵券이 날아갈 뿐이

---

3 원문은 '튜톤족'이다. 튜턴족Teuton은 게르만 민족의 하나로 알려져 있다. 량치차오 는 〈신민설新民說〉에서 백인 중에서 튜턴족을 본받아야 한다고 말했다.
4 '目' 다음 글자가 잘 보이지 않는데, 문맥상 '눈가'를 의미하는 것 같다.

니 이때를 당하여 약한 아동은 도도히 도덕을 말하고 시비를 논할지나 이것이 결코 강한 아동의 의지를 뒤집지 못할지며 자기의 고통을 줄이지 못할지라. 이때에 성인成人이 와서 약자를 위로하고 강자를 꾸짖을지나 강자의 입술에는 자긍의 미소가 있을 것이니 대개 사람이 만든 도덕이 자기를 벌하고 천제天帝의 법칙이 자기를 책망함이라.

톨스토이는 노쇠老衰의 사상가요 열패의 사상가라. 톨스토이의 교훈을 따르는 민족도 없거니와 있다고 하면 그들은 이미 경쟁장 안에 나와서 활극을 연기할 자격을 잃고 산림 속에(서) 신음하면서〔唵唵한〕 천식喘息이나 보전하여 승리자의 웃음거리나 될 것이다. 피히테〔삐]히레〕, 니체〔닛체〕는 소장少壯의 사상가요 승리의 사상가니 이와 같은 사상을 신조로 삼는 사람들이라야 비로소 승리자, 강자의 영광을 얻을지니라.

중국〔支那〕은 다시 일어나려고 노력하는구나. 그러나 강유위康有爲 같은 부유腐儒가 이때에 있어서 유교를 국교로 정하자고 운운하는 부설腐說을 내뱉고 위정자 경세가가 도덕과 예의를 운운하니 이 따위로 무엇하리오. 어찌하여 육해陸海 군비와 교육과 교통기관 산업의 발달 등에 전력을 다할 줄을 모르고 주권主權의 소재인 등 대총통의 권한인 등 하는 공허한 일만 하는고. 아 늙었도다.

청년이 자기 비하하여 나는 권력도 필요 없고 재산도 필요 없고 명망도 사업도 필요 없고, 안빈낙도하는 이른바 군자로서 스스로 기약하면 이것은 죽은 청년〔死青年〕이다. 살아 있는 청년〔活青年〕은 어떠한가. 진시황의 위엄을 보고 나도 이와 같이 하리라 하며 "왕후장상이 어찌 씨앗이 있겠는가?"하고 높고 거대한 누각을 보고 장차 나의 유有를 만드리라 하며 자동차, 마차를 보고 나도 이것을 타리라 하며 자동차나 배는 반드시 일등을 타고 여관에서는 반드시 일등에 투숙하며 아내를 맞이하되 가장 아름답고 가장 강한 자를 바랄 것이요, 벼슬을 하되 최고를 바랄 것이며 사업을 하되 최대 최완最完을 바랄 것이니 이것이 이른바 살아 있는 청년이라. 살아 있는 청년은 진취적이요, 적극적이요, 전제적이요, 권력적이요, 정력적이니라.

우선 운동과, 영양 있는 음식으로 신체를 건강하게 할지어다. 격렬한 노역勞役과 추위와 더위에 견디고 80~90의 장수를 누리는 건강이 없는 개인에게 무슨 큰 사업을 바라며 무슨 승리와 웅비를 바라리오. 지금 각국이 열광적으로 체육을 장려함은 실로 이 때문이다. 이와 같은 강한 체질을 만든 후에 지식도 유용하고 도덕도 유용한 것이다. 건강한 부부가 씩씩한(鐵雄같은) 자녀를 많이 낳는 가족이라야 큰 가문을 이룰지니라.

"살아라." 삶이 동물의 유일한 목적이니 이 목적을 달성하기 위해서는 도덕도 없고 시비도 없느니라. 굶주려 죽을 것 같으면 타인의 것을 약탈하는 것이 어찌 악이리오. 자기가 죽느니 차라리 타인이 죽는 것이 정당하니라. 그러므로 살기 위한 분투는 인류의 가장 신성한 직무니라.

이와 같이 하여 건강하게 행복하게 "살기"가 넉넉해지거든 그때에 박애도 주창해 보고 평화도 부르짖어 볼지어다. 자선사업은 부귀한 사람이 하는 일이니라.

짐승이 될지어다. 아이가 소년이 되고 청년이 되고 그 다음에 어른이 될지어다.(1916년 11월 6일)

(번역: 조성환)

전적 생활론

田榮澤, 〈全的生活論〉, 《學之光》 第12號, 1917. 4. 19.

전영택[1]

플라톤〔풀라토〕의 격언 가운데, 하나님은 우주의 위대한 기하학자요 모든 만물을 기하학적 원리로 구조하며 지배한다는 말이 있다. 과연 우리가 머리를 돌려 우리의 신변을 자세히 돌아보면 이 격언을 증거할 만한 허다한 사실을 목격할 수 있다. 태양의 광선은 그 중심의 단체에서 직선으로 발사하며 돌을 공중으로 던지면 곡선을 그리고 연못에 돌을 던지면 곧 원형을 지어 차차 밖으로 확대된다. 눈송이 하나를 가져

---

1 전영택田榮澤(1894~1968)은 일제강점기의 소설가이자 목사이다. 평양에서 출생하여, 1910년에 평양 대성중학을 중퇴하고, 1918년에 일본 아오야마학원靑山學院 문학부와 신학부를 졸업하였다. 김동인, 주요한 등과 《창조》 동인이 되어 문단 활동을 시작하였다. 1923년에 서울 감리교 신학대학 교수를 지냈고, 1925년에 《조선문단》에 단편 소설 《화수분》을 발표했다. 1932년부터 황해도 봉산감리교회 목사 등을 역임했고, 1948년에는 중앙신학교 교수를 지냈다. 1975년에 교통사고로 사망했다. 저서로는 《생명의 개조》(논설집, 1926), 《유관순전》(전기, 1953), 《전영택 창작집》(1965) 등이 있다(이상, 《한국민족문화대백과사전》 '전영택' 항목 참조). 전영택은 이 글 〈전적 생활론〉에서 니체의 사상을 '초인주의'로 소개하고 있다.

다 현미경으로 검사하면 아무리 정교한 미술가라도 만들 수 없는 미묘 美妙한 사각형과 삼각형의 결정을 볼 수가 있도다. 위엄 있게 치솟은 산 악도 또한 기하학적 법칙을 따라 지상에 우뚝 솟아 있다. 이로 말미암 아 보더라도 만유의 창조자를 기하학자〔幾何者〕라고 하는 것은 매우 기 괴한 말이나 또한 그럴듯한 말이라 하겠도다.

도덕적, 정신적인 측면에서 보아도 또한 하나님[2]은 기하학적 원리 로 모든 것을 경륜하고 섭리하는 사실을 발견할 수가 있다.

프랑스의 전원 화가 밀레〔밀네〕가 그린 엔젤러스晩鐘[3]는 널리 천 하에 이름난 명화名畫다. 화면畫面은 대부분이 감자밭이고, 여기저기 흩어져 있는 농기구 사이에 서 있는 남녀 두 사람[4]이 머리를 숙이고 합 장을 하고 있는 광경이다.

그 뒤에는 멀리 있는 마을에 민가民家 위로 성당聖堂의 첨탑이 높 이 솟아 있고 지평선에 타는 듯한 주홍의 광채는 넘어가는 석양빛이라. 방금 "아베, 마리아"의 종소리가 고즈넉한 마을의 공기에 파동을 일으 켜, 이 부부의 귀에 도달하자마자 그 두 사람은 이마의 땀을 씻을 새도 없이 손에 쥐었던 농기구를 옆에 던지고 완연하게 경건한 태도로 묵도 默禱하고 있다.

그 한 폭의 그림은 인생을 그려내었다. 인생 생활의 全□□[5] 드

---

2 원문은 '하ᄂᆞ님'이다. 이하도 마찬가지. 다만 '하나님'으로 쓰인 경우도 두어 군데 있다.

3 원문은 '안겔라쏘'이다. 〈만종〉의 원제는 〈L'Angélus〉이고, 영어 제목은 〈The Angelus〉이다. 의미는 '삼종 기도'로, 아침·점심·저녁 하루에 세 번 드리는 기도를 뜻한다.

4 원문은 '사룸'이다. 이하도 마찬가지. 다만 '사람'으로 쓰인 용례도 두어 군데 나온다.

5 원문에 두 글자가 빠져 있다.

러내었다. 교수 드라온드가 평하기를 인생의 전적 생활의 세 요소인 노동, 사랑, 종교를 드러낸 것이라 한다. 밭, 괭이, 광주리(광지), 손수레는 노동의 표징이요 부부 남녀의 사이는 사랑의 표징이요 머리 숙이고 합장한 것은 종교의 표징이라.

완전한 인생 생활은 기하학적이라고 한 플라톤(풀나토)의 말에 의지하면 노동과 사랑과 종교로 지은 삼각형의 생애가 곧 완전한 인생이요 이 삼자 중에 하나라도 빠지면 삼각형은 무너져서 그 생애는 불완전한 것이로다.

현대 사람은 어떻게 생활할까가 큰 문제로다. 어떻게 살아야 잘 살까, 어떤 생활이 가장 바른 생활이냐, 이것이 현대인의 머리를 아프게 하는 문제로다. 톨스토이의 인도주의, 니체(니이체)의 초인주의, 스틸나의 개인주의, 졸라(조라)의 자연주의, 오이켄의 신新이상주의가 말하는 사상이 제각각 다르고 주의도 허다히 많아 현대의 청년은 어찌할 바를 모르며 몹시 번민을 당한다. 또 중국인(支那人)은 이렇게 해야 된다, 일본인은 이렇게 살아야 된다, 조선 사람은 이렇게 살아야 하겠다는 주장도 하나가 아니다. 그러나 사회학적으로나 기타 과학적으로는 그만두고 먼저 인생 그 자체를 가지고 생각해서 인생의 생활은 위에 말한 세 가지가 있어야 하겠고 그 외에는 더 이상 없다는 것을 천리적天理的으로 깨달을 수가 있다.

문명한 사람은 곧 완전한 생활을 하는 사람이요, 강한 사람도 완전한 생활을 하는 사람이라, 우리네는 분명히 완전한 생활을 알지 못했고 완전한 생활을 하지 못했다. 어느 때든지 완전한 생활을 하지 못하면 그 생애는 병적이요 나중에는 파괴될 것이라. 이에 완전한 생활이라는 것이 우리의 한 의문일지나 우리는 천년 불후의 걸작이 가르치는 바를 안 믿을 수가 없다. 이성으로 생각하고 경험으로 판단해도 그렇다.

(1) 노동. 사람은 천생天生 일하며 살게 마련이다. 사람뿐만 아니라 무릇 생명 있는 자는 일을 해야 그 생명을 유지할 수 있다. 그러므로 선철先哲이 말하기를 노동은 신성하다고 했다. 땀 흘리며 땅 파는 이를 보면 과연 허리를 굽혀 절하고 싶다. 전원에 괭이 들고 조선 사람은 가만히 앉아 있기로 사랑을 삼았고 안식하기를 좋아했고, 가장 수고가 담배 연기 빨기요 땀 흘리고 일할 줄은 몰랐다. '노동'이라면 곧 빈貧, 천賤을 연상하여 이를 천시함은 예로부터의 폐습이라. 그리하여 태양이 중천에 오르도록 자리에서 긴 대 물고 일어날 줄을 모르며 꽁무니에 손 넣고 바둑 두기가 가장 건장한 생활이었다. 그러고서 어떻게 오늘까지 그만큼이라도 살아왔는지가 큰 난문難問이로다. 반면에 서양인은 어찌하였더냐. 해가 동천東天에 솟자 회사로 공장으로 농원農園으로 달려가서 날이 저물도록 이른바 베스트를 다 하여 일한다. 그러고도 집에 돌아와서는 망치 들고 집 고치고 괭이 메고 후원後園으로 가는 것이 그네들의 일상이로다. 수억의 부호의 자제가 여름 방학 기간에 철도로 농원으로 가서 노동하는 것을 추호도 부끄러워하지 않는다. 기자가 1년 전에〔年前에〕 귀국하였을 때에 하는 것 없이 놀고 지내는 이가 많은 것을 보고 크게 놀랐다. 그러고서 어찌 발명이 있으며 생산이 있으리요, 어찌 생활의 곤란을 면하리요.

조선 사람은 마땅히, 노동의 신성을 가르쳐 영국 노동자의 친구의 이름이 있는 '칼라일'의 노동 역작力作의 복음을 배울지어다. 그가 소리 질러 가로되 "초목은 산야에 생생하고 무성한데 너는 왜 손이 비어 있는 채 아무 것도 하지 않느냐, 아- 어찌 무서운 죄악이 아니냐." 롱펠로우〔롱펠노우〕가 어떤 조각가를 두고 읊은 시에

아—너희 조각가 화가, 시인아
이 교훈을 너희 마음에 새겨라
너의 옆에 가장 가까이 보이는
그것이 최상 최선의 것이니라
그로부터 너의 미묘美妙한 작품을
빚어내어라.

청년아, 너희가 지금 서 있는 땅이 어떠한 곳이든지, 네가 장차 개척할 너의 영지인 줄 알고, 황무지와 모래벌판에 논밭을 풀고 민둥산〔번더머리山〕에 삼림을 덮고 벌판에 집을 지어 도시를 세워라.

누구든지 일하기 싫어하거든 먹지도 말게 하라.
너는 왜 종일토록 우두커니 섰느냐. (성경에서.)

(2) 사랑. 사람의 생활이 다만 노동만이면 너무 무미하고 너무 괴로워 마치 그날 벌어 그날 먹는 일꾼의 생활이 되고 말 것이라. 팔레스타인〔팔네스타인〕 지방의 지도를 보면 갈릴리〔질닐니〕 호수가 있고 그 남쪽에 사해死海가 있어 그 사이를 요단강이 흘러 지나갔다. 갈릴리 호수는 물이 맑고 깨끗해 물고기가 많이 살며 그 연안도 호수의 은택으로 토지가 비옥해 과실이 주렁주렁 열리며 수목이 울창하다. 그러나 사해死海는 물맛이 짜서 수중水中에는 물론이고 그 연안에도 생물이 하나도 없다고 한다. 이는 다른 까닭이 아니라 갈릴리 호수에는 나오는 구멍이 있지만 사해死海에는 그것이 없기 때문이다. 사람의 마음에는 타고난 사랑이 있다 더군다나 청춘의 가슴에는 사랑이 너물너물 한다. 그러기

에 롱펠로우〔롱펠노우〕가 하늘에는 별이 있고 바다에는 진주가 있고 내 가슴에는 사랑의―샘이 흐른다고 노래하였다. 아―사랑의 은택으로는 죽었던 자가 살 수 있고 사랑의 힘으로는 망한 자도 흥할 수가 있다. 사랑은 인생 생활의 꽃이라 할까. 인간 세상에 꽃이 없으면 얼마나 적막하리요. 또한 인생에 사랑이 없으면 얼마나 쓸쓸하고 맛이 없으리요. 사랑의 이슬이 한번 내리자 생명이 건조한 사막도 향기로운 천국의 꽃 동산이 된다. "인생의 모든 모순을 해결하여 최대의 행복을 주는 감정은 사랑이라." 이는 톨스토이 선생의 명언이라. 〈레 미제라블〉〔미제라불〕의 장발장〔쟌발쟌〕의 모습을 보면 참말 가련하다 사회는 그를 55년 동안 사랑의 세계에서 내쫓았다. 지금껏 남의 애인이 되어 본 일도 없고 남의 양인良人이 된 일도 없고 부친이 되어 본 일도 없었다. 말하자면 한 명의 불구자의 사람이었다. 그러다가 코제트**6**의 "아버지!"라는 말 한마디로 인해 사랑의 맛을 보고 참 새사람이 되고 선인善人이 되었다. 옳다 그가 새사람이 된 것은 미리엘 주교의 사랑의 감화도 있으나 나중에까지 그 마음을 유지한 것은 '코제트'의 사랑의 힘이로다. 그가 후년後年에 그러한 경우에서 절망하지 않고 생명을 세상에서 보전한 것도 오직〔한갓〕 코제트를 사랑함이라. 세상에 사랑의 맛을 못 본 사람처럼 불쌍한 이가 없고 사람의 사랑을 빼앗는 것처럼 참혹한 일이 다시 없다. 세상에 있으면서 사랑의 희망이 없으면 살아 있을 재미〔滋味〕가 무엇이리오. 한 사람의 생활에 사랑이 있어야 윤택이 있고 활기가 있으며 한 가정에 사랑이 있어야 평화가 있고 한 나라에 사랑이 있어야 흥함이 있느니라. 길가에서 넘어진 사람을 보고 불쌍한 줄을 모르고 그저 지나

---

6 원문은 '고셋드'이다. 이하도 마찬가지.

간다. 하물며 한 동네와 사회에 있어서랴. 청년아, 형제를 사랑하자. 불쌍한 형제들을 동정하라. 사랑으로 하자 사랑으로 배우자.

(3) 종교. 종교는 삼각형의 기선基線이라. 사랑이 없는 노동을 하나의 천역賤役이라 하면 종교가 없는 사랑은 하나의 비극이라 하겠도다. 헬만즈 부인의 〈일가의 터〉[一家의 基]라는 시에, 어떤 집에 몇 명의 남녀 아이들이 어머니 슬하에서 한가지의 꽃봉오리와 같이 피어가더니 각각 생장生長하여, 그중에 하나는 멀리 측백나무[香柏木] 밑에 묻히고, 또 하나는 진주가 잠겨 있는 푸른 바다 속에 묻히고, 또 하나는 선혈이 낭자한 군기軍旗를 가슴에 감고 포도나무 무성한 스페인[西班牙]의 마당에 넘어지고, 민숯헤어엽슨 막내딸[막낭딸]은 이태리의 자홍빛 찬란한 꽃 가운데서 가이없이 시들고 말았다. 이런 경우에 사랑 외에 아무 희망도 없고 위안도 없고 보면 인생은 얼마나 비참하기 그지없는 것일까 하고 노래하였다. 과연 그렇다. 다행히 종교가 있고 영원의 희망이 있고 사랑의 신神이 있음으로 우리 인생에는 활동이 있고 노력의 가치가 있는 것이 아니냐.

대체로 사람 마음 가운데에는 그 부모를 사모하는 정이 있는 것과 같이 하나님을 찾으며 의지하는 신념이 본능적으로 있다. 이는 동서고금의 학자가 다 같이 인증하는 바요, 우리의 경험으로 미루어 알 것이다. 그는 사람이 육肉 외에 영靈을 가진 까닭이라. 그러므로 사람의 생활에는 육적肉的 생활과 영적靈的 생활이 있다. 옳다. 우주의 활동이 섭리자, 지배자가 있어서 됨과 같이 사람의 생활도 사람 자기 혼자는 할 수가 없다. 철학적으로 말하면 내적 대상물, 곧 영원의 실재자를 힘입어야 사람은 내적 생활을 할 수 있다. 이것이 곧 종교라고 하는 것이다. 그런즉 육체 이외에 영혼이 있는 이상에야 "나는 종교를 필요로 하지 않는다"고 할 사람은 한 사람도 없을 것이라.

그러나 사실은 어떠한가. 우리 사회에는 거의 종교가 없고 종교의 필요를 모른다고 하여도 가하다. 유교는 종교의 자격이 없을 뿐 아니라 도리어 해독을 끼쳤고, 불교 역시 타락하고 부패하여 산속으로 숨어버려 조선 사람에는 종교가 없게 되었다. 그 결과는, 사회에 생명이 없고 사람에게 자립의 주의主義가 없다. 국가와 사회와 친척 외에, 더욱 크고 더욱 힘 있는 권위자의 존재를 인식하지 못하는 자가 어찌 능히 홀로 세상에서 나갈 수 있으리오. 사람은 그 안에 큰 친구가 있어야 비로소 진정한 용기있는 자(眞勇者)가 될 수 있다.

볼지어다. 역사상 모든 위인과 영웅의 위대한 정력과 사업의 원천이 무엇인가. 곧 하나님을 의지하고 예수를 좇는 신앙이다.

정치가로 '크롬웰'과 '그랏드스톤' '워싱턴'[7] 링컨(린컨)을 보라 시인 문학가로 '단테'와 '반얀' '데니손'을 보라 종교로는 '루터'와 '웨슬네'와 '부으쓰' 대장大將을 보라. 위인偉人이라는 위인이 하나이나 그 생애의 근저와 원천이 종교 신앙에 있지 않은가.

종교 생활은 실로 실업가나 정치가나 예술가나 어떠한 일을 하는 사람이든지 어떠한 계급에 있는 자이든지 없지 못할 것이라. 그랏드스톤이 말하기를 "우리는 신앙으로 말미암아 행하며 시력視力(지력智力의 의미)으로 행하지 않는다. 더욱이 정치에 종사하는 자는 이것이 가장 필요하니라." 켄터키(켄터기) 벽촌僻村의 빈한貧寒한 농부의 아들로 인

---

7 원문은 「그랏드스톤」와「싱톤」으로 되어 있는데, 「그랏드스톤」「와싱톤」의 오기인 듯하다.

도人道의 대 위인 링컨[8]이 된 것은 그리스도를 체득함이요 아이스레벤[9]의 이름없는 광부의 아들로 로마 교황에 항거한 마틴 루터[마틴 루터]도 그리스도를 좇음이로다. 루터로 하여금 "설혹 월무스의 악마의 수가 기와장 같이 많아도 나는 그 땅에 나아가리라"고 부르짖게 한 것은 로마 교황보다도 몇백만 배로 하나님을 두려워하는 신념이었다.

누구나 완전한 것을 내놓고 이지러진 것을 원하리요 어떤 사람이고 완전한 생활을 하기를 바랄 것이다 조선 사람이라고 [해서] 하필 불완전한 생활을 하는 것이 옳겠는가.

적어도 위에서 말한 삼각형의 생활을 하지 못하면 우리는 생존할 수가 없고 가치있는 살림[살님]을 하지 못할 것이요 산다고 할만하게 살 수 없느니라.

쫀, 녹스가 임종臨終 시에 중인衆人이 묻기를 "그대는 희망이 있느냐"고 하자, 마지막 숨을 쉬며 서서히 손을 들어 높게 하늘 쪽[天一方]을 가리키고 조용히 잠들었다.

1월 26일 롱펠로우[롱엘노우]가 묻힌 날 아오야마靑山에서

(번역: 조성환)

---

8 원문은 '리컨'인데 앞의 표기를 참고하면 '린컨'의 오기誤記인 것 같다.
9 원문은 '아이스네페'이다. 마르틴 루터는 독일 중동부 작센-안할트 주에 있는 아이스레벤Eisleben이라는 도시에서 태어났다.

찾아보기

인명

- 게르스도르프, 카를 146, 147
- 고니시 마스타로 8, 57, 64
- 공자 125, 143, 236
- 괴테, 요한 볼프강 폰 36, 89, 136, 144, 179, 184
- 마르코니, 굴리엘모 248
- 나폴레옹 98, 191, 211
- 노르다우, 막스 152
- 니체, 프리드리히 23, 24, 30, 32~68, 75, 76, 78, 115, 117, 129~198, 205~209, 212, 213, 220, 222, 231, 242, 243, 252, 256, 258, 260, 272~274
- 다나카 쇼조 58
- 슈트라우스, 다비드 149, 150, 161
- 다윈, 찰스 120, 121
- 데모크리토스 54, 67
- 도요토미 히데요시 98
- 도이센, 파울 146, 147, 149, 151, 152, 154, 157
- 두보 220, 250
- 뒤링, 카를 164
- 디오게네스[견유학파] 97, 98, 147
- 디오게네스 라에르티우스 158
- 량치차오 10, 18, 117, 130, 255
- 레, 파울 150, 151, 157, 164
- 루소, 장자크 74, 98, 127, 134, 144, 203
- 루크레티우스 183
- 루터, 마르틴 36, 265, 266
- 리츨, 프리드리히 148
- 리카도, 데이비드 127
- 리히텐베르거, 앙리 153, 154
- 릴, 알로이스 143, 154, 156
- 마르크스, 카를 10, 108, 118, 119, 129, 209
- 마이젠부크, 말비다 폰 151, 164
- 멜서스, 토머스 127
- 밀, 존 스튜어트 127, 128
- 밀레, 장프랑수아 259
- 바그너, 리하르트 36, 150, 151, 156, 160, 161, 163
- 벤담, 제러미 127
- 볼테르[프랑수아마리 아루에] 165
- 브란데스, 게오르그 150, 151, 160
- 브렘, 알프레드 83
- 빈델반트, 빌헬름 186
- 살로메, 루 안드레아스 151, 153, 272
- 생시몽, 클로드앙리 108
- 세네카 85
- 소크라테스 37, 50, 54, 67, 97, 99, 138, 160
- 쇼펜하우어, 아르투어 36, 46, 68, 130, 146~150, 152, 156, 158~160, 162, 163, 165, 167, 173, 174, 176, 179, 180, 182, 185~188, 191~194, 198
- 슐라이어마허, 프리드리히 166
- 슐리히테그롤, 프리드리히 179
- 스펜서, 허버트 118, 119, 128
- 스피노자, 바뤼흐 127, 167
- 실러, 프리드리히 176
- 아네자키 마사하루 8
- 아리스토텔레스 50, 54, 67, 72~75, 176, 201, 202, 204
- 알렉산더 대왕 98
- 알베르 1세 244

옮긴이 소개

김정현

고려대학교 철학과와 같은 학교 대학원에서 철학을 전공하고, 독일 뷔르츠부르크 대학에서 철학, 사회학, 종교학을 공부한 뒤 철학박사 학위를 받았다. 세계표준판 니체전집 한국어본(전 21권, 책세상)의 편집위원과 한국니체학회·범한철학회·대한철학회 회장을 역임했다. 원광대학교 철학과 교수로 있으며, 중앙도서관장을 지냈다. 현재 한중관계연구원장, 동북아인문사회연구소장으로 HK+사업단의 책임을 맡고 있다.

저서로 《니체의 사회 철학Nietzsches Sozialphilosophie》, 《니체의 몸 철학》, 《니체, 생명과 치유의 철학》, 《철학과 마음의 치유》, 《소진 시대의 철학》, 《동북아, 니체를 만나다》(공저) 외 다수가 있으며, 역서로 알프레트 쉐프의 《프로이트와 현대철학》, 니체의 《선악의 저편.도덕의 계보》, 《유고(1884년 가을-1885년 가을)》, 야스퍼스의 《기술 시대의 의사》, 살로메의 《살로메, 니체를 말하다》 외 다수가 있다.

김현주

성균관대학교의 정치외교학과와 동아시아학술원 동아시아학과에서 정치학을 전공하고, 중국 칭화대학교 철학과에서 '선진정치사상에 대한 양계초의 현대적 해석'이라는 주제로 철학 박사학위를 받았다. 현재 원광대학교 HK + 동북아시아인문사회연구소 교수로 재직하고 있다.

저서로 《춘추전국시대의 고민》, 《동북아, 니체를 만나다》(공저), 역서로 《만국공법》 등이 있다. 논문으로는 〈중국의 전통적 천하관에 입각한 양계초의 세계주의〉, 〈양계초와 중국 근대 헌정주의의 성립〉, 〈중국현대 문화개념의 탄생-양계초의 문화관을 중심으로〉 등 다수가 있다.

문준일

한국외국어대학교 노어과와 같은 대학 대학원을 졸업하고 러시아 모스크바국립 대학교에서 혁명기 러시아문학으로 문학박사를 받았다. 귀국 후 한국과 러시아의 관계에서 학문적 접점을 찾으려는 노력을 하고 있으며, 초기 한러관계사에 대한 인문학적 접근, 시베리아 소수민족의 신화, 사할린 디아스포라 등에 관심을 가지고 있다. 원광대학교 HK+동북아인문사회연구소 교수로 재직하고 있다.

저서로 《붉은 광장의 아이스링크》(공저), 《민족의 모자이크, 유라시아》(공저), 《동북아, 니체를 만나다》(공저) 등이 있고, 역서로 《전함 팔라다》, 《사할린 한인사》(공역)가 있다.

유지아

중앙대학교 사학과에서 동양사학을 전공하고, 일본 릿교대학교에서 일본사를 공부한 뒤 문학박사 학위를 받았다. 동북아시아 냉전과 아시아.태평양전쟁 후 일본의 전후 처리 과정 등을 중심으로 연구를 진행했다. 일본사학회 편집위원장 등을 역임했으며, 현재 원광대학교 HK + 동북아시아인문사회연구소 교수로 재직하고 있다.

저서로 《쟁점 한국사: 현대편》(공저), 《GHQ시대 한일관계의 재조명》(공저), 《한일역사 갈등과 역사인식의 변용》(공저), 《동북아, 니체를 만나다》(공저) 등이 있으며, 역서로는 아메야마 쇼이치의 《점령과 개혁》, 《아베의 일본은 어디로 향하고 있는가》, 가사하라 히데히코의 《상징천황제와 황위계승》 등이 있다.

조성환

서강대학교에서 수학과 철학을 공부하고, 일본 와세다대학교에서 중국철학을 공부한 뒤에 서강대학교 철학과에서 한국철학으로 박사 학위를 받았다. 서강대학교 철학과 강사, 원광대학교 종교문제연구소의 전임 연구원, 원광대학교 원불교사상연구원의 책임 연구원을 거쳐 현재 원광대학교 HK+동북아시아인문사회연구소 교수로 재직하고 있다.

저서로 《한국 근대의 탄생》과 《하늘을 그리는 사람들》, 《키워드로 읽는 한국철학》, 《동북아, 니체를 만나다》(공저) 역서로는 《한국은 하나의 철학이다》, 《인류세의 철학》(공역) 등이 있다.

동북아, 니체를 읽다

니콜라이 그롯부터 《학지광》까지,
원전으로 읽는 동북아시아 니체 수용사

초판 1쇄 발행 2023년 10월 20일

엮은이 김정현
옮긴이 김정현 · 김현주 · 문준일 · 유지아 · 조성환

펴낸이 김현태
펴낸곳 책세상
등록 1975년 5월 21일 제2017-000226호
주소 서울시 마포구 잔다리로 62-1, 3층(04031)
전화 02-704-1251
팩스 02-719-1258
이메일 editor@chaeksesang.com
광고 · 제휴 문의 creator@chaeksesang.com
홈페이지 chaeksesang.com
페이스북 /chaeksesang   **트위터** @chaeksesang
인스타그램 @chaeksesang   **네이버포스트** bkworldpub

ISBN 979-11-7131-044-9 93100

*이 저서는 2017년 대한민국 교육부와 한국연구재단의 지원을 받아 수행된 연구임(NRF-2017S1A6A3A02079082)